新时代高校思想政治教育研究丛书

王 涛 主编

新时代全面依法治国方略与大学生法治教育研究

杨仁财 著

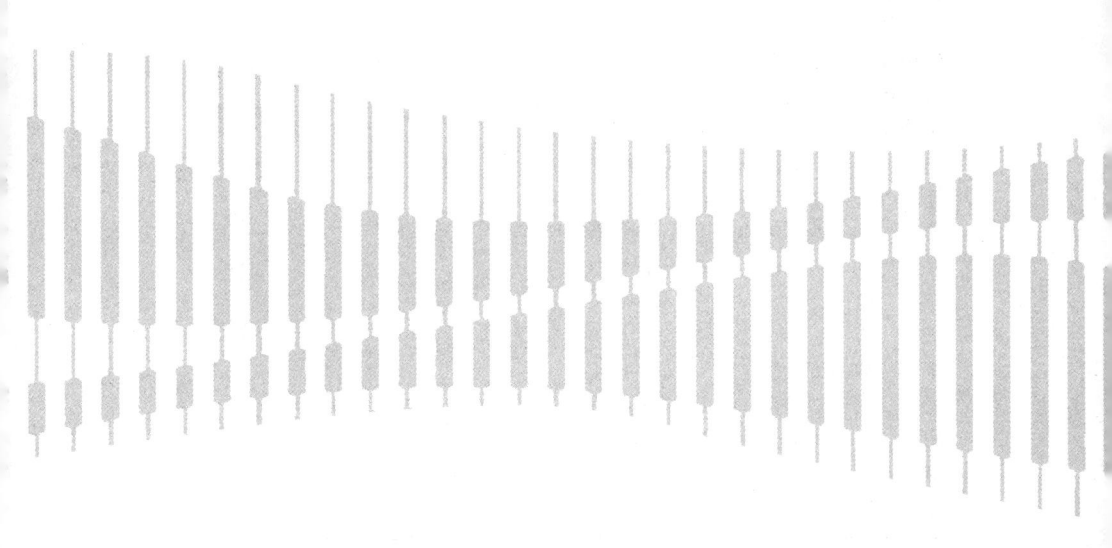

陕西师范大学出版总社

图书代号　JY22N1627

图书在版编目(CIP)数据

新时代全面依法治国方略与大学生法治教育研究／杨仁财著. —西安：陕西师范大学出版总社有限公司，2022.11
（新时代高校思想政治教育研究丛书／王涛主编）
ISBN 978-7-5695-3028-5

Ⅰ.①新… Ⅱ.①杨… Ⅲ.①社会主义法制—建设—研究—中国 ②大学生—社会主义法治—法制教育—研究—中国　Ⅳ.①D920.0 ②G641.5

中国版本图书馆 CIP 数据核字（2022）第 101569 号

新时代全面依法治国方略与大学生法治教育研究

XINSHIDAI QUANMIAN YIFA ZHIGUO FANGLUE YU DAXUESHENG FAZHI JIAOYU YANJIU

杨仁财　著

出 版 人	刘东风
选题策划	郭永新　郑　萍
责任编辑	郑　萍
责任校对	彭　燕
装帧设计	张潇伊
出版发行	陕西师范大学出版总社
	（西安市长安南路 199 号　邮编 710062）
网　　址	http://www.snupg.com
印　　刷	西安市建明工贸有限责任公司
开　　本	720 mm×1020 mm　1/16
印　　张	15.5
插　　页	2
字　　数	220 千
版　　次	2022 年 11 月第 1 版
印　　次	2022 年 11 月第 1 次印刷
书　　号	ISBN 978-7-5695-3028-5
定　　价	49.00 元

读者购书、书店添货或发现印刷装订问题，请与本公司营销部联系、调换。
电话：(029)85307864　85303629　传真：(029)85303879

总　序

　　思想政治工作是我们党的优良传统和政治优势，是我们党治党治国的重要方式，是党团结带领全体人民战胜各种艰难险阻、不断从胜利走向更大胜利的重要法宝。在全面推进高校思想政治工作高质量发展、以优异成绩迎接党的二十大胜利召开前夕，由陕西师范大学马克思主义学院和教育部高校思想政治工作队伍培训研修中心（陕西师范大学）共同策划编撰的"新时代高校思想政治教育研究"丛书与大家见面了。作为本套丛书的审读者和出版的见证者，我感到非常高兴和欣慰。

　　中国特色社会主义进入新时代以来，以习近平同志为核心的党中央高度重视高校思想政治工作，先后召开了全国高校思想政治工作会议、全国教育大会、学校思想政治理论课教师座谈会。在此期间，习近平总书记还视察多所高校，与广大师生座谈讨论，就加强和改进高校思想政治工作发表了一系列重要讲话和重要论述，为我们推进新时代高校思想政治工作高质量发展指明了时代方向，提供了理论遵循。在习近平总书记关于高校思想政治工作系列重要讲话和重要论述的指引下，中共中央国务院印发了《关于加强和改进新形势下高校思想政治工作的意见》，中办、国办以及中央宣传部、教育部等部门先后颁布了《关于进一步加强和改进新形势下高校宣传思想工作的意见》《关于深化新时代学校思想政治理论课改革创新的若干意见》《新时代高等学校思想政治理论课教师队伍建设规定》《高校思想政治工作质量提升工程实施纲要》《教育部等八部门关于加快构建高校思想政治工作体系的意见》等一系列重要文件，采取了一系列切实有效的措施，对加强和改进新时代高校思想政治工作作出了重大部署。由此，高校思想政治工作进入了创新发展、质量提升、精准施策的新阶段。

为适应新时代高校思想政治工作的新形势和新任务，陕西师范大学马克思主义学院以崇高的使命感和责任担当意识，立足"学习研究宣传马克思主义的主阵地"和"用习近平新时代中国特色社会主义思想铸魂育人的主渠道"，全面贯彻落实立德树人根本任务，在推进高水平学科建设、队伍建设、努力提升人才培养质量、理直气壮开好思想政治理论课的基础上，积极推进高校思想政治工作的内涵建设，在创新发展和质量提升上下功夫。学院先后成立了"马克思'经典'理论问题研究""中国特色社会主义理论与实践问题研究""新时代高校思想政治教育质量提升与精准施策研究""党的建设与国家治理研究"等学术研究团队，同时依托教育部高校思想政治工作队伍培训研修中心（陕西师范大学）和设在本院的陕西省思想政治工作重点研究基地，致力于新时代新形势下高校思想政治教育和思想政治工作的研究与探索，推出了一系列研究成果，也培养和锻炼了一批中青年学术骨干和思想政治工作骨干。"新时代高校思想政治教育研究"丛书就是学院几位专兼职青年教师结合学习工作实践，致力于新时代高校思想政治教育和思想政治工作质量提升与创新发展的研究成果。

这套丛书在内容建构和表现形式方面，体现出以下特点：

其一，紧紧围绕用习近平新时代中国特色社会主义思想铸魂育人这条主线，突出了对新时代新思想新理论的学理探讨、阐释和运用。

做好高校思想政治教育工作，最根本的就是要深入学习贯彻习近平新时代中国特色社会主义思想，落实立德树人的根本任务，努力培养堪当民族复兴重任的时代新人，培养德智体美劳全面发展的社会主义建设者和接班人。丛书以习近平新时代中国特色社会主义思想为指导，以全面贯彻落实习近平总书记关于高校思想政治工作系列重要讲话和中共中央国务院《关于加强和改进新形势下高校思想政治工作的意见》为着力点，系统地研究论述了新时代青年工作的理论与实践、全面依法治国方略与大学生法治教育、大学生主体性思想政治教育、高校思想政治教育亲和力，以及高校辅导员职业能力、马克思主义职业选择理论与大学生就业等高校思想政治教育的基础性、前沿性问题和新形势下大学生思想政治教育的热点问题，以体系性的研究呈现出对新时代新思想新理论的学习与思考、落实与践行。

其二，聚焦高校思想政治教育基本问题、自身特点和内在规律的研究，既注重内在逻辑的系统性，更突出了研究论域的创新性。

高等学校肩负着人才培养、科学研究、社会服务、文化传承与创新、国际交流与合作的重要使命。"培养什么人、怎样培养人、为谁培养人"是教育的根本问题。丛书聚焦新时代青年大学生的健康成长，思想政治教育工作者的能力素质以及教育内容、方法的拓展创新等基本问题和热点问题，在内容建构方面既注重内在逻辑的系统性，更突出了研究论域的创新性。内在逻辑的系统性体现在每一本书既是独立的论域，但同时又组成了一个统一的整体。比如，关于新时代青年工作的理论与实践、全面依法治国方略与大学生法治教育，重在对新时代新思想新理论的形成、发展与践行的研究和探讨，突出了对新思想新理论的追本溯源、探赜析微；大学生主体性思想政治教育实践研究、高校思想政治教育亲和力研究、高校辅导员职业能力建设研究，聚焦新时代高校思想政治教育的主体对象和基本问题，突出了对教育对象、教育者自身特点、能力素质以及新时代思想政治教育特点和内在规律的研究；马克思主义职业选择理论与大学生就业问题研究，则着眼于理论对实践的指导作用，突出了解决学生的思想问题与解决现实问题的结合。这些研究都紧紧围绕高校立德树人和用习近平新时代中国特色社会主义思想铸魂育人这个核心，从而构成了其内在逻辑的系统性。在研究论域的创新性方面，既有对高校思想政治工作面临的新形势新任务新挑战的学理分析，更注重对新时代思想政治工作特点和规律及其高质量发展的深度思考与探究。

其三，坚持理论与实践相结合、解决思想问题与解决实际问题相结合，在注重理论探讨的同时，结合工作实践突出了策略方法的针对性和解决现实问题的有效管用。

习近平总书记在全国高校思想政治工作会议上指出："思想政治工作从根本上说是做人的工作，必须围绕学生、关照学生、服务学生，不断提高学生思想水平、政治觉悟、道德品质、文化素养，让学生成为德才兼备、全面发展的人才。"这一重要论述深刻揭示了高校思想政治工作的本质特征，对高校思想政治工作的方法途径和价值目标提出了明确要求。丛书立足高校实际，在关注青年工作、青年学生主体性、大学生法治意识、思想政治教育亲和力的同时，把处于学生工作一线的辅导员专业素质和职业能力以及马克思主义职业选择理论与大学生就业问题作为研究对象，体现了对高校思想政治工作队伍和大学生切身利益等具体问题的关注与关切。将马克思主义理论运用到学生就业和职业发展的具体实践中,把解决思想问题和解决实际问题相结合,体现了思想政治教育知与行的统一。辅导员职业能力建设研究不仅对提升辅导员自身职业能力有重要的理论价值和实践价值,而且对推进高校思想政治工作队伍建设具有重要的启示和指导作用。

思想政治教育是一项政治性、思想性、专业性很强的实践活动,建设一支高素质的学生思想政治工作队伍是落实立德树人根本任务的重要保证。丛书的六位作者都有从事学生辅导员工作的经历,在学生思想政治教育和日常思想政治工作方面有一定的积累。书中所阐发的观点既是他们理论学习的心得和体悟,也是他们日常工作实践的亲身经历和经验总结。从这个意义上来说,丛书所展示的是一幅幅大学生思想政治教育的真实画面,是一帧帧教育者与受教育者交流互动的鲜活场景,具有很强的感染力、可读性,对做好高校思想政治教育工作具有重要的借鉴意义和指导价值。

近年来,在习近平新时代中国特色社会主义思想的指导下,高校思想政治教育工作取得了显著的成绩,展示了中国特色社会主义大学的制度优势和独特魅力。2021年7月,中共中央国务院又印发了《关于新时代加强和改进思想政治工作的意见》,对加强和改进新时代思想政治工作作出了全面部署,提出了新的要求,这无疑将对高校思想政治工作产生积极而又深远的影响。希望本套丛书的出版能为高校思想政治教育研究的繁荣创新尽绵薄之力。

需要特别说明的是,本套丛书是在陕西师范大学副校长、马克思主义学院前院长任晓伟教授的精心策划和具体指导下完成的。从选题立项到编辑出版,从内容体例到写作规范,包括马列经典著作的版本,晓伟校长都给予了悉心指导。从这个意义上来说,本套丛书既是教育部高校思想政治工作队伍培训研修中心(陕西师范大学)

人才培养的回顾和小结，也是马克思主义学院人才培养成果的展示，更是对我们今后在高层次专门人才培养和科学研究中如何瞄准前沿、凝结集体智慧和成果的有益探索。当然，鉴于理论水平和研究能力所限，丛书还存在诸多不足，还需要进一步深入研究。比如，如何拓展研究的理论视域及其深度广度，在注重实效性的同时进一步突出学理性；如何处理好工作经验与科学研究的关系，把经验上升为理论，从而更好地指导实践。这些都需要在今后的研究中进一步完善提高。

在审阅书稿的日子里，我脑海中不时浮现出当年申报教育部高校辅导员培训和研修基地的情景，以及成为全国首批"高校辅导员在职攻读博士学位专项计划"招生单位以来，我校思想政治教育学科和思想政治工作队伍建设发展进步的一幕幕场景。借此机会，我要特别感谢长期以来对马克思主义学院和教育部高校思想政治工作队伍培训研修中心（陕西师范大学）学科建设、队伍建设、高层次人才培养等工作给予帮助、指导和支持的各位领导和专家学者！同时也感谢陕西师范大学出版总社刘东风社长、大众文化出版中心郭永新主任和郑萍编辑为本丛书的付梓所给予的大力支持和悉心指导！在本丛书的修改和出版过程中，我们深刻感受到了陕西师范大学出版人的学术素养和敬业精神。

是为序。

王　涛

2022 年 8 月

前　言

任何人的行为都必须遵守一定的规则，没有规则社会就不可持续发展。规则是文明的表征，是人类走出野蛮的标志。法制是最低规则，现代社会以法制为通行准则，今天的中国社会也是如此。历史实践证明，法治也是国家治理的有效途径。

全面依法治国是中国特色社会主义的本质要求和重要保障，是党为实现国家治理体系和治理能力现代化在理论与实践上作出的战略性选择。加强大学生法治教育既是社会主义法治建设和全面依法治国的现实需要，也是实现人民美好生活向往的重要举措。党的十八届三中全会就法治中国建设规划和司法体制改革制定了八项方案。党的十八届四中全会绘制了全面依法治国的清晰蓝图，绘制了全面依法治国的路线图，制定了全面依法治国的时间表和任务书。"四个全面"战略布局的提出，展现了党对治国理政方略的定位，将全面推进依法治国擢升为党治国理政的基本方略，彰显了党治国理政理念的重大飞跃。以习近平同志为核心的党中央深刻把握国内国际形势，坚持将马克思主义法治理论与新时代中国法治建设的实践相结合，围绕法治体系建设、法治中国建设、依法执政、依规治党、反腐倡廉建设、人类命运共同体等一系列重大理论与现实问题，提出了既具现实观照又有远景擘画的新观点、新理念和新论断，形成了内容丰富、体系完整、逻辑严谨的习近平法治思想科学理论体系。

办好中国的事情，关键在党。这是基于党在中国政治体系中的政治环境、历史地位和理论依据所作出的科学判断，这已被实践所深刻证明。党的执政能力强弱直接决定了国家和民族的兴衰，而全面依法治国是提升党的执政能力，实现党依法执政、长期执政的最有效和可靠的制度性保障，也是推动党带领全国人民全面建成小康社会、实现现代化强国目标、深化改革和管党治党的有力举措。全面推进依法治国基本方略，作为"四个全面"战略布局的重要一环，是习近平新时代中国特色社会主义思想的重要组成部分。习近平法治思想不同于20世纪80年代的法制建设理论，不同于20世纪90年代至21世纪初的法治理论与实践，也不同于世界上其他国家的法治模式。它是马克思主义法治理论中国化的伟大创造，是中国特色社会主义法治理论的重要组成部分，是中华人民共和国成立以来党领导人民开创依法治国事业成功经验的最新总结和升华，是中国共产党人集体智慧的结晶，是新时代建设法治中国的行动指南，是世界范围内关于国家治理模式和治理体系的中国智慧与中国方案。

鉴于此，本书运用马克思主义立场、观点和方法，高度关注全面依法治国基本方略的整体系统性和内在逻辑性。从中外对法、法治、法治国家的基本内容、概念和原理的梳理、辨析出发，提出全面依法治国是新时代法治的中国方略，彰显了法治的历史进步和发展的趋势。以党情国情世情发生的深刻变化，揭示了全面依法治国基本方略提出的深刻历史和现实必然性。在马克思主义法治理论和中国特色社会主义法治理论中探寻全面依法治国基本方略的理论渊源，从中国法律文化精华中探寻全面依法治国基本方略的文化根源，从批判借鉴的视角全面分析依法治国重要论述对于西方法治理论的超越。在此基础上，从战略定位、基本遵循、重点任务、关键环节和支持人类命运共同体建构五个方面阐述全面依法治国基本方略的主要内容。

全面依法治国基本方略不同于以往的法治论述、理论和实践，本书重点从理论风格、时代新意和实践导向几个方面揭示其时代特征，从现实意义、历史意义和世界意义三个方面揭示其重要价值，并从党的执政能力和治国理政方略新视野、马克思主义法治理论与实践的新境界、中国特色社会主义法治理论的新发展、人类政治文明的中国经验和中国智慧四个角度探讨其历史地位。

大学生是我国社会未来发展的中坚力量，对这一特殊群体的法治教育，直接关系到法治中国的建设进程。全面推进依法治国基本方略对于新时代高校法治教育的开展具有重要的指导意义。对全面推进依法治国基本方略主要内容的揭示，对大学生从价值塑造、素养培育和系统推进几个方面进行法治教育具有重要启示；对围绕理论武装体系、学科教学体系、日常教育体系、管理服务体系、安全稳定体系、队伍建设体系、评估保障体系等七大体系，建构新时代加强大学生法治教育的具体方略和有效实施路径具有重要启示。

全面依法治国基本方略内容磅礴、体系宏大，本书对此开展的学习研究只是沧海之一粟，不足之处在所难免，也望众读者督促我们将研究不断推进，走向深入。

目　录

第一章　法治理论概述 / 001
　　一、法治本体 / 001
　　二、法治相关概念辨析 / 018
　　三、新中国国家治理范式演进 / 027

第二章　全面依法治国方略的形成背景 / 034
　　一、党情：中国共产党执政理念与执政能力提升 / 034
　　二、国情：中国发展面临新的挑战与需要 / 038
　　三、世情：国际格局稳定性式微与全球治理变革加快 / 040

第三章　全面依法治国方略的理论资源 / 046
　　一、法脉根基：马克思、恩格斯、列宁的法治理论 / 046
　　二、传承与发展：马克思主义法治思想中国化理论 / 053
　　三、文化源流：中华深厚法律文化 / 060
　　四、借鉴超越：西方法治文明成果 / 064

第四章　全面依法治国方略的主要内容 / 070
　　一、全面依法治国的战略定位 / 070
　　二、全面依法治国的基本遵循 / 077
　　三、全面依法治国的重点任务 / 085
　　四、全面依法治国的关键环节 / 096
　　五、全面依法治国支持人类命运共同体建构 / 107

第五章　全面依法治国方略的时代特征 / 113
　　一、鲜明的理论风格 / 113

二、强烈的时代新意 / 126
　　三、科学的实践导向 / 134

第六章　全面依法治国方略的意义与历史地位 / 143
　　一、全面依法治国方略的意义 / 143
　　二、全面依法治国方略的历史地位 / 154

第七章　全面依法治国方略对大学生法治教育的启示 / 170
　　一、大学生法治教育的基点是确立马克思主义法治观 / 170
　　二、大学生法治教育的核心是掌握法律知识、涵育法治思维 / 180
　　三、大学生法治教育的基本原则是系统推进 / 190

第八章　全面依法治国方略下大学生法治教育体系的建构 / 196
　　一、理论武装体系 / 197
　　二、学科教学体系 / 201
　　三、日常教育体系 / 206
　　四、管理服务体系 / 210
　　五、安全稳定体系 / 214
　　六、队伍建设体系 / 217
　　七、评估保障体系 / 221

主要参考文献 / 227

第一章　法治理论概述

将法治理论作为研究全面依法治国重要论述的基石，是因为只有对前人的理论研究和实践探索作出一定的梳理分析，才能更好地学习、认识和研究全面依法治国这一战略布局的特质和卓越之处。本章通过对"法治"这一核心概念以及与此密切相关的概念、理论的揭示、分析，为本书整个研究奠定基础，主要讲述法治本体、法治相关概念和新中国国家治理范式演进等三个方面的内容。

一、法治本体

"法治本体"是个哲学范畴的概念，是对法治存在本质的哲学思考和追问。法和法治的概念有其演变的历史过程，在这个过程中，法和法治被不断地诠释和定义，因而在不同的历史时期和研究阶段，被赋予了不同的含义。

（一）法的含义

从西方到东方、从古至今、从文字解构到语言分析，人类探究和追问法的含义的脚步从未停歇，可以说，对法的研究反映了人类思想和文明演进的过程。在西方，从古希腊的苏格拉底、柏拉图、亚里士多德到古罗马的西塞罗、"五大法学家"，从中世纪神学法学代表奥古斯丁、阿奎那到古典自然法学代表格劳秀斯、斯宾诺莎、霍布斯，从哲理法学代表康德、黑格尔到历史法学代表萨维尼、梅因,从功利主义与分析实证法学代表边沁、约翰·密尔到社会法学代表耶林、热内,从现实主义法学的代表人物到经济分析法学的代表人物,等等,都对"何谓法"提出了富有启迪的见解。① 在中国,从老子、孔子、韩非子,经董仲舒、朱熹,到梁启超、康有为、严复以至现代许多法学家,几乎都对"何谓法"进行了解读,并给出了各种诠释。可以说,法是一个古老而又历久弥新的研究话题。法的概念被不同的人群用不同的语言描述时,其内容千差万别。原始时代的人类,由于认知和改造能力有限,无法解释大自然的神秘,本能地崇拜自然和自然界令人畏惧的力量,走上了一条认为法应该是神的意志的认知之路。在君主掌握控制一切的专制时代,皇权几乎不受任何约束,因而法被看作君王个人和家族的私器和工具,并且成为统治阶级剥削、奴役和侵夺非统治阶级的现实工具。进入民主时代,人类对于平等、自由、尊严以及地位的追求,表明平等自由的成文法已被看作社会所有成员意志、期冀的表达,法不再是一种私器,而是一种公器了。此时的法,不再只反映某一个人、一类人的私欲和意志,它超脱了社会成员中独特的、个别的意志而存在。进入21世纪,由于人们对战争的反思和对美好生活的向往,法成为人类为追求和平、自由而坚守的信条,成为人类生存繁衍、幸福生活的手段和工具。

就分类而言,影响人类进程的关于法的含义的理论表述,可以概括为以下三个方面。一是法的本体说,它以高度抽象和概括为特征,把法归结为抽象的权力或规范、规则。比较有代表性的观点有:命令说,认为法是国家的命令、当权者的命令。奥古斯丁提出的"三位一体"法,即法内含主权、制裁和命令的观点,即命令说的代表之一。② 规则说,是法的命令说的延伸,认为法即规则。如春秋时齐国思想家管仲认为,

---

① 卓泽渊:《法治国家论》第4版,法律出版社2018年版,第2页。
② 张文显主编:《法理学》,高等教育出版社、北京大学出版社1999年版,第44—45页。

"法律政令者，吏民规矩绳墨也"；清末法学家沈家本认为，"法者，天下之程式，万事之仪表"。① 又比如，实证主义法学派的学者们把法定义为一个社会通过直接或间接地使用一批成文的特殊规则，决定何种行为应受到法律的保护和指引，何种行为应受到公共权力的惩罚或得到强制执行。判决说，认为判决即法。如美国法学家格雷认为，法原先是不存在的，只有当法官作出判决时，真正的法才被创造出来。法官在法院的判决中所表述的法规、引用的判例才是实际的法，没有经过法院判决确定的法学家的意见、习惯和道德只是法的渊源。

二是从法的起源审视其含义，主要解释法的根本或来源于何处，可归结为如下五类：神意论，即直接或间接地将法的起源归结为神（上帝）的意志，德谟克利特、奥古斯丁、阿奎那等持这类观点。人类历史上较早出现的成文法，都认为法是神的意志的代表。古代社会的"君权神授"，中世纪神学法理思想乃至 20 世纪初的新托马斯主义法学，实质上都是强调永恒法是归于上帝的。理性论，认为法是人类理性的集中体现，只要忠于人类理性便可以制定法律制度。古罗马法学家西塞罗认为，世间万物皆有其固有的本性，因此只有遵从本性才能求善。自然法根源于人类的本性，即社会性和理性，并且是与其本性相一致的法则，法就是正当理性的命令。公意论，认为抽象的公共意志和共同意志是法的本质体现。法国思想家卢梭是此种学说的代表人物。他认为，法是公意的宣告。黑格尔也认为公意这种自由意志来源于个体的意志，却不是某个人的意志，而是一种自在自为地存在、合乎理性的意志。权力说，认为法是权力的表现或延伸。如战国时期法家代表人物韩非子认为："法者，宪令著于官府。"② 权力说认为，法区别于其他社会规范的首要特征在于法是由国家制定或认可的普遍适用的规范。比如，美国法人类

---

① 张国华主编：《中国法律思想史》，法律出版社 1982 年版，第 465 页。
② 张文显主编：《法理学》，高等教育出版社、北京大学出版社 1999 年版，第 45 页。

学家霍贝尔就认为，违反法律的行为会受到统治阶级权力的否定性评价，并受到其惩罚。历史论，认为法律是民族历史发展的必然和某些心理规律的自然后果，是民族精神和意志的体现。比如，萨维尼就认为，只有深入考察和了解本民族法律制度的历史和传统，才能制定出符合本民族未来发展趋势的法律。

三是从法的作用——工具性阐明法的定义。在这方面，较有代表性的定义有：正义论，认为法是正义的工具。早在古希腊、古罗马时期，先哲们就从抽象的理性中寻找正义的根源，认为正义是通过法律实现的，也是法律所追求的目的。古典自然法学派的先驱格劳秀斯也认为法律是人类应遵循的正义。社会控制说，认为法是社会控制的形式。比如，庞德认为法律的含义有三种，即法律秩序、权威性、司法行政过程。但这三种意义的法律都使用"法"这一名称，容易造成混乱，因此庞德提出用"社会控制工程"概念将三者统一起来。事业说，如美国法学家富勒认为，人类的行为服从于依据规范开展的事业就可以称为法律。

纵观法的学说发展史，以上列举的种种只是其中具有代表性的一些观点。可以预见的是，过去的思想启蒙者和先哲们没有对法的定义形成一个统一的意见，未来也未必能够形成统一的看法，但这并不影响我们对法的理解，反而丰富了法学研究的内容。

在人类对法的认知发展史上，值得大书特书的是马克思主义法学，其诞生从根本上打破了历史上对法的理解的固有局限和缺陷，开创了人类对法的认知的新纪元。马克思否定了离开社会物质条件空谈法的唯心立场，打破了单纯从观念中寻求法的起源和本质，把人的主观精神或某种客观理性作为法的依据的局限，打破了不顾阶级社会中存在的阶级和阶级利益冲突这一客观事实讲法的虚伪性，批驳和摒弃了将法泛化为通用的适宜所有人的一般规范的观点。马克思主义创始人及其经典作家运用唯物史观，立足不同维度，阐释了法的本质和显著特征。马克思、恩格斯指出："由他们的共同利益所决定的这种意志的表现，就是法律。"[①] 他们认为，资产阶级法不过是被奉为法律的资产阶级意志，而这种意志的内容是由资产阶级的物质生活条件决定的。[②] 这不是马克思、恩格斯对法作的专门论述，亦不是给法下的定义和进行的概念阐述，但是通过这些观点以及其他相关著作的内容我们能够了解马克思主义法学理论对法的本质和特征的根本立场和观点，它概括了马克思主义关于法的一般理论，体现了其科学性和创新性，驱散了笼罩在法学领域的层层迷雾，使人们看清了那些认为法是超自然、超现实的神意或理性体现的种种学说的虚假性。这种科学性和创新性具体体现在以下两个方面：一是揭示了法、国家、统治阶级的关联性。法不是从来就有的，也不会一直存在，国家是法与统治阶级利益的媒介，没有这个媒介，统治阶级意志将无从变为现实，法始终是统治阶级利益的代表。二是其把唯物主义贯彻到底的观点，深刻阐明了法是决定于社会物质条件的，法不能脱离社会物质条件和环境而存在，要理解法，必须深入理解法背后的物质基础和经济基础。人们可以用类似自然科学的精确视野衡量与研究法律，使法律因其具有客观基础而产生现实的可证性与可证伪性，成为真正的科学。马克思、恩格斯揭示法的本质的一系列观点，成为其法律思想的精髓和灵魂。

人类对法的认知和探索的脚步从未停歇，从上述对法的认知、求索和思考的过程来看，人类对法的认知是受到当时社会经济、历史等因素的发展水平所影响的，社会形态的每一次发展，都影响着人类对法的认

[①] 中共中央马克思恩格斯列宁斯大林著作编译局译：《马克思恩格斯全集》第3卷，人民出版社1960年版，第378页。
[②] 中共中央马克思恩格斯列宁斯大林著作编译局编译：《马克思恩格斯文集》第2卷，人民出版社2009年版，第48页。

知，也为职业法学家的思考提供了源源不断的智力支持，留下了对法律现象探索的答案和社会文明进步的轨迹。这些文明和智慧经马克思主义者批判吸收、创造发展，最终汇入了马克思主义法学的历史宝库。马克思主义法学理论不是一天形成的，而是人类在长期探索之后所形成的对于法的具有新高度的认识。离开或者忽略人类法律思想认识过程谈马克思主义法学是不客观也是不科学的，离开历史谈马克思主义法学，也无法梳理清楚马克思主义法学的逻辑思路，无法理解马克思主义法学之所以区别于以往法学的本质所在，也无法充分认识马克思主义法学为社会所作出的巨大贡献及在社会关系中所处的地位和价值。

马克思主义法学中国化的研究和发展，立足我国国情走向深入，在法的概念界定上达成了共识，即"法是由国家制定或认可的，以权利义务为主要内容的，由国家强制力保证实施的社会行为规范及其相应的规范性文件的总称"。卓泽渊教授还将它具体区分为三种形态：第一种形态是观念的法，即存在于思想观念当中的法。可能你不学习法律，也没有意识到法在生活中如何存在运用，但是每个人都生活在充满规则的社会生活当中，就会有法的意识，有对于法的理解。第二种形态是制度的法，即通常意义上的法，其表现的形式为制定、认可、解释的法律文本，可以是成文形式的法典，也可以是不成文形式的判例，总体表现为严格的行为规范总和。这种形态法存在的主要用意在于告诉适用群体，何为可为、何为必须、何为禁止。第三种形态是现实的法。它通过具体的法律行为、法律文化、法律文书乃至社会生活的现实来表达，是最生动的法、最富于变化的法。①

从唯物史观和法的认知发展过程来看，人类对于法的认识是持续、无限的。社会在发展进步，社会的关系也趋于细化、复杂化和多元化，

---

① 卓泽渊：《法治国家论》第 4 版，法律出版社 2018 年版，第 15 页。

人类对法的认知不可能停在一个固有的水平上。马克思主义法学从社会物质、阶级属性和国家意志方面认识分析法，揭示了法的起源和本质，区别于以往的法律思想和认知，开创了人类对法的认识的新视角、新立场，完成了对法认识上的伟大革新，具有重要意义。但如果片面地认为马克思主义法学终结了人类对法的认识过程，是不符合马克思主义自身的理论原则的。马克思主义理论的强大优势就是与时俱进，不断发展，人类不断丰富、发展的有益知识都可以成为马克思主义法学不断丰富发展的新素材，都对其不断发展具有进步意义。同时，马克思主义法学仍然以海纳百川、守正创新的宏伟气魄不断反映着发展变化中的社会，也因此，才能获得源源不断的发展动力，才能永葆科学理论的革新本质。

（二）法治的内涵

1. 法治的词义分析

"法治"是一个古老的概念，其词义在国内外的语言当中，有很多不同的表达方式。如在西方，有"rule of law""rule by law""etatd edroit""government through law"等。在中国古代，虽然春秋战国时期的法家曾有"任法而治"的说法，但是并没有我们今天意义上说的"法治"一词。基于此，从汉字"法""治"两个单字作语义分析也是有必要的。《尔雅·释诂》将法解释为："法，常也。"《释名·释典艺》中记载："法，逼也，人莫不欲从其志，逼正使有所限也。"《说文解字》将法解释为："灋，刑也，平之如水，从水；廌，所以触不直者去之，从去。"治在《康熙字典》中被解释为："治，形声，从水。"其本义为水名，引申义有治水、整治、修治、治理、管理、统治、医治、治疗、惩处、惩办、研究等。可见，在中外语境中，"法治"的内涵都十分丰富，尤其是在我国语言文化中，"法治"的意义更显广博。

2. 先哲的法治思想

亚里士多德是西方第一个使用"法治"一词的人，他认为其应包含"良好的法律""普遍地认同"两层含义，[1] 这两重意义可以理解为良法和守法两种原则。亚里士多德没有对良法的具体内容和原则作具体论述，这为后世对此进行研究留下了极为广阔的学术空间。由于对法治的阐释具有宏观性和抽象性，这一定义具有久远的传承意义和学术价值，所以无论后来人从何种角度解释定义良法，大家普遍赞同和认可亚里士多德对于法治含义的理解，这种理解也奠定了后世人们对法治的理解的基础。洛克认为，政府通过公布的法律施政和统治即为法治，同时，他认为在这种统治方式下，无论人们是什么出身、地位，都应一致地被法律验视，没有例外。[2] 潘恩认为，在专制体制下，国王便是一切，言出法随，但是在法治状态下，法律才是真正的"国王"，没有任何人可以拥有特权。戴雪则提出了更为明确的法治三要素论：第一，任何人"唯独受法律治理"，人们施行法律没有明文禁止的行为，不应受到处罚；第二，在法律面前人人平等；第三，个人的权力是宪法赖以建立的基础。[3]

以上列举的是西方具有代表性的关于法治的一些论述。应该说，西方对于法治的探讨是具有建设性并卓有成效的，对人类探索法治具有极大的启发和借鉴价值，其中所含的合理因素也为现代民主法治所吸收和运用。

中国传统社会的治理模式是人治。在很长一段历史中，"朕即是

---

[1]［古希腊］亚里士多德著，吴寿彭译：《政治学》，商务印书馆1965年版，第199页。

[2]［英］洛克著，叶启芳、瞿菊农译：《政府论》下篇，商务印书馆1964年版，第90页。

[3]［英］戴雪著，雷宾南译：《英宪精义》第2篇，中国法制出版社2001年版，第66页。

法"，统治者以国家权力对大众思想行为进行控制，法律至上的理念缺位，但是这并不能否认在此种国家制度和社会模式下法治观念的存在。先秦法家思想家就提出在当时的诸侯国中推进变法图强，推行"任法而治"。法家主张："不别亲疏，不殊贵贱，一断于法"，将法治普遍用于国家和社会生活的各个领域；"以法为本"，使法令成为人们一切行为的规范和标准；赏罚分明；将法与势力、权术紧密结合。这些致用的法治学说无一不是紧紧地围绕封建统治提出的，决定了在我国古代法治理论的人治属性，这在我国封建历史上的其他时期也是一样的。但这种人治绝非无法之治，无论是由动乱到治平，还是由治平到强盛，人治从没有离开过传统的法治，只是这种法治是当权者的言出法随，这种法治的意义在于它是治国之器，而不是治国之要道。历史事实证明，在一个时期内，在这种治式下，国家的强盛也是具有现实性的，秦国的图强就是例证。总的来说，我国古代历史上的"以法治国"思想具有那个时代学术争鸣和政治法律上的进步意义和价值，但同资产阶级提出的与民主密切关联的法治有着根本的区别。中国历史上的礼治、德治和法治从本质上说都是人治的外在表现形式，都不是现代意义上的法治。在我国最早从现代民主法治层面上使用"法治"一词的是梁启超先生，他在《先秦政治思想史》中，将儒法两家用"人治主义"和"法治主义"来加以区分。[①]

随着我国社会主义法治事业的快速进步和发展，法学理论研究也呈现出欣欣向荣的态势并不断走向深入。王家福、刘海年教授认为，以法律作为规范和准则进行国家治理和统治即为法治，也称为法律的统治。中国社会科学院法学研究所编撰的《法律词典》认为法治是与人治相对立的治国的理论、原则、方略和制度。徐显明教授认为，能

[①] 付子堂主编：《法理学初阶》，法律出版社2005年版，第262页。

够保持宪法法律至上、追求公平正义、规范公共权力、尊重保障人权、司法权行使独立、自由平等和谐这六种状态即为法治。这些关于法治的定义在不同的维度和层面剖析了法治的内涵。归结而言，法治的内涵是动态内涵和静态内涵的复合组成。从静态意义上理解，法治是建立在民主基础上的一个国家或地区的依法办事的原则和制度，主要体现在规范和制度层面；从动态意义上理解，法治是规范被适用、遵守、用于裁判各类社会关系的运行过程和状态以及在这个过程中和状态中的价值体现。

3.法治的精神实质

法治的前提是民主。从法律创设制定的前提来看，法律本应由人民所创设，体现人民的意志，法律的创设是民主得以实现的直接体现。换句话说，民主实现的应有之义的重要体现就是法律的创设。虽然人们对法和法律的理解，对人民的理解，以及因不同政治立场对人民主体的理解都有着诸多的差异，但这不能否定在应然和本源意义上民主是法治的前提这一立论。之所以在本源和应然的层面，民主是法治的前提，是因为：其一，从认同角度而言，没有民主，多数人的意志就不可能被以法律的形式得以确认，而法律不能够体现多数人的意志，也就失去了法律赖以发挥作用也是最重要的社会民意基础，没有民意基础，法律的内容无法得到社会民众的尊重认可，依法而治就是虚幻和不可能的。其二，从实施角度而言，法治的含义天然地包含了完善的法律制度，以及法律制度能够适用社会并规范社会关系，没有民主，法律规范就不能平等地适用到社会生活和各种社会关系中，不可能得到有效的贯彻实施，从而会导致社会公众对于法律适用丧失信心，守法信法用法也就不能成为共识和普遍现象，法治实现就成为空中楼阁。其三，从工具属性而言，有学者指出，法治是中性的，可以为民主所用，可以为专制所用，如果没有民主这个前提，法律可能会成为专制的工具，为少数人所使用，这可以从人类的历史中找到事实来印证。① 这样带来的直接后果是法律尊严和权威的丧失，而最终的结果必然是法治为人治所取代，民主为专制所取代，这从根本上与法治的目标背道而驰。因此，法治必须以民主为基础。

法治的目标也是民主。民主应是法的确立、法的贯彻和法的价值实现的前提、底色和追求，是法治的目标所指。民主应延伸和沁入法的确立、法的贯彻和价值实现的每一个环节和全部过程。对于人类的自由而全面的发展而言，民主和法治都是必要的手段；对于法的运行而言，民主和法治是目的。民主和法治的关系，可以从两个方面看：一方面，民主和法治互为目的，即法治是民主的实现目的，民主是法治的实现目的，两者之间的关系是相对统一的；另一方面，法治只能是实现民主的手段，而民主则是法治的目标指向和价值归宿。人类向往和追求法律或者法治，期待的是法治所带来的价值秩序，是大多数人意志和利益的实现。如果法或者法治将自身而不是民主作为追求的目的，法律和法治不会对人类有更大的价值贡献，人类社会也会随着法治的不断进步而迷失在没有价值追求的迷雾中。将民主设立为法治的目标则截然不同，这是体现法治对人的价值最有效、最直接的方式，能够将对大多数人的意志的体现和对少数人的保护统一起来，这也是促进人类整体利益的有效整合，反映人类整体意志的必然。② 民主是多数人意志的主张、多数人权利的实现和多数人统治的确立，法治应在民主的基础上产生，更应以民主为目的和归宿，才能够实现本体与价值的协同发展与进步。失去民主的目标和价值导向，法治将异化为人治，甚至是专制。

法治的要义是严格依法办事。法治最根本的准则是依法办事，法律

---

① 孙磊：《法治中国进行时》，山西人民出版社2016年版，第111页。
② 王利明：《迈向法治——从法律体系到法治体系》，中国人民大学出版社2015年版，第47页。

能够得到普遍的遵循和服从,这也是守法普适性的具体化。在亚里士多德给法治下的定义的两层含义中,其中一个便是法律得到普遍认可,这是对依法办事的强调和重视。在亚里士多德看来,法治的核心要义便是所确立的法律得到普遍的认可和服从。如果把亚里士多德法的两层含义中的良法因素加入考虑范畴,也能够得出这样的结论,即通过民主程序确立的法律必然是用来规范和调整社会关系的,指向的仍旧是法的适用的问题,归结起来还是严格依法办事。法治最明显的体现和作用便是依法办事。离开了法律普遍适用和依法办事,法律的作用也就无从谈起,因为法律只有在适用中才能凸显立法目的,彰显其意志和保护其适用对象的利益。无法可循其实不比有法不依可怕,因为无法可循会让人们希望制定法律,等待法律规范健全,而有法不依所带来的则是对法律的信心的丧失,乃至对法治的否认。换言之,有法不依恶于无法可循,对于社会和国家治理的负面影响更大。因此,作为法治的要义,依法办事首先要求人们能够做到法律至上,严格依法办事。

法治的关键在于制约权力。法治理论研究中一个重要难题就是法律与权力的关系。法律不是生而具有力量的,法律的力量是权力赋予的,没有权力的支持,法律是乏力甚至无力的,法律将权力的直接性间接化了。但在人类社会进入政治国家时期后,国家的权力就成为最大的社会力量,这种社会力量受公共意志支配和制约,以实现公共意志为目标:首先,国家必须受以公共意志为表现形式的法律的支配。近代民主国家的公共性质是国家合法性建立的重要前提。国家不是由某个特定的人所建立,国家的行为须由公共意志来主导,以体现公共意志的法律来实现,表现为法律对国家这个巨大权力主体的支配和制约。[①] 其次,公共

---

① [奥]凯尔森著,沈宗灵译:《法与国家的一般理论》,中国大百科全书出版社1996年版,第48—52页。

的利益必须被国家以法的形式予以保护。国家这一公共权力主体建立的初衷是为了保护特定人群及这一群体中的个体的切身利益。换言之，国家从应然层面而言是为它的建立者所服务的，而法律就是提供服务、满足利益诉求的最重要的载体和保障。为了实现和保护人民利益，国家必然要受到法律的规制。最后，作为国家机器的暴力机构必须受到法律的约束和制约。国家中存在着警察机关、监狱、检察院、法庭、军队等暴力机构和部门，这些暴力机构和部门具有极大的力量和权威，这种力量和权威是任何个人和其他社会团体无法抗衡的，如果不加以约束，必然会带来滥用、乱用等问题，给社会治理带来极大灾难。历史能够印证这一点，不受约束的国家机器更容易成为法治的破坏者，甚至会成为法治最大的破坏者。因此，拥有权力的机关即权力的代表者必须受到法律的严格制约，目的在于维护和实现法治，否则法治就可能因权力不受约束而毁于一旦。

法治是一种社会治理机制。伴随不同需求的出现，人类社会相应地产生了不同的社会管理或者治理方式。由于人类社会所具有的复杂性，社会治理的方式从来都是多元复杂的，不是一种途径、一种范式或者一种机制。不同的社会治理手段或者机制对社会治理会产生不同的效果，而且差异可能会极大。良好的社会治理机制和手段能带来社会的繁荣稳定和发展，维持良好的社会秩序；不好的社会治理机制和手段带来的则是无序、混乱的社会状态。人类发展史上曾经有过"礼治""德治""人治""法治"等多种社会治理机制的理论探索与实践尝试，其中，让人争论最多的就是人治与法治的问题。[①] 作为社会治理机制的法治，是与人治相对立而言的，它是统治者通过法的形式规范社会运行过程和社会组织的形式。在法治中，法律内容是社会治理的基本依循和重要手

---

① 王人博、程燎原：《法治论》，山东人民出版社1998年版，第163—167页。

段,它明确了社会成员的权利和义务,法律目的的实现是社会治理的目标和任务,社会治理通过法的形式实现统治的目的,而法的实施,是中介和桥梁,连接着法律规定和法律目标的实现。在治理的视野中,法治是动态的,包含法律规范、法律实施、目标的实现,是一种有序的结构和法律的实现。这样一种社会治理机制有极高的权威,在这种治理框架下,人们在社会生活中的自由和秩序成为重要内容。在法治状态下,社会是由各种法律规范交织而成的"网",既有自由的"空间",又有约束的"丝线",既有公共意志保障,又有生动的个人自由,进而组成了有序的社会整体。

　　法治是一种社会活动方式。马克思强调人的社会属性是人的本质属性,人类必须始终依赖必要的社会活动,脱离了社会人将不能称为人。人与人、群体与群体的交流、交往、互动构成了社会活动的状态,这是一种动态联系的呈现。这种动态社会的连接因素就是各种社会活动,社会活动使得社会持续快速进步和发展。在法治状态下,人们在进行动态交往和参加社会活动时,自觉遵守法,并且用法来衡量自己和他人的行为是否符合规定。所有社会活动的开展都在法律的规范之下,人们严格依法开展社会活动,有条不紊。人们依据法律做出社会行为,法律成为调适和构筑各种社会关系的基础,如雇佣、买卖、租赁等都已成为社会生活中的常态关系。具有特殊身份的社会成员如政府、司法部门等的公职人员,也如同其他社会成员一样依法进行社会活动,而且由于身份特殊,他们可能会有更加严格或者特定的法律义务。法是否成为人们活动的标准抑或成为何种程度的活动标准,这是是否将法治意识外化成为行为准则抑或成为何种程度的行为准则,以及社会法治化程度的重要标志。法治就像社会的血液一般融入社会活动的各个机体和角落。需要指出的是,法治要融入社会关系和社会活动中,并不是机械地要法律成为一切社会活动的依循和准则,这是一种法治万能论的误区。如前所述,法治是社会治理的一种机制，并不是全部的方法，法治并不能解决所有的问题，如果真的机械理解和使用法治，将使法律极大地禁锢社会活动，使社会失去活力。综合言之，法治成为社会活动的准则，要求将法治外化为社会行为，内化到社会活动之中，使社会活动有规可循又不至于随心所欲。换言之，社会活动必须由法律作出明确规范和调整的，应依法严格进行规范和调整。法律所没有禁止和没有具体规范的社会活动，人们可充分自由和意思自治，而不用法律规范和调整，在这种意义上说，社会活动既有法定范畴又有自治之地。但无论是规范还是自主，法律都是社会活动的内涵要素，规范和自主是法治化的规范和自主。

法治是一种社会秩序状态。社会发展状态的历史沿革的经验和教训告诉我们，人类社会在动荡失序和稳定有序中反复，社会秩序的稳定带来的是发展和繁荣，社会秩序的动荡和混乱往往与灾难、倒退、落后相关联。基于这种对历史进程的总结，对比两种社会秩序状态带来的巨大反差，人类总的希冀是社会处于稳定有序的状态之下。宏观而言，只有处于此种状态之下，人类社会文明才能不断传承和创新发展；微观而言，只有处于此种状态之下，社会中的每个人、每个家庭才能获得安全的保证和幸福的状态。这是对社会总的发展状态的规律的归纳，于是，各种维持社会稳定秩序的治道被人们拿出来试验，企图寻找长久之计，纪律、宗教、礼法、伦理、道德以及法律等规范被单一运用或者组合运用，构筑成不同形式的历史形态和社会形态，也诞生了各种各样的社会秩序。这些社会秩序在不同的地域、阶段呈现出不同的形态，而法治是经过探索和实践比较证明了的良性社会秩序状态，这种状态以法律被人类良好地服从和法律适用社会存在为表现形式，是国家法治化了的具体呈现。作为一种社会秩序状态而存在的法治绝非单纯的法律规范和制度，这种社会秩序状态建立在完备的法律规范和制度的基础之上，但是其所代表和呈现的是规范的内化和行为的外化，所具有的意义和价值远非法律制度可以比拟。只有实现了良法和善治之后，社会秩序的法治状态才可能被建立起来。这种状态之下，社会会有序且持续发展，社会是经法治由内而外充分浸润的社会，而法治也实现了其外化的目的，是实现了社会普遍化的法治。简言之，社会是法治化的社会，法治是社会化的法治。

法治包括形式法治和实质法治。法治在历史和实践中，具有类型化特征，有学者将其区分为形式法治和实质法治。一般而言，形式法治与实质法治虽有区分和不同，但也有共性特征，即都强调法律法规在国家和社会治理中的根本准绳地位。不同点是，形式法治突出法律的普遍性与一般性，反对例外的处理与特殊关照，在司法实践中要求严格依法办案，禁止酌情和变通处理，重视程序公正。而实质法治则表现为个别例外尝试打破法律的一般性和普适性，强调司法者可依据法律作出酌情、变通的裁判，不满足于程序的正义，更追求实际结果的正义和法律的价值内涵，即所谓的良法之治。法治在不同国家的发展历程与该国家的文化历史、法律传统密切相关，有的国家经历了从追求实质正义到追求形式正义的过程；有的国家则经历了从追求形式正义到追求实质正义的阶段；在有的国家或地区，对于形式法治的认识还处于初步状态，这种状态下实质法治就不是其目标。反之亦然，人们对于实质法治的关注更多时，关注和需要的就是建设实质法治，是否拘泥于形式则不被重点关注。两个种类之间不是简单的阶段渐次发展的关系，实质法治和形式法治都是法治发展的重要内容。可以明确的有几点，一是法治的类型化包含着这两种形式。无论是从形式到实质，还是从实质到形式，都是法治的初始状态表现的单一形式，法治的充分发展形式则是二者的有机统一。二是法治的组成部分中天然地包含着形式法治和实质法治。这两者是法治发展的不同样态、维度和阶段，是在法治发展过程中不断影响、交融和发展的两个方面，都统揽于法治的范畴之中。三是由形式法治向实质法治发展是具有代表性的发展历程，但不能说这是唯一的发展模式和历程，也并非所有国家和地区法治的唯一路径。

4.法治的历史发展过程

从世界发展历程来看，在西方文明的源头古希腊时期，人们已然对法治进行了卓有成效的探索，形成了丰富的法治理论。比如，通过对柏拉图的思想转变的考察，我们可以了解到，柏拉图最为推崇的是"贤人政治""哲学王"思想，① 这是柏拉图具有代表性的观点，不过柏拉图晚年时在"贤人政治"没有土壤的情况下，转而认为法治国家应是实然层面最好的国家。又比如，亚里士多德认为，"法治应优于一人之治"，其法治应是普遍服从和良法前提的理论成为法治的经典概括和阐述。

古希腊作为西方思想的源头，对法治理论形成了较为成熟的思考，在这样的基础上，古罗马便产生了对法治雏形的探索。无论是在共和时期还是帝制时期，古罗马的法治实践都取得了具有世界意义的巨大成就。同时，由古罗马的法治实践也可以看出，国家强盛往往同法治相伴。三千多年前，《汉谟拉比法典》颁布，成为第一部由人类制定的成文法。伴随法典的刻上石柱和广泛适用，古巴比伦王国开创了两河流域最为辉煌和鼎盛的时代，也造就了伟大的古巴比伦文明，古巴比伦王国因此成为世界四大文明古国之一。罗马帝国在历史上曾经三次征服世界，但武力和宗教的征服没能够维持庞大的帝国的兴盛，只有法律在真正意义上"征服"了世界，持续影响着世界。

近代史上所言之法治，与古代对法治的理解是有巨大差别的，它绝不是古代理论与实践的重复。近代意义的法治是资本主义出现之后资本

---

① ［古希腊］柏拉图著，郭斌和、张竹明译：《理想国》，商务印书馆1986年版，第201—214页。

主义民主革命的产物，是对资本主义民主的确认、巩固和保障，是资产阶级革命取得胜利之后所认可的一种社会管理模式和治道。可以说，在资本主义阶段，资产阶级的法治成为其巩固政权和执政地位，组织、运行国家机器和发展、规制社会的重要手段。相对封建社会而言，资本主义社会在政治民主方面所取得的进步是巨大的，法律规范在这个阶段得到了极大丰富，法治所取得的进步也是巨大的，为社会治理带来的改变也是空前的。

随着自由资本主义向垄断资本主义的过渡，资本主义社会的内部社会结构、社会阶层发生了很大变化，由此带来了政治和法治层面的改变，法治的理念、权利的保障等得到了更多的关注和发展。对私有财产的神圣性保护得到调整和修正，从对私有财产的绝对保护发展演变到对社会给予更多的关注，从片面重视保护资产者利益发展到对于社会公共利益的适当关怀，并延伸为增加社会保障和福利，注重保护生态环境等，这全是法治在资本主义社会的发展和演变。

进入社会主义阶段，由于社会主义制度形态是资本主义制度形态的进步和发展，它对法治的影响是巨大的，这体现在对民主的重视、社会的关注、权利的保护等诸多方面。应该看到，社会主义法治在经过资本主义法治发展的基础上，发展进步到了一个新的历史阶段。诚然，任何事物的发展进步都不会是畅通无阻的，社会主义法治的完善也不可能一蹴而就，其间肯定会遇到各种阻碍、挫折甚至反复和倒退。但是，发展始终是历史的趋势和潮流，历史和现实的理论与实践也将继续证明，以中国为代表的社会主义国家践行的社会主义法治，正在不断进步、趋于完善，并展现出强大的活力和制度优越性。

二、法治相关概念辨析

对"法"和"法治"这两个法治本体里最核心的概念作较为系统

的梳理和研究，是从内涵作的分析。对法治与人治、法制和法治、法治与法治国家这些密切相关的概念作辨析，确定它们之间的联系、区别，是为了从内涵和外延等对与本研究相关的重要的基础概念进行深度剖析。

（一）法治与人治

人治是为政在人。人治是一种国家和社会治理主要依赖于领导人或者统治者个人的意志、智慧和才能的方略与模式。[①] 人治具有这样的特征：一是权力源头是统治者或领导人个人的意志。人治的最高准则是领导人的意志，这种意志直接作为社会和国家的行为指南和准则适用，可以不要规则，也可以不通过一定程序转化为一定的规则。在一定条件下，规则和规范也存在，但这种规则可以为当权者或领导人任意废立。二是治理的稳定性弱。由于人治的权力源头是领导人或统治者的意志，而人的观念、意志、思维、想法、好恶具有不稳定性，会因外在环境或年龄的变化而变化，这种治理模式具有不可抗拒的随意性、波动性和独断性。三是法律规范地位低下。在法律与领导人意志的重要性比较中，法律是处于第二位、从属地位，或者更低的地位的。人治社会中，统治者也会制定、颁布和运用法律，但是法律仅仅具有工具价值，是达成统治者目的的手段、维护和巩固统治的工具，法律规范自身毫无意义。若法律规定与统治者目的相背离，法律就会被践踏和破坏，而统治者可以任意改变法律规定。四是人治缺乏对价值的追求，如民主、正义、人权保护等价值准则不会成为人治社会的价值追求。虽然在历史中出现过领导人或者统治者重视社会公平的积极做法，成为领导人或统治者广施恩惠的证明和依据，但这也说明，正因为公平正义缺乏，系统的制度没有固化和常态化，重视社会公平才为人所称道，才可以成为领导人或统治

[①] 卓泽渊：《法治国家论》第 4 版，法律出版社 2018 年版，第 15 页。

者炫耀的资本。

　　人治是一种与法治相对应的社会治理模式，曾作为一种治道和现象在人类历史中长期存在。从人类社会历史发展进程来看，人治并不绝对导致社会治理模式的坏，历史上著名的盛世无不与富有智慧、胆识、卓越才能的帝王紧密相关，人治对个人因素的重视，对于统治者个人或集体道德的强调，可以成为借鉴和吸收的政治因子，可以为现代政治发展所传承和沿袭。但是人治毕竟是依靠个人或少数人的智慧与意志管理社会和国家的方式，容易产生暴政、专制等弊端，给社会发展带来的巨大危害更是不胜枚举。人治的落后性、种种弊病早已为历史证明，人治也已为社会发展进程所摒弃。总而言之，人治固然具有其可取的因素，但我们不能因为其中极少的可取因素，而固守这种落后的社会治理方式。固守人治，将是对民主的抛弃、对法治的倒推，对正义、公平、人权等价值追求的背叛，是社会历史的退步，带来的后果必然是颠覆性的。简言之，法治是现代社会的必然之选，是社会治理模式发展的要求，是民众民主价值追求的根本保障和直接体现，只有推行法治才能实现人类社会更美好的发展。

　　通过对人治含义、特征、优缺点的考察，我们基本厘清了人治的内涵和外延，接下来，我们需要对人治与法治进行比较考察和分析。法治与人治作为一组相对的概念，从存在形态到发展进程都存在根本的差异，主要表现在以下几个方面。一是领导人或统治者权威性不同。现实中，在法治的视野里，法律具有最高的权威性和权力位阶，领导人或统治者与所有民众一样，都需要服从于法律，领导人或者统治者甚至更需模范地服从法律，抑或需要履行特定的附加义务。领导人认为法律规范有不合适的地方时，亦须遵守法律，直到依据法定程序对法律作出相应的调整和修改。在人治状态之下，领导人或者统治者拥有至高的权威，他们可以任意调整、修改、废弃、否定相关规范，而无需额外的程序。

二是法律发挥的作用截然不同。在法治中，法律能够发挥巨大的作用，表现在评价、教育、引导、调整社会行为和社会关系的方方面面。在人治之中，虽然也有法律，但法律的前提不具有民主的属性和内涵，无法摆脱为统治者个人意志所凌驾的状态。中国传统人治社会拥有大量的成文法典规范，发挥了应有的作用，为后世所称道，但无论这些法律规范被重视到何种程度，它始终不是建立在民主民意的基础上的，法律被适用和实行的目的仅仅是维护统治而已，与封建帝王抑或政治领袖的意志相较而言，法律规范始终处于弱势。法治与人治的重要差异在于法律的内容是否是民主意义的良法，在于法律是否具有崇高的地位，能否发挥巨大作用——这种作用和地位是在一切权力之上的。三是对于权力的制约不同。法治的基本内容包含对民主的保障和对权力的制约，任何权力都须在法律的规范内发挥作用，法律对权力进行约束和规制，权力制约是法治的基本特征。但是在人治之中，权力不受法律约束是常态性存在，权力只臣服于权力而非其他，统治者或领导人的最高权力是凌驾于法律之上的至上权威。四是在是否具有价值观念体系方面不同。法治将民主设定为目标和导向，同时贯彻自由、平等、人权等价值观念。而人治则相反，总是与专制相联系，总是简单地将法律作为工具使用。当然，历史上也存在过在个别官员、个别明君的治理下，法治也在一定程度上被作为目的追求的情况，但这并非普遍现象和一般状态。简言之，法治与人治在价值观念上的差异，必然导致制度和规范架构上的冲突。五是政治前提不同。法治与人治总是建立在一定政治条件之上的，是总体政治的组成内容之一。从政治前提来看，法治与人治根本不同。法治以民主制度作为政治前提，人民是主权者、决策者、推动者和获益人。民主之路没有尽善尽美的，仍然存在很多不足，但是任何法律都必须以民主程序和民主利益为基础。人治则不然，专制是人治的天然土壤，民主与人治是根本对立的，所以，所有的人治最终都必然会反对民主。我们要仔细辨别法治与人治，深入其内在结构，从其相互关系入手对其进行考察，只有这样才能科学地分辨法治与人治，并更好地坚持和实现法治。

（二）法治与法制

法治和法制是法学研究和社会生活中使用频度很高的两个法律术语，在语义内涵和使用规范上有着巨大的差异，在不同的阶段党的文件中的这两个词也有不同的含义。法治的含义，前面已做了说明。那什么是法制？法制具有两种含义，一是法律制度的缩写；二是指整个法律的体系、框架和结构。下面，我们将根据法治和法制内涵的不同对其进行区分和辨析，具体包括以下几个方面。

第一，是否强调法律地位的至上性。法治凸显依法之治、对于法律的服从和认可，承认和凸显法律至上的地位。在法治中，任何行为准则在与法律共存时都必须遵守法律，所有人都必须遵守法律，而不得违反法律。如果违法，无论是谁，都必须承担法律责任。法制则没有法律至上这层含义。第二，出现和发生作用的时代差异。近代意义中有实质内容的法治是资产阶级革命的产物，是在资本主义时期萌芽、创设和发展起来的。从社会发展阶段来看，资本主义社会和社会主义社会才存在和需要法治。法制则是从有了国家和法律制度以来便产生了的，它甚至是法律的另一种呈现状态。它诞生于古代社会的早期，在人类社会所有存在阶级的发展阶段都存在和发挥着作用。第三，与权力关系的差异。法治强调限制权力，对国家机构及其公务人员所代表行使的公共权力作出明确的规范和约束是法治的基本特征，可以防止权力对民主的破坏。法治要求所有权力必须遵守法律并依法行事，而法制并没有这样的要求。[1] 从含义可知，法律制度可能是法治下可以制约权力的法律制度，

---

[1] 李步云主编：《法理学》，经济科学出版社2001年版，第102页。

也可能是人治下的法律制度，这种制度是否良善且不讨论，但它可以存在于任一种治道之下。第四，两者有不同的价值观。法治必须具有民主、正义和自由等含义，但法制并不一定如此。比如，法治中的法律制度必须包含这些基本的价值，而人治中的法律制度则没有这样的价值，因此，虽然法制可以融于任一治道之中，但是只有在法治之中方能体现其最基本的价值导向和目标。如果说法治具有明显的现代价值取向，那么法律制度的价值取向则是中立的，可能是先进和进步的，也可能是落后和逆时代潮流的。第五，二者与民主的关系不同。法治与民主密切关联，没有民主就没有法治，没有真正的民主就没有真正的法治。民主不仅是法治的前提和价值实现，也是其现实的政治基础和目标。但法制不需要民主作政治基础，也不一定以民主为政治目标。总而言之，法治与法制之间存在差异，也有联系。鉴于此，也可以说，法治是建立在法制的基础之上的。

法制化和法治化也是时常使用的概念。二者表达着不同的含义，既有联系又不可混为一谈，我们不能用优劣来评价和比较法制化和法治化的问题。法制化是指通过一定的程序将需要调整的社会关系固化为法律制度，从而对某些社会领域进行法律调整而开展的立法活动，体现为动态的立法过程和静态的立法结果，且无论是立法的过程还是立法的结果，都是法制化的体现。法制化可以分为两种类型：一种是转变型的法制化，一种是创设型的法制化。社会生活的某些领域原本是由其他规范（如社会习俗、道德准则、宗教教义）调整和发生作用的，基于特定的需要将这些规范转化为法律规范，从而将该领域由其他规范调整转变为由法律来规范和调整的状态，这就是转变型法制化。创设型法制化则是在没有规范调整的社会领域，制定针对性法律规范，对该领域进行调整。

法治化则是指将某些领域的非法律调整转变为良好的制度，以确保这些法律制度得到有效实施和充分实现，并反映出公共权力规范和制约的特征。法治化包含法制化，但不限于法制化。法治化要求有良善的法制化，并且要求良好的法律制度得到良好的执行，以达到法律预期的效果，使相关的法律制度成为社会现实，并有效地规范和限制公共权力。在法治不断发展的进程中，系统有效地推进法制化工作，既需要加强从无到有的创设型立法，也需要加强从弱到全的改善型立法，更要不断地推进法治化的进程。[①] 只有法制化的实现才能促进法治化的实现，而且只有在全社会形成了讲法依法守法用法的法治化氛围，才能够真正实现法治。需要特别说明的是，法制化或法治化并非对社会生活的所有领域和所有社会关系予以规范，法制化和法治化都是针对需要规范的社会领域进行调整和规范，我们陷入法治万能的误区，这是对法治精神的违背，也不是法治所要求和期待的。

（三）法治与法治国家

法治国家以何种外在形式和内在结构存在，不仅是法学研究者，也是处于国家治理范围内的所有普罗大众都关心的一个问题。有法学家认为，尽管对法治国家的理解和认知可能千差万别，无法形成共识性观点，但不能否认的是，我们能在这些理解中找到一些"公约数"，即共同点。这些共同点体现在政治、法律、民主模式的某些轮廓性的相似或者内容上对于秩序、公正的价值追求。[②] 法治国家作为一种实体存在，在民主政治体制、权力架构、经济发展方式、文化发展意识和社会的治理模式等方面是不同于其他国家状态的。这主要表现在以下几个方面。

法治国家是实行民主政治体制的国家。法治是民主的前提，同时，法治的前提和目标是民主，因此民主政治体制是法治得以存在的先决条

[①] 王人博、程燎原：《法治论》，广西师范大学出版社2014年版，第95—103页。
[②] ［俄］B. B. 拉扎列夫主编，王哲等译：《法与国家的一般理论》，法律出版社1999年版，第346页。

件。在民主政治体制下，国家的政治体制产生的方式是民主的而不是专制的。民主方式产生的体制决定了国家管理形式、权力的实现和彰显方式，对公民权利的保障、选举的开展等国家的政治制度也都必然是按民主的方式进行的。这就将法治国家与专制国家、人治国家明显区分开来。

法治国家是注重权力分工架构制约的国家。国家权力的行使不可能由某一个人或者某一机构来完成，国家权力尤其是现代国家权力是一个牵涉国家、社会公共领域和私人领域的庞杂的权力系统，各种社会关系均有可能与国家权力产生关联。如此庞大的权力体系，如不从性质上合理地加以区分，交由不同的机构来行使，带来的就是高度集权，以及无法抗衡的力量，权力的失衡则会带来权力的不受控制。因此，法治国家依据权力性质、关联的社会关系、对社会利益的关注的差别等方面进行区分，并赋予不同机构相应的权力，使权力不至于过度集中和膨胀，并对权力进行监督和制约，使得权力与权力之间形成平衡，国家权力与社会力量之间、权力与公民的保护之间形成平衡，这种平衡的实现就是对于稳定秩序的保障。

法治国家是发展市场经济的国家。经济的发展方式有计划经济和市场经济，两者的不同之处在于对市场资源的调配方式不同，前者注重政府对经济发展方式的管理和规制，对资源的统筹、协调和分配，而后者注重发挥市场规律在市场资源中的调配作用。在计划经济体制下，政府的行政手段深入干预经济的运行，市场以政府的指令为导向，经济关系的调整不需要法律规范来干涉，因为政府基本包办了一切，法律对于经济领域而言显得适用性不足。在市场经济体制下则不同，市场的主体以经济效应的最大化为导向，资源配置以利益为前提，主体的积极性被充分调动起来，经济活动频繁，各种社会经济关系被重新定义。市场的逐利性肯定会带来盲目性，如果任由市场肆意发展，可能会对社会发展带来某些系统性风险。基于市场经济体制下的主体繁多、关系复杂、纠纷频发且可能给社会带来系统风险的事实，加强法律的规范就显得尤为必要，市场经济在严格意义上必然是法治经济也是基于这个原因而成立的。经济体制的发展决定了国家政治体制的走向，但法治对经济发展发挥作用不是仅限于经济领域，而是切实地体现在国家的各个领域中的，这也就是说，市场经济的基础决定了法治国家的产生和实现，而法治国家也必然是以市场经济为发展模式的。

法治国家是具有较高文化理性意识的国家。通过法治的探索历程，我们能够获悉，人类在历史经验基础上经过理性的比较选择了法治，这种理性不是一天生成的。同样，对于法治国家的追求也是伴随人类法治探索全过程的，正是这种文化理性意识促成了法治国家的实现。法治国家这一发展形态肯定不是最好和最终的国家发展状态，但与历史上其他的国家形态相比较而言，这一形态是相对先进、稳定、有序和安全的。对于法治国家存在的合理性和相对优越性及其历史发展的局限性的认识，促进了人们对法治国家目标的科学选择和法治国家实践的有序推进，这些都以文化的理性意识为前提。[①] 反之，如果缺乏这一理性认识，人们对于法治国家的追求可能会是盲目和不客观的，可能会绝对地强调其先进性和终极性，导致非理性的产生，不能实现真正现实意义上的法治国家目标。

法治国家是将法治作为社会治理主要方式的国家。对社会进行有效治理是国家的法定职责。现实当中能够对社会产生作用的规范是多种多样的，道德传统、风俗习惯、宗教教义、政党纪律、伦理惯性等都以成文的或者不成文的形态对社会和社会成员产生着作用，外在地或者内在

---

① 高鸿均等：《法治：理念与制度》，中国政法大学出版社2002年版，第12—20页。

地规范着人们的内心或者行为。但这些都不能替代现代国家法律在其中发挥的作用，国家和社会的有序治理，依凭的如果是上述规范，国家存在的意义和价值就存疑了。法治以平等、正义、人权保护等价值作为追求，所以能够为人民所肯定和追求，能够克服其他规范存在的缺陷和不足。因此，在法治国家，法治必然成为实现国家和社会有效治理的最重要的方式和途径。

三、新中国国家治理范式演进

纵观中国共产党带领中国人民在革命、建设和改革年代进行法制建设和对治理模式进行艰辛探索的历程，我们可以了解到，法治作为一种治道能发挥极端重要的作用，全面推进依法治国成为新时代法治方略的中国范式，也是社会主义中国的必然之选。

（一）社会主义法制初步建立

要了解新中国成立伊始的法制建设，需要对新民主主义革命时期的民主法制建设探索作基本梳理。1919年以来，随着新民主主义革命的不断深入发展，中国共产党人在根据地掌握了部分政权，根据地便成为中国共产党积累法制建设经验的一块很好的"试验田"。在这一时期，党领导根据地人民群众开展了一系列卓有成效的尝试和探索，为党执政后社会主义建设时期的法制进步作了理论与实践的积累。以毛泽东为领导核心的中国共产党在现实的发展和实践探索中更加清醒地意识到，由中国共产党来领导无产阶级是实现无产阶级专政的必然选择和必由之路，要维护无产阶级的阶级利益就必须在中国共产党的领导下建立起属于无产阶级的革命法制，废除建立在维护地主和资产阶级利益基础上的旧法制。因此，毛泽东强调无产阶级一定不能对资产阶级的法律抱有幻想,必须"另起炉灶"建立自己的法制。① 在这一革命时期,法制建设具有立法目标的"革命性"、技术的"低阶段"和内容的"政策性"等特点。首先,立法目标的"革命性"。立法最大的目标指向就是要打破旧政府和旧体制,推翻国民党政权,建立人民政权,实现对劳苦大众的保护,保障他们生存和发展的权利。其次,技术的"低阶段"。由于中国共产党缺乏执政经验和法制建设经验,一切都是从无到有,也由于局部政权社会关系相对简单等客观原因,这一时期立法的技术处于"低阶段"水平,制定的法律规范较为简单和粗糙,系统性不强。如《中华苏维埃共和国宪法大纲》(1934年1月通过)全文只有十七条,《中国土地法大纲》(1947年9月通过)全文也只有十六条。最后,内容的"政策性"。同国民党、日本侵略者以及其他国外势力的较量是一个险恶的斗争过程,局部政权的运行面临着诸多危险,制定灵活、简易、方便适用的规范成为当务之急。党的政策就具备这样的特点,因此不少情况下党直接将自己的政策转换为法律规范。直接转换有在这一阶段特有的优势和必要性,但也导致法律规范中"政治话语"色彩浓厚,法律的规范性话语表达不足,以及政策和法律的界分不明晰等问题。尽管如此,在中国共产党的领导下,新民主主义革命时期中国的法制建设仍积累了无数宝贵的经验,为推动社会主义法制建设向前发展奠定了坚实的基础。在这期间确立的审判公开原则、人民调解制度也为社会主义法制建设所沿用了下来。

社会主义法制初步建立是在新中国成立后至党的十一届三中全会召开前这一时期完成的。这期间经历了新中国成立初期彻底打破旧的法制和法统的热火朝天,也经历了稳固新政权、加强秩序和法制保障的蓬

---

① 韩延龙、常兆儒编:《中国新民主主义革命时期根据地法制文献选编》第3卷,中国社会科学出版社1981年版,第66—68页。

勃，更经历了对民主法制建设态度的反复。在这一时期，中国共产党积极借鉴新民主主义革命时期在法制建设中所取得的成功经验，采取了一系列有效的措施来废除旧的法律制度和体系，并且制定了社会主义紧迫需要的法律规范，但也发生了"文化大革命"这样的错误，这些都为后一时期民主法制建设提供了经验和教训。

革命胜利后，党意识到，新中国的社会制度和意识形态与旧中国是不一样的，旧中国的一切政治、政权和社会基础都不复存在了，新中国的法制体系不可能在旧法统的基础上成长。因此，所有法制建设必须推倒重来。1949年2月，中共中央正式发布了《中共中央关于废除国民党〈六法全书〉与确定解放区司法原则的指示》[1]，表明国民党旧法统在新中国已不具有法律效力，这为新中国建立和发展社会主义法制铺就了道路。在这一时期，党高度关注法制建设，并注重发挥宪法在稳固政权和建立国家各项基本制度、规则中的作用。在这一时期，《共同纲领》确定、1954年宪法颁布，除此之外，其他立法工作也取得了不错的效果。据统计，从1954年人民代表大会制度建立到1957年上半年，全国人大及其常委会制定和批准的法律达四十多部，[2] 这在当时是一个不小的成绩。但社会主义法制建设在这一时期不是一帆风顺的，党对法制建设的态度也是有反复的。全国人大及其常委会作为法定的最高立法机构，在1966年6月至1975年2月近十年的时间内没有召开过一次会议，更没有颁布和出台一部法律规范，直至1975年3月，迫于"文革"的形势，才制定颁布了"七五宪法"。[3] 对民主法制态度的反复对党和国家造成的伤害是巨大的，但也正是这种巨大和惨重的教训，让党更加

---

[1] 韩延龙、常兆儒：《中国新民主主义革命时期根据地法制文献选编》第3卷，中国社会科学出版社1981年版，第87页。

[2] 王耀海：《马克思主义法学的逻辑脉向》，中国社会科学出版社2016年版，第366—367页。

[3] 颜晓峰主编：《建设法治中国》，社会科学文献出版社2015年版，第96页。

注重反思历史并在之后对民主法制建设有了高度支持与重视。①

（二）中国特色社会主义法律体系建设

中国特色社会主义法律体系建设的时间一般指1978年12月党的十一届三中全会召开到2012年11月党的十八大召开前。"文革"时期民主法制建设的失序和混乱，决定了中国法治建设必须要作出重大的改变和调整。党在这一阶段早期处于对"文化大革命"的系统反思状态，制度空白、缺位，已有的制度也没有发挥应有的作用。正反两方面的对比，促使党对加强党内民主、加强法制建设有了空前的重视。这种反思和对比代表的是"文革"后人民群众的普遍共识和历史趋势。经由这样的反思，结合改革开放的实际和需要，党领导国家逐渐走向开阔的法治道路，开辟了中国特色社会主义法治道路。

将国家中心任务转移到经济建设上来，成为党的十一届三中全会后全国人民的最大共识。为保障改革开放顺利进行，必须发挥法律的调整规范功能。加强法制建设，为经济建设和改革保驾护航，成为最大的现实需求。全会系统地提出了"有法可依、有法必依、执法必严、违法必究"②十六字方针，形成了对社会主义法制原则的科学阐述，成为一段时期以来我国法制建设的基本遵循。法制逐渐成为党治理国家的制度惯性和价值惯性，1999年，"依法治国，建设社会主义法治国家"的基本方略被载入宪法，法治被提升为治国战略，打开了我国法治新局面。党的十六大进一步强调要坚持依法治国基本方略，这一重大战略思想的提出，对于确保国家长治久安意义重大，影响深远。③随着中国社会开始进入矛盾多发期，进而需要运用各种手段来确保社会和谐，而和谐社会

---

① 《中国共产党中央委员会关于建国以来党的若干历史问题的决议》，人民出版社1981年版，第25页。
② 邓小平：《邓小平文选》第2卷，人民出版社1994年版，第254页。
③ 卓泽渊：《中国的法治之路》，外文出版社2018年版，第108页。

的发展属性意味着法治是构建和谐社会的前提，党适时提出和谐社会建设要求，依法执政成为社会主义法治建设的新要求和党的基本执政方式。党的十七大进而提出了科学立法、民主立法的法治新要求，并将其根本任务设定为完善中国特色社会主义法律体系。[①] 在党的十八大召开前，经过协同接续的努力与推进，我国初步建成了以宪法为根本大法、法律法规为主体、地方性法律规范为配套的中国特色社会主义法律体系，标志着我国社会主义法治建设实现了从无到有、从少到全的重大转变，社会主义法治的规模效应初显。

（三）开启新时代全面依法治国的中国范式

党的十八大的成功召开，标志着我国进入社会主义法治建设的新阶段，开启了新时代全面依法治国的中国范式。党的十八大把"全面推进依法治国"[②]作为重大战略首次写入党的正式文件中，将依法治国放在了治国理政中尤为突出的地位。党的十八届三中全会就法治中国建设和司法改革制定了8项方案，党的十八届四中全会以法治领域存在的二十多项问题为导向，提出推动法治领域的198项改革，擘画了清晰蓝图，描绘了全面依法治国的路线图，制定了全面依法治国的时间表和任务书。

进入新时期，国内国际环境发生深刻变化，我国经济发展进入新常态，各个领域改革持续加速，人民对美好生活的需求日益提高，党的执政能力建设和治国理政能力提高成为迫切需求。同时，国际格局不确定性增加，不安定、不稳定因素增多，"逆全球化"等现象出现。以习近平同志为核心的党中央直面国内外复杂矛盾和严峻挑战，发出了全面依

[①] 中共中央文献研究室编：《十七大以来重要文献选编》（上），中央文献出版社2009年版，第24页。

[②] 中共中央文献研究室编：《十八大以来重要文献选编》（上），中央文献出版社2014年版，第21页。

法治国的号召，提出"四个全面"战略布局，配套全面依法治国的总目标，由规范体系、实施体系、监督体系、保障体系和党内法规体系五个部分组成，并分别配以"完备""高效""严密""有力""完善"五个体现具体要求的修饰语，标志着中国特色社会主义法治建设进入了高质量发展、系统发展的新时期：法治人才培养和法学教育实现了向繁荣发展的转变；规制对象实现了对国家政治、经济、社会各个领域的全覆盖，尤其提出要依规治党从严治党的转变，领域视野实现了面向中国和放眼世界的转变，通过倡导人类命运共同体，形成世界治理新格局。这使得党内氛围更加气正风清、务实民主，国家面貌焕然一新、生机勃发，中外关系和国际环境切实改善，对全面建成小康社会，进而为实现社会主义现代化强国的奋斗目标凝聚力量发挥了非常重要的作用。中华民族比任何时候都更加接近世界舞台的中心，也更加接近伟大复兴中国梦的实现。

经由改革开放四十多年的探索，实践积累和理论研究结论都告诉我们，改革稳定发展、经济政治民生等各项工作开展都离不开法治，脱离了法治的保障，改革将举步维艰，稳定将难以保障，发展更是无从谈起。改革开放深度广度越大，法治的重要性越要强调。党执政七十多年来，新中国的发展历程也不是一帆风顺，而是几经挫折苦难的。纵观我国宪法发展历程，从"五四宪法"到2018年宪法的新修订，从"社会主义法制"到"社会主义法治"，从"有法可依、有法必依、执法必严、违法必究"到"科学立法、严格执法、公正司法、全民守法"，我们党越来越深刻地认识到，治国理政须臾离不开法治。

党的十九届四中全会紧扣"坚持和完善中国特色社会主义制度、推进国家治理体系和治理能力现代化"这个主题，系统地对全面依法治国方略进行深化。全会的决定从十九大确立的战略目标和重大任务出发，着眼于坚持和巩固中国特色社会主义制度、确保党长期执政和国家长治久安，着眼于完善和发展中国特色社会主义制度、全面建设社会主义现代化国家，着眼于充分发挥中国特色社会主义制度优越性、推进国家治理体系和治理能力现代化，全面总结党领导人民在我国国家制度建设和国家治理方面取得的成就、积累的经验、形成的原则，重点阐述坚持和完善支撑中国特色社会主义制度的根本制度、基本制度、重要制度，部署了需要深化的重大体制机制改革、需要推进的重点工作任务，使我们深刻认识到新时代的全面依法治国的治理体系、治理能力、发展要求、价值目标都和以前不同，这是法治建设的新时代中国范式。

第二章　全面依法治国方略的形成背景

任何重要理论都根植于一定的社会历史土壤，都不能脱离该理论所处的历史时代背景。马克思说："每个原理都有其出现的世纪。"① 一种理论、思想总是对一定的社会历史背景作的总结并脱胎于其中的。进入新时期，新的党情、国情、世情成为全面依法治国基本方略形成的重要背景。

一、党情：中国共产党执政理念与执政能力提升

截至 2021 年 12 月 31 日，中国共产党党员总数为 9671.2 万名，党的基层组织 493.6 万个，其中基层党委 27.8 万个，总支部 31.6 万个，支部 434.2 万个。全国 9034 个城市街道、29649 个乡镇、114065 个社区（居委会）、491129 个行政村已建立党组织，覆盖率均超过 99.9%。大专及以上学历党员 5146.1 万名，占党员总数的 53.2%。② 同时，国内外民调机构对于党执政满意度的调查显示，我国人民群众对党的执政满意度和政府的认可度，要远高于西方民众对于本国执政党和政府的满

---

① 中共中央马克思恩格斯列宁斯大林著作编译局编译：《马克思恩格斯文集》第 1 卷，人民出版社 2009 年版，第 607 页。
② 中共中央组织部：《2021 年中国共产党党内统计公报》，来源：共产党员网，2022 年 6 月 29 日，网址：https://www.12371.cn/2022/06/29/ARTI1656497888734984.shtml。

意度。① 由此可见，中国共产党在党员人数和组织覆盖上是一个庞大的政党，是一个拥有良好群众基础的现代执政党，其执政所取得的成绩得到了高度认可，这是党在中国执政的基本面和有利面。但同时也应看到，虽然中国共产党党情基本面和执政基础良好，在新形势下党的长期执政也面临着复杂严峻的考验，这种考验体现在以下几个方面。

第一，能否让人民群众需求得到满足？现代政治文明中，政党政治是一种常态，一个政党想要在一个国家执政，必须提出自己的政治主张和政治方案，以期赢得民众的支持和拥护，这是其执政合法性的前提和来源。② 中国共产党作为在中国长期执政的党，要谋求一党执政、长期执政、连续执政，就要得到广大人民群众的拥护，而赢得人民群众支持的前提是满足人民群众的需求。如果人民的需求和利益没有得到满足，中国共产党执政的合法性必然受到质疑。这就需要中国共产党深入了解和发现人民群众的需求，并竭尽所能地去满足他们的需要。对新时代我国社会主要矛盾发生转变的深刻判断就是党对人民需求变化的即时准确判断。判断和发现需求是实现党执政目标的第一步，如何通过党执掌的国家权力开拓创新，通过各种制度设计、体制机制协调，清除阻碍发展的各种障碍，进而满足人民群众的需求才是任重而道远的。

第二，能否使国内各项治理有序进行？目前，我国国内各项治理还存在一些问题，主要表现在以下几个方面：从经济方面来看，市场经已由单一的行政手段调整向以经济、法律手段为主要调整方式的方向转变，同时，如何最大效力发挥市场的自由价值与党政机关的宏观调控、监管也是需要考量的问题；从文化角度来看，科技和网络的兴起让文化

---

① 谢春涛：《充分认识当今党情新变化》，载《人民日报》2017年1月5日，第7版。
② 张恒山：《略论制度正义——执政党的至上价值目标》，载《中共中央党校学报》2007年第4期，第51—59页。

交流越来越密切、越来越频繁，如何面对欧美等文化大国的价值观侵入是个很大的问题；从政治角度来看，随着经济的发展，人们越来越多地积极主动地参与到政治生活中，要求更加公平有序保障权利行使的意识不断增强；从社会角度来看，民间非政府组织大量兴起，社会组织形式发展更加多样化，社会结构变得更加复杂，社会利益群体纷杂，人们收入差距不断扩大，真正实现社会公平正义将面临更为严峻的考验；从改革方面看，我国的改革已进入攻坚期和深水区，正确处理当前我国社会发展中累积的各种深层次矛盾成为刻不容缓的命题。从这些问题来看，我国要保障各项治理的有序进行，还面临着严峻的考验。

第三，党自身能力建设能否跟上？恩格斯曾明确说过："我们的理论是发展着的理论，而不是必须背得烂熟并机械地加以重复的教条。"[1]不难看出，越是进入发展的关键时期，党所面临的执政环境越是复杂，党的先进性的保持就越成为需要考量和重视的关键问题。当前形势下，影响党的纯洁性和先进性的因素不断增多，党内可能会滋生消极懈怠、空转不作为、作为不良等问题，而这些问题直接影响党员个体的思想作为和素质能力、局部组织作用的发挥，使党在群众中的公信力降低。如果这种不良现象蔓延开来，就有可能成为全局性问题，进而从根本上影响党的执政能力和执政基础，影响党的执政地位和长期执政。

在中国共产党取得执政地位之前，面对艰苦卓绝的革命环境，广大党员必须扎根于人民群众才有可能取得革命的最终胜利，故均能够始终自觉地加强理论学习，并能自觉保持同人民群众的血肉联系，这也是中国共产党能够成功带领人民群众取得革命最终胜利的根本保证。中国共产党取得执政地位后，尤其是改革开放以后，随着我国社会经济发展取

---

[1] 中共中央马克思恩格斯列宁斯大林著作编译局编译：《马克思恩格斯文集》第10卷，人民出版社2009年版，第562页。

得巨大成就，新的社会阶层涌现，不同群体的利益诉求日益多元化，诸多因素导致党的队伍构成发生了深刻、复杂的变化，这使得我们党所面临的执政考验日益复杂严峻。中国共产党领导方式的运行，需要有一个根本性的前提条件，这就是共产党连续的、长期的执政。我们不能实行西方国家那种轮流执政的政党制度，那带来的必然是共产主义事业的中断，是社会发展方向的改变和发展进程的断裂。而连续的、长期执政的党，则必须是一个对自己一以贯之地从严治理的党，是一个永葆先锋队性质的党。党自身治理的状况决定着党的执政实践，国际共产主义运动的经验教训表明，一个拥有国家权力并运用其支配社会而又不能对自己进行从严治理的政党，在权力的侵蚀之下，丢掉政权是迟早的事，历史使命的实现也只能是一句空话。中国共产党所领导的中国特色社会主义事业是前无古人的伟大事业，没有现成的可靠模式可供借鉴，我们只能依靠自身不断的探索和创新，才能应对严峻复杂的国内外环境。因此，如何不断提升党的凝聚力和战斗力，不断提升党的治国理政的能力和本领，不断提升为人民服务的本领，进而巩固党的长期执政地位，使中国共产党始终走在时代前列，引领人民群众发展进步，已成为我们迫切需要研究解决的时代课题。

习近平总书记敏锐地意识到了这些问题，他说："我们党面临的执政考验、改革开放考验、市场经济考验、外部环境考验是长期的、复杂的、严峻的，精神懈怠危险、能力不足危险、脱离群众危险、消极腐败危险更加尖锐地摆在全党面前。"[①] 党的十九大报告对党长期执政所面临的"四大考验"的长期性和复杂性，以及所面临的"四大危险"的尖锐性和严峻性进行了重申和强调。以习近平同志为核心的党中央不仅

---

① 中共中央文献研究室编：《十八大以来重要文献选编》（上），中央文献出版社2014年版，第55页。

敏锐地注意到了党内所面临的情况，而且有敢于直面问题的勇气与魄力，也有解决问题的智慧与担当，不仅找到了问题产生的深层次原因，也针对性地通过运用法治思维，提出了解决问题的思路和措施，提出了把依法治国与依规治党有机结合、把完善的党内法规体系纳入社会主义法治体系等一系列重大构想与战略举措，以不断完善党的领导方式及执政方式，摒弃不符合时代发展要求的执政方法，不断提高自身执政水平和领导能力。

二、国情：中国发展面临新的挑战与需要

马克思指出："社会的迫切需要将会而且一定会得到满足，社会必然性所要求的变化一定会进行下去。"[①] 国家和社会的进步不断催生新的需要，这其中包括对法治的发展需要。现代社会领域分工更加细致，联系也更加紧密，法治与经济、政治、文化、生态等往往是交织在一起的，因此各个领域的进步发展都对法治的发展提出了新要求，这些集合成了中国当代发展面临的新挑战和新需要。

在党的正确领导下，通过四十多年改革开放的励精图治，我国国家面貌发生了根本性变化，社会主义建设事业取得了辉煌成就。但是，在建设中国特色社会主义现代化的进程中，也出现了新的问题和挑战。例如，社会中不同利益群体的冲突日益明显，区域、地域发展不平衡、不协调的问题依然突出，社会不稳定因素仍然存在，生态环境不容乐观，深入推进反腐败斗争、党风政风建设也存在一些不容忽视的问题。[②]

对于法治建设自身面临的挑战而言，西方法治经过长时间的理论积累和实践探索，取得了一定的成果，我国法治的发展也一度过度借鉴西

[①] 中共中央马克思恩格斯列宁斯大林著作编译局编译：《马克思恩格斯文集》第3卷，人民出版社2009年版，第231页。
[②]《中国共产党第十九次全国代表大会文件汇编》，人民出版社2017年版，第8页。

方法治模式。但西方法治的制度性基础与中国的社会主义制度悖立，马克思主义法治的科学内涵要求并主张我们开启社会主义本位的法治新模式。社会主义法治建设在新时代不可能再完全跟随西方法治，新时代的发展必然要求中国走具有中国特色的法治道路，探索具有中国特色的社会主义法治模式。

在经济领域，市场经济就是法治经济，我们需要充分发挥法治对于经济发展的保障、规制、服务和引领作用，充分发挥社会主义制度的优越性，通过法治化手段规制市场经济，克服其弱点和消极因素，把经济体制改革纳入法治的轨道，用法律法规引导和规范市场经济体制。在我国进入经济发展新常态的背景下，经济发展由高速增长转变为中高速增长，对于经济发展质量的要求增高。美国通过关税政策挑起中美贸易摩擦，导致全球经济的不确定因素增加，如何深入推动和激活我国经济发展的内在活力，规范市场主体的行为，以及如何通过产业结构的存量调整、增量提升，分配收入机制、分配结构调整促进我国经济持续健康发展，等等，成为亟待解决的现实问题，也对充分发挥法治对于经济发展的促进作用提出了新要求。全面建成小康社会这一目标的确立，吹响了阶段性目标攻坚战的号角。小康社会的实现包括达到物质生活、精神生活、社会生活、民主法治等不同层面的小康水平，法治领域的小康，无疑是其中一项重要的指标和内容——小康社会必然是一个成熟有序、民主文明的社会状态。而法治领域关于小康社会目标实现的指征，也成为时代对于全面推进依法治国的呼声和期望。发展是党执政兴国的第一要务，事实证明，要发展就必须不断地推动改革，清除与发展要求不相适应的体制机制，推动国家不断进步和发展。改革也离不开法治，习近平总书记曾生动地将两者的关系比喻为"鸟之两翼、车之两轮"，[1] 表明在实现全面建成小康社会乃至建设社会主义现代化强国的征程中，全面

---

[1] 习近平：《习近平谈治国理政》第2卷，外文出版社2017年版，第39页。

深化改革和全面依法治国都不可缺位。改革是"破",法治是"立",如何处理"破"和"立"的关系?由我国改革和法治领域的实践可知,一味追求打破旧有制度规范,"任性"而为,必然带来对法治的践踏和改革的无序,这样的"破"往往只能走向失败;如果片面地固守稳定性,没有改革创新,国家和社会也是不可能取得进步的。因此,要用法治来为改革找到制度依据,也为改革的顺利突进保驾护航。

以上是对当前我国国情一些基本面的轮廓式描述,有法治建设自我发展和自我塑造的需要,也有我国在经济建设、发展目标、改革任务等领域中面临的矛盾和挑战,其中蕴含着全面推进依法治国的时代需求和强烈呼唤。

三、世情:国际格局稳定性式微与全球治理变革加快

目前,世界范围内各种情况错综复杂,主要表现在以下几个方面。

首先,历时性与共时性矛盾激发国际格局变化。西方发达国家用数百年的时间从器物层面完成了从资本原始积累到工业化、现代化的成长,在制度和文化层面上则建构起了一整套现代民主政治、法治、伦理体系,造就了西方发达资本主义国家现在的模样。一些发展中国家,也完成了从农业化到工业化,从发展的低级阶段到高级阶段,从"落后"的文化与文明到西方现代民主文明的过程。就中国而言,中国的法治现代化进程,必然是与国家的经济、政治、社会、民众的知识文化水平的现代化齐头并进的,与整个国家的现代化发展是一体的。中国法治的发展目标、价值追求、指导方针、道路选择、布局规划也是在这一过程中不断丰富和完善的,这是法治发展的历时性问题,也就是说,"法治内在地包含时间要素"[①]。在这一点上,发达资本主义国家有着先发优势,

---

① 舒国滢、冯洁:《作为文明过程的法治》,载《中共中央党校学报》2015 年第 1 期,第 16 页。

其现代化发展要比发展中国家早上一二百年，这是两者在历时性上的一个时间起点差异。

近代以来，尤其是20世纪以来，由于通信技术、交通建设、互联网的迅猛发展，空间距离被缩短，所有国家都被强行纳入同一个世界舞台接受检视，所有非西方国家的法治都不再是"自在"的，而是被抽离了文化背景、社会条件、经济水平纳入一个相同的考核标准的法治，这就是法治的共时性结构。而凭借历时性的先发优势走在世界前列的资本主义国家在这个时候裹挟着世界前行，"全球各地被以西方为中心的文明卷入了统一的时间，在近现代法治的发展历程中，似乎西方推动着世界的时间，甚至主导和控制着世界的时间，而非西方国家则无奈地表现出某种'滞后'或'脱节'"。不同的国家和地区由于发展阶段的不同，法治发展进程上也不一致。但在"向西方看齐"的口号下，西方欲将其全部的价值观强加给世界，意图将自己的价值打造成属于全世界的"普世价值"，西方的法治范式也貌似成为所谓法治国家的"标配"。这种共时性结构存在给包括中国在内的发展中国家带来了极大的困扰。我们似乎永远不能和西方发达国家合拍：当我们在专制帝国体制下清醒，开始发展民族资本主义的时候，西方的资本主义因陷入垄断等难以消解的困境而发生了社会主义思潮；当我们接受了社会主义的时候，自由主义又成为西方的主旋律；当我们刚刚从革命思维转变过来，提出"四个现代化"的时候，西方又已经进入了对后现代的批判；当我们好不容易加入了世界贸易组织，融入全球化的时候，全球化又受到了质疑。中国和发达国家的"时差"，历时性和共时性矛盾的彼此纠缠造就了我们现在的困境。西方发达国家常常选择性忽视历时性差异的存在，将其现有的法治、政治文明标准定为全球标准和要求，这必将使发达国家和发展中国家产生巨大的矛盾，这种矛盾在后发国家处在较低层次发展阶段时不容易激化，但当新兴国家经济发展实力与日俱增时就会凸显。

其次,新兴经济体蓬勃发展与老牌资本主义国家式微激发话语权争夺。进入21世纪以来,发展中国家经济持续快速发展,新兴市场国家崛起,带来了国际力量之间博弈较量的增多,国际格局产生深刻变化,这是近代以来未曾出现过的革命性的变化。以金砖五国为例,金砖五国2016年GDP总量占世界GDP总量的27%,全球经济增长贡献率为52%,有人预计2035年金砖五国的经济总量将超过七国集团经济总量。反观西方,有的国家深陷战争泥潭难以自拔、地区冲突时有发生、恐怖主义威胁增长、难民潮等危机时常发生,导致一些国家综合国力出现相对衰退。新兴国家经济力量蓬勃发展,需要谋求在国际话语体系中更多的权益和话语权,但现有的国际治理却严重滞后,而经济力量的壮大增强了新兴国家的实力和底气,也使共时性和历时性矛盾更加激化。只不过,国际格局经历了两极、单极到走向多极的进程,格局之变和话语权争夺都异常艰难。

"西方赢得世界不是通过其思想、价值观或者宗教的优势,而是通过它运用暴力方面的优势。西方人常常忘记这一事实,非西方人却从未忘记。"[1] 西方国家习惯处在优越的国际地位,担忧新兴国家的崛起会以其在国际秩序和国家话语中对待其他国家的方式来对待他们,于是竭尽所能地维护现有体系,倾其所有地干扰和阻止新兴国家的发展崛起和谋求话语权的计划,这从美国将战略重心东移,遏制中国崛起,不断发展太平洋势力即可见一斑。殊不知数百年来遭受了列强以战争、殖民、划分势力范围等方式争夺利益和摧残的发展中国家期望的是以制度协调关系、以规则平衡利益,加强全球治理,推进全球治理体之变。这既是

---

[1] [美]塞缪尔·P. 亨廷顿著,周琪等译:《文明的冲突与世界秩序的重建》,新华出版社2014年版,第30页。

曾遭受过列强殖民、欺辱的发展中国家对于西方方式的摈弃，也是大势所趋。

再次，改革和调整既有的国际治理体系必须与推动世界经济发展贡献度和发展中国家的庞大人口规模相适应和匹配，使全球治理体制更加平衡地反映大多数国家的意愿和利益，推动各国在国际事务中享有权利、机会，制定规则上受到公平对待。我们知道，现行国际治理规则和关系准则与经济贡献、发展中国家人口极不相称，发展中国家人口占世界总人口的70%以上，但发展中国家尤其是新兴发展中国家拥有的国际话语权与自身规模和日益增长的经济实力不相匹配，一些发展中国家期盼中国作为最大的发展中国家，代表发展中国家在世界政治舞台和国际关系格局中发出发展中国家关于争取更多发展权益的声音，在国际双边和多边的国际格局和国际关系中作好协调和配合，让原本具有明显倾向的国际规则更加公平，进而取得与经济发展相匹配的国际话语权和其他权利。同时，中国作为联合国安理会常任理事国之一、世界第二大经济体和最大的发展中国家，有责任为发展中国家争取权利，这也与中国自身的发展需求和实现伟大中国梦的目标相契合。无论是在经济领域、政治领域还是外交领域，中国都由试水、参与、融入转向代表发展中国家引领和塑造新的国际治理格局，这是百年未见的大变局和大契机，意味着以往那种由西方发达国家所主导的全球治理模式的影响力和认可度正在下降，中国有责任积极推动国际格局的良性构建和国际力量对比趋向平衡，这也意味着全球治理大变革与当代中国的法治发展进程之间必将产生互动和影响。

最后，构建人类命运共同体成为有效应对全球性挑战的迫切需要。20世纪90年代以来，全球化经过深入发展，已将全球各国的经济、社会、文化、生态等方面的利益紧密联系在一起，任何一个不稳定因素的出现，都可能给全世界带来巨大影响。尤其是互联网时代的到来、信息通信的快速发展，使国家与国家之间、地区与地区之间联系更加紧密，政治、经济、贸易互相依存度更高。在全球化成为不可逆转的历史潮流背景下，往往某个国家产生了某方面的问题，就会发生"蝴蝶效应"，使另外的国家和地区产生更大或者更为广泛的影响。另外，许多需要人类共同面对的问题，如全球气候变暖、恐怖主义、毒品、重大传染性疾病等，也可能牵一发而动全身。这种全球性挑战将人类命运紧紧地绑在了一起，很多问题非一国之力能够应对和解决，这就决定了任何一个国家，在"地球村"都和其他国家有着大量的共同关切和共同利益，因而韬光养晦，关起门来搞治理，不能成为新时代的选择，每个国家都必须更加开放合作地参与世界格局治理，努力使国内治理与国际治理有效衔接。

有历时性和共时性的矛盾、有新兴国家和老牌国家话语权争夺的矛盾，全世界人民的命运前所未有地紧密联系在一起，世界治理格局需要重新建构。摆在当前的问题是，如何建构、建设什么样的新格局？对此，世界上有不同的答案和方案：有西方学者主张的打造一个无所不能的超级大国来统领国际事务的"霸权稳定论"；有主张各国弱化或让渡一部分主权，制定共同的规则来管理世界的"全球治理论"；还有主张推广西方价值观，通过西方的那一套社会制度来一统天下的"普世价值论"。[1] 但诸如此类论调和方案，不过是西方世界既得利益者换个花样老调重弹，其目的和指向仍然是维持既有的僵化治理格局，保护其既得利益，继续打压新兴发展中国家。这种所谓的"新方案"在某种意义上也成了世界格局不稳定的一个触发点。对于此类方案，新兴国家不是没有发现其提出者的用心，但也没能提出更为系统的全球治理新思想。

---

[1] 中国社会科学院中国特色社会主义理论体系研究中心：《描绘世界共同发展新图景——深入学习习近平同志关于构建新型国际关系的重要论述》，载《人民日报》2015年5月26日，第3版。

事实上，基于这样的国际形势和环境，在国际格局的改变势不可挡的情形下，顺应历史潮流、时代潮流，才是民心所向。习近平总书记带领的中国共产党、中国政府和中国人民致力于推动国际治理格局之变的发展，提出了不同于以上种种旧有思维下的方案，主张在思想上和实践中摒弃"零和博弈"狭隘思维，尊重各国核心利益和重大关切，创造一个各尽所能、合作共赢的未来；[1] 努力构建共商、共享、共赢的国际氛围，大国对小国要平等相待，多一点共享、多一点担当，创造一个奉行法治、公平正义的未来，推动各方在国际关系中遵守国际法和公认的国际关系基本原则，用统一适用的规则来明是非、促和平、谋发展，确保国际规则被有效遵守和实施。[2]

在全球治理体系深刻变革的时代背景下，推动当代中国的法治理论与世界主流法治理论的交流与融合，推动当代中国的法治文化与世界主流法治文明的交流与融合是历史趋势。在全球化时代，中国的法治建设不能不考虑对外关系问题，不能不分析中国法治与国际法治的关系。这无论是对于中国准确认知国际法治在法治中国理论体系中的位置，还是参与国际法治、充分利用国际法体系实践，都具有非常关键的作用。可以说，中国越是客观、全面地认识到国际法对于中国的作用和影响，越是深入、准确地处理国内法治与国际法治的相互关系，就越是有利于积极主动地参与国际法治的建构，就越有利于改革开放事业，有利于中国长久的繁荣和稳定。

---

[1] 习近平：《习近平谈治国理政》第2卷，外文出版社2017年版，第537—539页。
[2] 张文显：《推进全球治理变革，构建世界新秩序——习近平治国理政的全球思维》，载《环球法律评论》2017年第4期，第5—20页。

第三章 全面依法治国方略的理论资源

任何伟大思想都不是建造在空中的楼阁，都有其深厚的理论来源和历史依据，全面依法治国基本方略亦是如此，它集古今中外法治理论之大成，既有对于先进法治理论的继承，也有因应时代需要对法治理论的创新创造和发展超越。从表现形式、影响程度的差异来看，全面依法治国基本方略主要存在四大理论资源：一是马克思、恩格斯关于法律物质性、阶级性和人民性的理论，列宁关于社会主义法制建设重要性的思想，这为全面依法治国基本方略的形成发展奠定了理论根基；二是毛泽东关于法律的论述、邓小平关于民主法制的论述、江泽民关于依法治国的论述、胡锦涛关于依法执政的论述，这是全面依法治国基本方略形成的直接理论来源；三是中华法律文化中的优秀成分，这为全面依法治国提供了丰厚的法律文化滋养；四是西方优秀法治文明成果，这为全面依法治国基本方略提供了借鉴。

一、法脉根基：马克思、恩格斯、列宁的法治理论

马克思、恩格斯、列宁的法治理论体系宏大，涉及广泛，本书所指的马克思、恩格斯、列宁法治理论仅指由马克思、恩格斯、列宁等马克思主义经典作家所阐释的，以马克思主义唯物辩证法为哲学基础的，分别以马克思、恩格斯有关法的根源、本质、主体、物质性、阶级性和人民性的论述，以及列宁有关社会主义法制建设基本原则、重要性的论述

为主要内容的法治理论。其为全面依法治国基本方略的形成奠定理论基石，也是全面依法治国基本方略的法脉根基。

(一) 马克思、恩格斯法律思想

马克思、恩格斯作为马克思主义科学理论的创始人，在不同时期都有着大量关于法和法律的论述、观点和主张，这些论述不同于以往任何时候人们所形成的对于法和法律的认知和理论，形成了马克思主义法学的基本思想，也成为马克思主义科学理论体系的重要内容。在马克思、恩格斯的著述中，专门对法的一般问题、法的适用问题和法哲学问题进行了系统论述的有《关于林木盗窃法的辩论》《历史法学派的哲学宣言》《黑格尔法哲学批判》《英国状况——英国宪法》等著作。在马克思、恩格斯的其他著作中，如《关于出版自由和公布等级会议记录的辩论》《论犹太人问题》《家庭、私有制和国家的起源》《哲学的贫困》等多部论著中，也有着大量的阐释法的内容，从而形成了关于法的本质的马克思主义观点。基本原理的奠定能够决定法学学科和法治实践的根本取向和基本走向，形成法治形态的基本框架，进而为细节化思考和实践创造前提。人们可以用类似自然科学的精确视野衡量与研究法律，从而使法律因为具有客观基础而产生现实的可证性与可证伪性，真正成为科学。马克思、恩格斯揭示法的本质的一系列观点，成为其法律思想的精髓和灵魂，其中包括法律根源的物质性、法律本质的阶级性、法律与国家的互相依存性、法律发展的规律性、法律文化的继承性以及人是法律的主体等内容。

将马克思、恩格斯法律思想视为法脉根基和理论源泉的新时代全面依法治国基本方略，并没有教条地对待马克思、恩格斯法律思想，而是将其基本原理、基本内涵与我国现实的法治理论基础紧密结合，立足于指导新时代法治实践的需要，创造性地使用马克思、恩格斯的法律思想。具体而言，首先，马克思、恩格斯法律思想的基石命题是经济决定法律。马克思、恩格斯提出："国家、政治制度是从属的东西，而市民社会、经济关系的领域是决定性的因素。"① 从根本而言，法律与经济的关系是衍生物与根基的关系，法律是社会经济关系的规则表现，上升到哲学层面来分析，即法律是由一定物质性基础决定的，法律和法治的发展离不开一定的经济基础、物质条件和发展现状，法治的发展需围绕这些来考量和规划。同时，马克思也特别强调，"如果有人在这里加以歪曲，说经济因素是唯一决定性的因素，那么他就是把这个命题变成毫无内容的、抽象的、荒诞无稽的空话"②。也就是说，法律作为社会中的复杂现象，还必须受其他因素的影响。马克思更想强调的是，上层建筑一般都是体系性的，一旦在经济基础上形成，就会具有相对的独立性并对经济基础产生反作用。我国处于经济发展的新常态，远景目标是实现中华民族伟大复兴的中国梦。这就决定了在中国当前的背景下，围绕"两个一百年"奋斗目标规划全面依法治国是有深厚的经济、物质和社会前提的。同时，新时代全面依法治国的深入推进，也是国家经济、政治、社会、生态等方方面面持续健康有序发展的稳定剂和助推剂，这成为全面依法治国基本方略形成的一个基本理论来源。

其次，马克思、恩格斯非常强调法律的阶级性——"由他们的共同利益所决定的这种意志的表现，就是法律"，而"一切共同的规章都是以国家为中介的，都获得了政治形式"。③ 马克思从阶级性视角认识法律，开创了认识法律的全新领域，为科学认识法律的政治属性提供了"真理的武器"。有了这一有力理论武器，就能依据法律的阶级属性对法治的发展变化作出规律性预测判断。虽然说社会主义国家在建立和巩

---

① 中共中央马克思恩格斯列宁斯大林著作编译局编译：《马克思恩格斯文集》第4卷，人民出版社2009年版，第306页。
② 中共中央马克思恩格斯列宁斯大林著作编译局编译：《马克思恩格斯文集》第10卷，人民出版社2009年版，第591页。
③ 中共中央马克思恩格斯列宁斯大林著作编译局编译：《马克思恩格斯选集》第1卷，人民出版社2012年版，第212页。

固过程中,出现过"以阶级斗争为纲"的错误,也不能抹杀阶级分析的科学内涵。在一定程度上说,法律的阶级性原理持续深刻地影响着中国的法治建设和推进。社会主义是从阶级社会向无阶级社会发展的过渡阶段,是工人阶级实现自己的历史使命的征程中任务最艰巨、所需时间最长的一个历史时期,否定法律的阶级性,实际上就是否认工人阶级的领导地位,否认党的领导地位,否定社会主义国家的性质。因此,全面依法治国基本方略中多次强调党法关系问题,强调党的领导是无产阶级的领导,党是社会主义事业的领导核心,党通过合法的程序将人民的意志上升为国家法律,维护广大人民群众的利益。党的执政地位和执政方式受到法律的保护,所谓"党大还是法大"是个政治陷阱,根本不成立。这些都是将法律阶级性与我国当前形势进行结合的理论应用发展。

再次,注重权益的维护和法律的人民性也是马克思、恩格斯非常关注的一点,"任何一种所谓的人权都没有超出利己的人,没有超出作为市民社会成员的人……是需要和私人利益,是对他们的财产和他们的利己的人身的保护"[1]。马克思还认为,"不是人为法律而存在,而是法律为人而存在"[2]。对人的关注,对利益的保护,对法律如何服务和保障人权、实现人的发展的阐述是马克思、恩格斯法律思想的又一重大历史贡献。只是在马克思、恩格斯的年代,资本主义法治的虚伪性和狭隘性让这些只能是存在于理论中的美好设想。贯穿新时代全面依法治国基本方略的一条价值主线就是以实现人民福祉为最高追求:从全面推进依法治国的顶层设计到各项法治建设的具体推进实施,人民在国家的发展进程中对于党领导下的国家取得的发展进步满意不满意,发展的成果、改革

---

[1] 中共中央马克思恩格斯列宁斯大林著作编译局编译:《马克思恩格斯文集》第3卷,人民出版社2002年版,第40页。
[2] 中共中央马克思恩格斯列宁斯大林著作编译局编译:《马克思恩格斯文集》第1卷,人民出版社2009年版,第40页。

的红利是否惠及广大人民群众，成为在新时代衡量国家治理是否成功有效的指征。可见，人民性和对人的关注，是全面依法治国基本方略中人民性因素的理论源泉和依据。

最后，社会主义法治进程的历史必然性，是马克思、恩格斯法律思想的又一个基本原理。这种对于法治历史演变进程的规律性认识，是基于社会发展形态判断下资本主义法治必然走向式微和没落的结果，也是对于资本主义法治阶级性的再认识，因为"无产阶级，现今社会的最下层，如果不炸毁构成官方社会的整个上层，就不能抬起头来，挺起胸来"[①]。这就是说，无产阶级要实现自己的政治主张，不能等资本主义的改良或者施舍，而必须去建立属于自己阶级的政治体制，即社会主义的政治体制，包括社会主义的法治道路、法治模式和法治方略。这为新时代全面依法治国基本方略中始终强调坚持走中国特色社会主义法治道路和方向提供了理论依据和逻辑支撑。

(二) 列宁法律思想

列宁出身于俄国的知识分子家庭，曾在喀山大学就读，学习的就是法律专业。家庭影响和专业背景，加上后来的革命实践，使得列宁对推进社会主义法制建设有着深刻的认识和见解。列宁在领导俄国无产阶级革命的伟大斗争中，在全世界资本主义包围的形势下，同国内外各种非马克思主义的思潮展开激烈论战，深刻阐释和发展了马克思主义法律思想和理论。尤为值得注意的是，列宁开创了社会主义法制建设实践，并形成了许多在社会主义条件下进行法制建设的精辟论述，这些论述分布于其著作、书信和讲话中，构成了列宁法律思想的基本内容。列宁法律思想主要包括以下几个方面。

[①] 中共中央马克思恩格斯列宁斯大林著作编译局编译：《马克思恩格斯文集》第2卷，人民出版社2009年版，第42页。

第一，把法制作为社会主义建设的重要内容加以确认。列宁在十月革命的当天发表的《关于苏维埃政权任务的报告》中提出，"新政权颁布了符合广大人民群众的要求和希望的法律，从而在新的生活方式的发展道路上立下了里程碑"①。为了在新的形势下迅速巩固新生政权，列宁明确提出党的工作重点要进行战略性转移，"苏维埃政权的任务，就是对现在到来的转变进行解释，并运用法律肯定这种转变的必要性"②。随后，一批律令通过。由此可见，列宁认为加强法制建设是巩固社会主义政权、实现战略转变、固化革命成果、保障人民权益行之有效的必要手段。新时代全面依法治国基本方略中关于法治应该嵌入社会生活的各个方面的内容，应该说与列宁确立的法制建设是社会主义建设重要内容之一的判断密切关联。

第二，在法制建设中，要有相应的政治体制予以保障，这种保障就是人民当家作主。列宁精辟地揭示了建立新型的民主制度对于无产阶级法权要求的意义。"为了使自由的、有教养的人民学会自己管理自己的一切事物，主要是为了使工人阶级能够自由地为争取社会主义，即为争取不再有富人和穷人，全部土地、一切工厂都归全体劳动者所有的制度而斗争。"③要达到这一目标，就必须通过工农革命，由被压迫的劳苦大众亲自建立政权，为法制建设带来可靠的保障。可以看出，列宁认为，建设社会主义法治、实现无产阶级法权的基本前提是建立无产阶级领导的民主政权和民主体系。④全面依法治国基本方略中，强调党的领

---

① 中共中央马克思恩格斯列宁斯大林著作编译局编译：《列宁全集》第33卷，人民出版社2017年版，第56页。
② 中共中央马克思恩格斯列宁斯大林著作编译局编译：《列宁全集》第34卷，人民出版社2017年版，第145页。
③ 中共中央马克思恩格斯列宁斯大林著作编译局编译：《列宁全集》第10卷，人民出版社2017年版，第313页。
④ 公丕祥主编：《马克思主义法学中国化的进程》，法律出版社2012年版，第24—27页。

导、人民民主专政和依法治国三者的有机统一，强调通过优化党的领导不断扩大和增强人民民主，通过法治手段让人民群众更广泛参与国家各方面的事务，便体现了列宁法律思想与社会主义法治密切的源流关系。

第三，注重宪法作为表达人民主权的根本大法地位和以宪法为首的法律体系建构。关于宪法的本质，列宁在1909年1月写道："国家的一切基本法律和关于选举代表机关的选举权以及代表机关的权限等等的法律，都体现了阶级斗争中各种力量的实际对比关系。"① 也就是说，社会主义宪法将以全新的内容诠释新旧阶级力量的对比，明确各阶级属性和阶级利益。在这样的背景下，列宁领导制定了世界上第一部社会主义宪法，它集中体现无产阶级和广大劳动人民的意志和利益。列宁主张，社会主义法治应与资本主义法治相区分，社会主义人权实践不能把重心放在口头和书面宣传上，而要实际体现在人民群众对国家事务的管理和参与上。这就是说，列宁把社会主义人权法制建设的重点放在了保障人权实现的问题上。

第四，注重处理好党法关系，主张运用法律武器来同损害人民利益和权利的官僚主义作风进行不懈斗争。对于党法关系问题，列宁认为，"在党的代表大会上是不能制定法律的"②，党员要带头遵守宪法和各项法律，任何党组织和党的领导干部都不能任性违法，任何党组织和党员干部试图对法庭"施加影响"，都要追究法律责任，而且要从严从重处罚。关于同官僚主义和损害人民利益的斗争，他提出，"苏维埃的法律是很好的法律，因为它使每一个人都有可能同官僚主义和拖拉作风作斗

---

① 中共中央马克思恩格斯列宁斯大林著作编译局编译：《列宁全集》第17卷，人民出版社2017年版，第320页。
② 中共中央马克思恩格斯列宁斯大林著作编译局编译：《列宁全集》第32卷，人民出版社1958年版，第216页。

争。在任何一个资本主义国家里,都没有给工人和农民提供这种可能"①。在全面依法治国基本方略中不少论述都体现了对列宁这种主张和观点的传承和发展,如党要管党,从严治党,党规党纪要挺在前面,对于党员领导干部要有更加严格和高标准的要求,把依规治党纳入全面依法治国的范畴内协同推进,等等。

通过对列宁法律思想中精髓内容的梳理,我们更加清晰地了解到,全面依法治国中政治保障、人民民主、注重宪法法律作用,将从严治党、依规治党纳入法治范畴等内容都与列宁法律思想有着极大的关联。

二、传承与发展:马克思主义法治思想中国化理论

以毛泽东、邓小平、江泽民、胡锦涛等为主要代表的中国共产党人将马克思主义法治理论与中国的革命需要、建设需要和改革需要相结合,立足中国国情实际,在不同时期形成了马克思主义法治理论中国化历史性成果,为回答、解决当时党和国家在法治领域的重大理论与现实问题提供了理论武器和行动指南,成为全面依法治国基本方略的直接理论来源,并决定了后者在法律思想脉络、理论发展等方面的承继性。以习近平同志为核心的党中央既善于传承前人成果又勇于突破创新,全面推进依法治国建设,将中国特色社会主义法治理论推向新的境界。

(一)毛泽东法律思想

新中国成立前的革命行动形成的破除旧法的惯性很自然地延伸成破除国民党旧法统。社会制度和意识形态与旧中国的不同,使中国共产党意识到,原来所具有的一切政治、政权和社会基础都不复存在了,新中国的法制体系不可能成长在旧法统的基础上。因此,所有法制建设必须

---

① 中共中央马克思恩格斯列宁斯大林著作编译局编译:《列宁全集》第42卷,人民出版社2017年版,第207页。

推倒重来。而在新中国政权刚刚诞生，百废待兴时，旧法统的废除意味着新法制的出现。因为其强大的规范功能，法律是任何执政党想长期执政都必须使用的规则形式，所以新中国一边废除旧法律，一边制定新法律。在破除旧法统的过程中，毛泽东认识到，必须制定好相关法律才能真正巩固政权并管理好国家，于是提出"法律是上层建筑。我们的法律，是劳动人民自己制定的。它是维护革命秩序，保护劳动人民利益，保护社会主义经济基础，保护生产力的"①。在这一时期，毛泽东对法制建设高度关注，并注重发挥宪法在政权稳固和建立国家各项基本制度、规则中的作用。"用宪法这样一个根本大法的形式，把人民民主和社会主义原则固定下来，使全国人民有一条清楚的轨道，使全国人民感到有一条清楚的明确的和正确的道路可走，就可以提高全国人民的积极性。"② 这些都使当时的立法工作取得了不错的效果。但由于新中国的民主法制建设没有前人的经验可以借鉴，加上资本主义包围和社会主义建设的空前困难，毛泽东在一段时间内对于民主法制建设有所忽视乃至摒弃。

毛泽东法律思想对于全面依法治国基本方略的影响，主要体现在以下几个方面。一是其"破旧立新"和敢为人先的政治勇气和魄力给了党在新时期推进社会主义法治以勇气。党在新时期全面推进依法治国的进程中面对的阻力和压力肯定是巨大的，但党以敢为人先的政治勇气和魄力破除困难，推进社会主义法治建设。这从十八大以来党的几次全会提出的改革举措，尤其是党的十八届四中全会提出的法治领域的 198 项改革中可见一斑。二是毛泽东在《实践论》《矛盾论》等文章中，从中

---

① 中共中央文献研究室编：《毛泽东文集》第 7 卷，人民出版社 1999 年版，第 197 页。
② 中共中央文献研究室编：《毛泽东文集》第 6 卷，人民出版社 1999 年版，第 328 页。

国化视角系统揭示了对立统一、量变质变等哲学规律，为在中国的客观条件下继承和发展马克思主义法治理论作出了伟大的理论贡献。这种哲学思维，夯实了习近平全面依法治国重要论述和全面依法治国基本方略中唯物史观、群众观等的哲学基础。总的来说，毛泽东的法律思想以及新中国依托宪法所确立的国家基本政治、经济、法律制度，为社会主义中国的长远发展奠定了根本的制度基础。毛泽东人民民主专政的法治理论，"一切权力属于人民""人民当家作主"等经典表述成为党在法治领域的基本遵循，也成为全面依法治国基本方略中"以人民为中心""抓关键少数"等论述的直接理论来源。

（二）邓小平民主法制思想

"文革"十年民主法制建设的失序和混乱，决定了中国法治建设必须作出重大的改变和调整。邓小平民主法制思想，在早期处于对"文革"的系统反思阶段。制度空白、缺位、没有发挥应有的作用，正反两方面的对比，促使邓小平更加重视加强党内民主、加强法制建设。这种对比和反思代表的也是"文革"后人民群众的普遍共识和历史趋势。这样的反思，结合改革开放的实际和需要，使中国逐渐走向开阔的法治道路，开辟了中国特色社会主义法治道路。

将国家中心任务转移到经济建设上来，是党的十一届三中全会后全国人民的最大共识。邓小平认识到，必须发挥法律的调整规范功能，把改革纳入法制轨道，筑牢改革开放的法律基础，才能将改革持续不断地推进下去。在1978年12月13日中共中央工作会议闭幕会上，邓小平指出："现在的问题是法律很不完备，很多法律还没有制定出来。"[①] 加强法制建设，为经济建设和改革保驾护航，成为当时最大的现实需求，处理好改革与法制的关系也成为邓小平的主要关注点。

---

① 邓小平：《邓小平文选》第2卷，人民出版社1994年版，第146页。

在社会主义的中国推动法治建设，没有前例可循，没有现成的模式可以借鉴，一切制度的建设都是探索和尝试出来的。邓小平精辟地提出："在革命成功后，各国必须根据自己的条件建设社会主义。固定的模式是没有的，也不可能有。"① 邓小平结合我国社会主义性质，将政治体制建设放在关键核心位置，深刻总结历史教训和马克思主义中国化取得的经验，探索开创了一条建设有中国特色的社会主义法治之路，这条路不同于西方的法治道路，也不同于其他任何国家的法治建设道路。这是伟大的创举，具有重大的历史意义。总的来说，邓小平民主法制思想对于习近平新时代全面依法治国思想的重要影响有如下几个方面：首先，邓小平看到民主被践踏、法制被破坏给党和国家带来的极大危害，强调拨乱反正，把党的建设和国家建设调整到法制的轨道上来，使法制作为党和国家的治理手段的重要性得到空前重视，成为社会治理一项基本手段。此后，加强法治建设成为全面依法治国基本方略的治理惯性和价值惯性，对于法治建设的重视被一以贯之地继承和发展，并且提升到空前的高度。全面依法治国将法治作为治国理政的基本方略和提升党的执政能力的重要途径来谋划，将其纳入"四个全面"战略布局，在"八个明确"和"十四个坚持"中，法治也都有重要的分量。其次，经过改革开放的有益探索，以邓小平为核心的党中央带领中国走上了一条建设有中国特色的社会主义道路。这是我国发展的航向，是在党的领导下中国发展唯一正确的方向，全面依法治国基本方略也将始终坚持沿着这条道路前行。习近平总书记曾说，中国法治发展的经验有几十条，但归根结底就是走中国特色社会主义法治道路这一条，并且强调我们要有道路自信，向世界展示我们发展取得的进步和成绩。再次，邓小平首次从现代法治运行的四大环节的视角出发，系统地提出了"有法可依，有

---

① 邓小平：《邓小平文选》第3卷，人民出版社1993年版，第292页。

法必依，执法必严，违法必究"① 十六字方针，形成了对社会主义法制原则的科学阐述，成为一段时期以来我国法制建设的基本遵循，为习近平同志形成"科学立法、严格执法、公正司法、全民守法"的重要论述奠定了坚实的理论和现实基础。

（三）江泽民依法治国思想

在邓小平初步开启的民主法制新局面基础上，以江泽民为核心的新一代领导集体继续探索中国的法治之路，逐渐把依法治国确立为国家治理的战略，使法治战略的重要成分留下来，逐步演化为现实社会的必选项。1989年，江泽民在当选为党的总书记时即强调，"我们决不能以党代政，也绝不能以党代法，一定要遵循法治的方针"②。1996年，他在中央举办的法制讲座上提出要"依法治国"。1997年，十五大报告对依法治国重要内容予以明确表述。1999年，"依法治国，建设社会主义法治国家"的基本方略载入宪法。党的十六大进一步强调要坚持依法治国基本方略。可以说，依法治国这一重大战略思想的提出对于确保国家长治久安意义重大。③ 在强调法治的同时，江泽民注意到以德治国的必要性，指出在新的形势下，"法治以其权威性和强制手段规范社会成员的行为，德治以其说服力和劝导力提高社会成员的思想认识和道德觉悟"④。基于对我国有着重视发挥道德品行规范作用的优良传统和通过提倡加强道德建设规避市场经济的弊端的认识，他提出，不仅要加强法律规范和法律制度建设，而且要加强道德教化对于人的行为的调整规范作用。在提出依法治国的同时，江泽民提出以德治国，为依法治国找到

---

① 邓小平：《邓小平文选》第2卷，人民出版社1994年版，第147页。
②《依法治国基本方略的提出形成和发展——访最高人民法院院长肖扬》，来源：中国法院网，2007年9月16日，网址：https://chinacourt.org/index.phplortide/detail/2007/09/id/265847.shtml。
③ 卓泽渊：《中国的法治之路》，外文出版社2018年版，第108页。
④ 江泽民：《江泽民文选》第3卷，人民出版社2006年版，第91页。

了辅助性手段，也丰富了依法治国的内涵。

江泽民捕捉到社会底层的法治脉动，把法治提升为治国战略，并结合时代趋势，认识到法治的基本内涵与实现方向，把我国法治建设大幅推向前进，为后续党的领导集体深化法治探索准备了条件。江泽民法治思想对全面依法治国基本方略有很大的影响和作用，主要包括以下几个方面：首先，江泽民系统阐释了依法治国的含义，首次强调建设法治国家，并将依法治国作为国家基本方略载入宪法，为推进全面依法治国基本方略奠定了理论沉淀和实践探索的基础。其次，江泽民对法治与德治在社会治理中的地位与作用进行了深刻分析，认为法治与德治是紧密结合的整体，要将法治这一强制性规范手段持续性地应用到国家治理当中，确定为基本方略，同时密切结合我国传统，将德治纳入国家治理手段，并且将两者有机融合，使其协同发挥作用，这是将现代政治文明和传统文化规范相结合发挥作用的开创性举措，为全面依法治国基本方略中深化依法治国和以德治国的关系论述奠定了基础。最后，江泽民将依法治国与党的领导内在地联系在一起，认为"发展社会主义民主政治，最根本的是要把坚持党的领导、人民当家作主和依法治国有机统一起来"[①]，这为深刻认识全面继承和发展依法治国与党的领导的关系作好了理论铺垫。

（四）胡锦涛依法执政理论

以江泽民为核心的中央领导集体开始形成法治战略，并为此作出了探索，之后，胡锦涛领导的党中央紧紧抓住法治这个范畴，更进一步地深化对法治的认识，发挥法治的作用，使在邓小平领导时期萌芽、在江泽民领导时期初步形成的法治脉络进一步被塑造成型。法治思想要有突破，就必须要有理论支撑，科学发展观的提出就是胡锦涛领导时期法治

---

① 江泽民：《江泽民文选》第3卷，人民出版社2006年版，第553页。

思想突破的最大理论支撑。科学发展观不仅是理论创新,也是对社会主义法治实践、对社会是否科学发展的检验标准。全面建设小康社会,只有科学发展才能成就,而没有法治保障,科学发展也难以实现。法治社会是科学发展的社会的观点,把法治提升到关涉整个社会持续科学发展的重大战略地位的高度,进而把法治探索建构在了与时代同步的科学理论基础之上。

党在科学发展与和谐社会的建构中具有怎样的定位?科学发展为谁发展?和谐社会如何建构?这些问题都能在胡锦涛科学发展观蕴含的人本法治观、和谐法治观中找到答案。人本法治观"始终坚持党的事业至上、人民利益至上、宪法法律至上"①的制度建设思想,以人为本,坚持发展惠及人民。以和谐社会为核心的社会治理观是科学发展观的集中体现。和谐社会范畴的提出,表明经过改革开放二十多年的发展,中国社会开始进入矛盾多发期,需要运用各种手段来确保社会和谐。作为社会治理的战略行动和战略目标,社会主义和谐社会的建设旨在构建一个社会结构稳定合理、社会利益协调平衡、社会生活规范有序的社会共同体,因此社会主义和谐社会建设集中反映了当代中国社会治理的法治要求,蕴含着丰富的法治意义——和谐社会的发展属性意味着法治是构建和谐社会的前提。胡锦涛特别强调依法执政,指出"要把依法执政作为新的历史条件下党执政的一个基本方式"②,表明了党的领导方式和执政方式的新发展,依法执政成为社会主义政治文明建设的新要求和党的基本执政方式。

全面依法治国基本方略和习近平关于全面依法治国重要论述是延续

---

① 胡锦涛:《立足中国特色社会主义事业发展全局 扎扎实实开创我国政法工作新局面》,载《河南日报》2007年12月26日,第1版。
② 中共中央文献研究室编:《十六大以来重要文献选编》中,中央文献出版社2006年版,第388页。

发展胡锦涛法治思想中"人民利益至上"①的理论与实践。其在加强和改进党的领导方式上，强调依法治国、依法执政、依法行政，共同推进法治国家、法治政府和法治社会一体建设，这是对胡锦涛依法执政思想在新时代的创新和发展。

三、文化源流：中华深厚法律文化

鉴古能明今，一个民族的历史是自身最好的教科书。中华民族五千多年的文明历程承载着治国安邦的极大政治智慧，也蕴含着推进法治建设的有益启示。研究我国古代法治学说、主张和法治实践的成败得失，对于传承和弘扬中华法律文化精髓具有重要意义。虽然中华法律文化精髓赖以存在的经济基础和政权载体均已消亡，但是其内蕴的"民为邦本""礼主刑辅"等思想，以其超越时代的生命力和内化于心、外化于行的潜隐性，与当代中国法治建设实践形成某些呼应和共鸣，为全面依法治国基本方略的形成和发展提供了深厚的法律文化滋养。

（一）"民为邦本"与"以人民为中心"

民本思想在中华传统政治思想史中占有重要地位，它很早就已萌芽，且延续不断地丰富发展着自身的内涵，历经整个封建时期而始终没有中断发展。早在夏朝时期，太康的五个弟弟在《五子之歌》中提出"民惟邦本，本固邦宁"，后逐渐发展和丰富为"民以君为心，君以民为本""平政爱民""民贵君轻""载舟覆舟""以天下为主，君为客"等表述，其思想正确性也在现实中被反复验证。秦、隋两个王朝后期施暴政、对民以不仁，因而农民起义，致其速亡。汉唐两朝开国时则充分吸取了这种历史教训并深刻反思检视，于是有了贾谊"民者，诸侯之本

---

① 中共中央文献研究室编：《十六大以来主要文献选编》中，中央文献出版社2006版，第281页。

也""国以民为安危,君以民为威侮",李世民"为君之道,必须先存百姓",等等,为汉唐盛世的开创奠定了基础。在西学东渐蓬勃发展时,大量西方的民主思想和学说被一批思想先行者传入中国,"民本思想"又成为中国人接受近代民主思想的文化基因。民本思想在我国封建社会时期,只是统治者平息缓和阶级矛盾,治民安民之术,与真正的以民为本相差甚远,普通群众的政治地位和各项权利根本无法得到保障,但这种美好的向往,已成为中国政治思想和哲学思想中的美好追求。

习近平同志在青年时期便阅读了大量传统文化经典书籍,他看到了民本思想对于治国理政的重要作用,表现在习近平新时代全面依法治国的思想体系,一是从认识论上明确我国政体决定人民是国家的主人,从这一根本出发强调法治建设要"坚持人民主体地位""人民是依法治国的主人和力量源泉";二是从伦理观上强调全面推进依法治国,要把维护和实现人民根本利益,实现人民福祉作为法治活动的价值旨归,[①] 要将法治建设贯穿到实现和保障人民幸福生活、稳定生活、美好生活的各个方面;三是从发展历史维度上关注到传统思想中所存在的固有缺陷,强调通过社会主义民主政治体制的架构,在全面依法治国理论与实践中实现对"民为邦本"思想的升华与历史超越。

(二)"人治下的法治观""礼主刑辅"与"全面依法治国"

中国传统社会的治理模式是人治政治构架和"朕即是法",统治阶级以国家权力对大众思想行为进行控制,法律至上理念缺位,但是这并不能否认在此种社会模式下法治观念的存在和人们对于制度的推崇。

乱世思治,我国古代传统文化中有关政治制度、政治方略、"驭民之术"的很多观点主张都是在乱世中产生的,其目的指向非常明确,就

[①] 秦哲、丰志刚:《习近平同志的治国理政思想的民族气质、中国特质与世界品质》,载《红旗文稿》2017年第4期,第12—15页。

是实现由乱到治。这样的观点集中产生的最具代表性的时期即春秋战国时期，而在这一时期具有代表性且在当时乃至现在具有深远影响的学派即儒法两家，不过二者对于如何治国的问题认识不一致。

首先，对于"人治下的法治观"看法不一致。从法家学说的几位创始人来看，李悝以"魏文侯师"的身份主持变法，申不害被韩昭侯任命为相主持改革，韩非子早年一心救韩，商鞅推动秦国变法。他们无不在其施政之处提出要注重法律规范，认为"治民无常，唯以法治"，即认为要通过严刑峻法来达到目标，实现国家的反弱致强，进而实现君主的政治目标。另外，这些致用的法治学说无一不是紧紧地围绕封建君主展开论述的，这也决定了在我国古代法治理论根本上的人治属性，这在我国封建历史上的其他时期也得到了印证。人治属性下的传统法治观本质是人治，但这种人治绝非无法之治。无论是由动乱到治平，还是由治平到强盛，人治从没有离开过传统的法治，只是这种法治是当权者的言出法随，抑或如卓泽渊教授所言，"这是王子犯法与庶民同罪，不是国王犯法与庶民同罪"①。"人治下的法治观"的意义在于它是治国之器，但它并不是治国之要道。

其次，对于"礼主刑辅"的认识不一致。我国古代对于传统法治观，多以"德主刑辅"来描述——德是一种思想规范，是判断是非、善恶的标准。之后，礼通过儒家思想的阐发，成为一种更为广泛的外延，且在封建统治期间被不断地从哲学和政治需要的角度予以阐释和深化。礼中不仅包含了思想的规范，而且包含了行为的规范，从一定意义上说，礼包含了德的全部内涵，但德不能体现礼的全部，因此相较而言，以"礼主刑辅"来阐释传统法治观更为贴切和合适。在后世封建专制社会发展中，"礼主刑辅"成为一种趋势，这是由儒法两家的学说

---

① 卓泽渊：《中国的法治之路》，外文出版社2018年版，第6页。

性质和功用所决定的。儒家讲礼，认为礼是治本的，礼治人心，使人止于至善。法家讲刑，主张针对人的恶的行为施以严刑酷法的惩罚，惩恶罚恶。对于礼法的作用，孔子谈道："道之以政，齐之以刑，民免而无耻；道之以德，齐之以礼，有耻且格。"这是从两种学说本身来考量的，而统治者认为礼法各有所长，便因循各自特点，扬长避短，集合而成"礼主刑辅"之观点，成为我国传统社会下又一具有代表性的传统文化观念。

中华法律文化中"人治下的法治观""礼主刑辅"的重要内容对全面依法治国基本方略产生了重要影响。首先，传统"人治下的法治观"虽然是在人治政治格局下推进的法治，但对于发挥法律的工具性价值是很有用的。全面依法治国首先是在人民民主政体下推动的法治，这与传统法治有着本质的区别。在这种前提下，法治作为国家治理的基本方略和要道，作为治国之器，其工具性价值应得到空前的重视，这在习近平总书记不同时期的论述中都得到了体现，他对于"国皆有法，而无使法必行之法""国无常强，无常弱。奉法者强则国强，奉法者弱则国弱"等的引用就是例证。其次，"礼主刑辅"的传统有着深厚的哲学和伦理基础，这使其得到了传承发展。全面依法治国所强调的"法律是成文的道德，道德是内心的法律""坚持依法治国与以德治国相结合"等法治理念便与"礼主刑辅"的观念有较高的契合度。另外习近平同志还强调综合运用多种手段，统筹推进社会治理，这也与我国文化基础和伦理基础有着源流关系。

总之，中华传统法律精华中的"民为邦本""以法治国""礼主刑辅"等思想，在特定的社会条件下有着深厚的存在和发展土壤，在当时的政治体制下发挥了重要的积极作用，并推动了中华文化的繁荣和发展。随着社会的进步发展，传统社会赖以存在的政治、社会、人群基础都不复存在，但这些思想的精华内容和合理要素可为全面依法治国方略所用，而且其与全面依法治国方略的同源性与内核相容性使其成为全面依法治国方略的重要理论来源。

四、借鉴超越：西方法治文明成果

西方法治发轫于古希腊，实践于古罗马，复兴于启蒙运动。限制权力、保障权利、"天赋人权"、"三权分立"等思想学说历经数百年的理论演绎和实践完善，形成了一套完整系统的理论体系，其所推崇的自由平等、公平正义、法的信仰等价值追求充满人性的光辉。我国政治体制、意识形态、发展阶段与西方国家完全不同，不应该将西方的法治理念机械地移植过来，全面依法治国基本方略在批判吸收西方优秀法治文明成果的基础上，在"良法善治""全民守法""从严治党""依规治党"等领域实现了对西方传统法治理念的实质性超越，形成了具有中国特色的新时代中国法治理论与实践体系。

（一）"公平正义理论"与"良法善治"

公平正义是人类在法治理论和实践中矢志不渝的追求。在西方法治理论的演进过程中，对于公平正义理论的探讨有很多，具有代表性意义的论述也有很多，如亚里士多德认为"法律也有好坏，或者是合乎正义或者是不合乎正义"[1]；培根则表明"一次不公的裁判比多次不平的举动为祸尤烈。因为这些不平的举动不过弄脏了水流，而不公的裁判则把水源败坏了"[2]；罗尔斯认为"法律和体制如果是不正义的，那么无论它们多么有效，多么有条不紊，也必然会为人们所改革或废除"[3]，并

---

[1]［古希腊］亚里士多德著，吴寿彭译：《政治学》，商务印书馆1965年版，第148页。

[2]［英］弗朗西斯·培根著，水天同译：《培根论说文集》，商务印书馆1983年版，第193页。

[3]［美］约翰·罗尔斯著，谢延光译：《正义论》，上海译文出版社1991年版，第4页。

提出了"纯粹程序正义"的概念。西方法治理论中对于公平正义的内容、实现、保障及程序的正义、实质的正义等内容的探讨始终伴随着法治的发展进程。这种理论研究的深入和演进充分说明了公平正义这一价值追求是人类不变的目标，理论的演进也让人类的法治文明之树枝繁叶茂，推动了法治实践的进步，但同时，这也意味着，在法治理论和实践不断向前推进的征程中，公平正义的实现程度和我们期望的目标还有差距，法治理论在实践上还存在较大的缺陷，正待后来人去突破创新和超越。

运用马克思主义的方法和观点去审视就会发现，西方法治理论中有对于不公正不公平现象出现的根源性原因反思不足，保障公平正义的环节不完善，对公平正义的司法保障显得制度性无力，等等问题，但对于这些问题，我们都能够在全面依法治国方略中找到相应的解决方案，这就是新时代全面依法治国在"良法善治"层面对于西方"公平正义理论"的批判性超越。首先，公平正义的价值追求是人类共同的追求和目标，但从根本制度上保障公平正义的实现则是全面依法治国的优势。全面依法治国将党的领导、人民民主和依法治国相统一，以保障广大人民群众的根本利益为前提和出发点。依法治国这一源头上的顶层设计保障了法治的公正公平性，打破了西方资本主义民主法治的虚伪性，实现了对西方民主法治源头性的超越。这一超越的优势来源于社会主义制度的优势，来源于中国共产党深沉的人民情怀。其次，全面依法治国在立法、执法、司法等环节更加注重对公平正义的保障。更多的"良法"被制定出来。法治运行的第一环节是立法。2015年3月15日，全国人大通过了修改《立法法》的决定，46个修正案，10余条条文，强化了立法的民主性，强化了在规划、起草、修正等多个环节中人大的作用，强调了其主导地位。与此同时，强调立法的公民参与性，通过立法协商，完善立法论证、听证制度，公开征求关于法律草案的意见等形式增加公民有序参与立法的途径，使科学立法的步履走得更加坚实。① 在司法环节，西方认为，司法是守护公平正义的"最后一道防线"，但反观其法治实践，制度性设计却未能守住这公正的底线，有的违法犯罪分子逍遥法外。我国全面推进依法治国，注重在司法环节维护公平正义，在形式正义和实质正义相统一的基础上，有党的领导和政策托底。这些都是全面依法治国基本方略从顶层设计、法治环节和个案尊重上对西方"公平正义理论"的极大超越。

（二）"政治、法律关系理论"与"党法关系"

政治与法律的关系问题，一直是西方公法学研究的核心问题。关于这一问题，主要有两种代表性观点：一种以法律和政治之间的关联性为视角，以研究公法理论所彰显的政治取向为目标；② 另一种观点认为政治是一个封闭的规范理论体系，主张割裂法律与社会情境的联系，建立一门独立、自治的科学。通过两种代表性的观点可以发现，西方关于政治和法律关系的观点分歧明显，习近平总书记对第一种观点予以扬弃和超越，对第二种观点予以深刻批判。具体来说，第一种观点是以马丁·洛克林为代表的西方法学家提出的关于政治与法律关系的观点，对于全面依法治国有一定的借鉴价值，为习近平总书记所引用，"每一种法治形态背后都有一套政治理论，每一种法治模式当中都有一种政治逻辑，每一条法治道路底下都有一种政治立场"③。当然，全面依法治国基本方略并没有停留在西方的认识层面，而是有了超越和新的发展。首先，

---

① 熊玠：《习近平时代：中国从以法而治走向良法善治，法律成为信仰》，载《学习时报》2016年7月4日，第3版。
② ［英］马丁·洛克林著，郑戈译：《公法与政治理论》，商务印书馆2002年版，第8页。
③ 中共中央文献研究室编：《习近平关于全面依法治国论述摘编》，中央文献出版社2015年版，第34页。

习近平总书记对于党法关系有进一步思考和论述。中国共产党作为领导中国走向民族复兴的力量，所面对的社会政治环境变化多端，所承担的职能纷繁复杂，能否实现执政权力规范化，能否善于使党的路线方针、政策法治化，决定着中国共产党能否带领中国人民实现中华民族伟大复兴这一目标。在政治法治化的问题上，习近平总书记突破固有理论和思维局限，逐渐形成了新的关于执政和治国范式的观点，提出全面依法治国就是要依宪执政、依法执政，成为将党的意志法治化的前提，使依宪执政、依法执政水到渠成，体现了党法关系的高度一致。其次，对"党大还是法大"这个问题旗帜鲜明的回答是对西方观点的深刻批判。全面依法治国强调党法高度统一，并提出了"四个善于"，其核心意旨在于强调党的目标不是满足于长期执政地位，而是通过系统设计理顺党法关系，实现党的领导和依法治国的有机统一，更好地实现人民当家作主，更好地履行立党执政的目标和宗旨。

（三）"权力制约理论"与"从严治党""依规治党"

关于权力制约理论，两千多年前亚里士多德就认为，"统治者不可能靠道德就能够完全控制自己的行为，如果没有外在的强力控制，就会出现任意行为"[1]。许多启蒙思想家对于约束和控制权力也提出了许多主张，如洛克提出"对于滥用权力的真正纠正办法就是用强力对付强力"[2]，孟德斯鸠认为"要防止滥用权力，就必须以权力制约权力"[3]，

---

[1]〔古希腊〕亚里士多德著，吴寿彭译：《政治学》，商务印书馆1965年版，第319页。
[2]〔英〕洛克著，叶启芳、瞿菊农译：《政府论》上，商务印书馆1982年版，第95页。
[3]〔法〕孟德斯鸠著，欧启明译：《论法的精神》，译林出版社2016年版，第69页。

阿克顿则认为"权力导致腐败,绝对权力绝对导致腐败"①。可见,基于对权力不受约束的危险性的认识,约束权力成为共识。于是,通过什么方式、方法来规制权力成为共识形成之后需要研究的问题。传统权力约束的理论主要包括"法治论"——用法律来明确权力范围,"分权论制衡论"——通过权力分立制衡达到权力制约的目的。

  权力需要制约在法治理论与实践中都已成为一种共识,也成为民主国家法治实践的基本做法,但是对于权力制约的效果如何却众说纷纭。习近平总书记对于国家权力的性质和张力有着清醒的认识,强调要"把权力关进制度的笼子里"。这是对权力制约和约束的最新表述和深沉思考。于是,关住权力的制度的笼子如何扎,便成了下一个要解决的问题,这在全面依法治国基本方略中可以找寻到答案。首先,习近平总书记强调要从严治党,党在国家长期执政,连续执政,党的意志和国家意志高度统一,党的执政能力和施政直接影响国家的发展和进步,单纯约束国家权力显然是不够的,我们要通过党内学习教育统一思想,通过加强党内法律法规的建设,增加党的执政能力和执政本领。党的十八大以来,党中央共出台或修订近80部党内法规,占比超过现有党内法规的40%,使得党章党规成为制度的笼子。其次,用制度化手段"抓关键少数",推进反腐败建设,推动中央、地方巡视巡察工作常态化开展,使得制度的笼子扎牢织密,真正做到天网恢恢。最后,用好监督的途径,建好社会主义法治体系中的监督体系,这一监督体系包括党内外的监督、法治运行环节的监督、审计监督、社会监督、舆论监督等内容。全面依法治国在批判借鉴"权力制约理论"基础上结合我国民主法治和政治体制的实际,实现了对权力规范和制约理论的历史性超越。

---

  ①［英］阿克顿著,侯健、范亚峰译:《自由与权力——阿克顿勋爵论说文集》,商务印书馆2001年版,第36页。

概言之，以"公平正义""政治、法律关系理论"和"权力制约理论"为代表的西方法治文明成果，作为现代法治文明的组成部分，其中的合理性因素和内容已为全面依法治国基本方略所借鉴。同时，全面依法治国基本方略结合我国法治国情和实际，实现了真正的人民民主，实现了对公平正义的切实保障，形成了对政治法治化和党法关系的科学架构，实现了对权力制约理论的历史性超越。

第四章　全面依法治国方略的主要内容

全面依法治国基本方略内容丰富、博大精深、站位高远、体系完善，是本书重点研究内容之一。本章从全面依法治国基本方略的战略定位、基本遵循、重点任务、关键环节及其与人类命运共同体建构的关系等五个方面展开论述。

一、全面依法治国的战略定位

党对法治和依法治国的认知不是一蹴而就的，而是经历了一番艰辛探索，其间有过成功的尝试，也有过因忽视法治而产生的沉痛教训。新民主主义革命时期，党领导人民群众充分发扬民主，在根据地和区域政权的法制建设上进行了成功的尝试。随着新民主主义革命的胜利，社会主义新中国建立，旧法统随之被废除，党在根据地开展法制建设的成功经验，为做好新中国成立初期民主法治建设打下了基础。后来，党在指导思想上发生"左"的错误，"文革"使新中国法制遭到严重破坏，代价十分沉重，教训非常深刻。[①] 进入新时代，在深刻回顾总结反思我国法治建设正反两方面经验教训的基础上，我们认识到，法治是国家治理的必然要求和重要手段，这种治理手段不是低层

---

① 中共中央文献研究室编：《习近平关于全面依法治国论述摘编》，中央文献出版社2015年版，第8页。

次的，而是在更高的站位和更广的视野下确定的。全面依法治国基本方略作为科学的理论体系，以其宏伟而又明确的战略定位成为我国法治建设的基本方略。

（一）提升党执政能力的根本制度举措

党在我国的执政是全面执政、长期执政、连续执政，执政能力建设是关乎执政地位是否稳固的大事。现代国家和社会的有效治理关键是建立、适用和遵守规则，而法治就是最重要的治理规则。全面依法治国方略从提升党的执政能力这一根本诉求出发，通过从战略规划层面把握和考量全面推进依法治国，使全面依法治国成为确保党长期执政、国家稳定发展的根本制度举措。习近平总书记指出，全面推进依法治国是为了进一步巩固党的执政地位、改善党的执政方式和不断提高党的执政能力，从而确保社会长期稳定，党和国家长治久安。[①]

所有法治建设都需要领导力量的推动，这样的领导力量首先要符合社会的需要。全面依法治国指向的是法律所适用的社会关系，通过有效调整社会关系来发挥其作用，使社会关系稳定良性发展。实现这一目标的主体是符合社会需要的领导力量，有这样的领导力量，依法治国才具有可靠的存在合理性。也只有这样的领导力量才能制定出符合社会需要的法律，并通过自己的实力领导人民去推行法律，实现全面依法治国的目标。全面依法治国的要义在于政权领导力量按照法治体系治理国家和社会，使之良性化。作为国家的核心动力，国家领导力量如果能够有效发动、提振整个国家体系，实现有效领导，就能有效实现依法治国，建立法治社会；相反，如果领导力量和国家体系不匹配，依法治国的既定目标再好，也难以实现。也就是说，领导力量既不能低于国家体系的水

[①] 中共中央文献研究室编：《习近平关于全面依法治国论述摘编》，中央文献出版社 2015 年版，第 35—36 页。

平，也不能超越国家体系的需要，而应密切支撑国家要求，否则就会因为低于或者高于国家要求而无法契合全面依法治国的目标。① 其次，领导力量要具有最大化的代表宽度。领导力量要代表大多数人的基本利益，并能通过具体方式予以表达和实现。只有具备这样的代表宽度，它制定出来的法律才可能是良性的，也才能代表多数人的利益而为民众所接受，从而奠定法律实现的群众基础。此外，领导力量自身要具有足够的资源和组织行动力，以促成依法治国目标的实现——当代中国法治建设局面复杂，因而具备强大的协调能力对于法治领导力量来说特别重要。从地理区位上看，中国各地差异巨大，且经济先发展与后跟进区域之间形成了不平衡形势，如果领导力量没有巨大的居中协调能力，将直接影响整个国家的稳固程度。同时，因为地大物博，不同地域、领域产生了已成体系的诸多单位，其运作过程中有纷繁的公共事务，客观上需要强大的公共权力有效沟通各个单位，使全国一体联动。再次，领导力量需自体强大。领导力量要推动全面依法治国的实现，必须自体强力化，这要求领导力量思想科学，并且能够按照科学的原则组织起来。思想科学，能保证其行动科学化，而且具有长久的行动支撑。科学的组织，则是领导力量实力的具体来源。只有这样，领导力量才能领导人民制定出科学的法律，并运用自己的强大行动力来推动法律的实现。最后，领导力量要具有强大的保持机制。如果领导力量虽然强大，但难以自我保持，即使对依法治国能够产生一时的推动力，最终也难以实现真正的法治化。法治展开的内在长程，需要领导力量具有强大的自我保持力，这种自我保持力主要来自内部的自我监督，也就是说，领导力量内部要始终能够促进它监督自身并提高监督力量。这样的监督机制，能够

---

① 郭道久：《国家治理现代化的重要推动力》，载《人民日报》2018年9月9日，第5版。

促进领导力量保持对法律的敏感和推动法律实现的活力。自我保持力也来自外部监督，而外部监督又可分为民众在底层的远体监督和通过媒体实现的近体监督。领导力量还必须对国家环境有强大的生存反应性。具体到中国来说，社会主义的中国仍然处于资本主义国家的包围之中，虽然比在热战、冷战时期少了一些直接威胁，但是由经济控制形成的一体化控制辐射力，仍然使中国时刻处于发展危机之中，以经济和贸易为中介的侵袭干扰因素将长期存在，美国对华发动"贸易战"即现实的例子。这样的现状短期内不会改变，因而推动依法治国的领导力量必须具有强烈的生存危机感、忧患意识和及时反应的能力。

综上所述，全面推进依法治国，客观上决定了需要具有高度组织力、领导力、行动力、自持力和及时反应能力的领导力量。这要求中国的法治事业的领导力量具有独特的自体优势，而且还能以适当的方式把自体优势具体表现出来。以现实观之，只有中国共产党才能提供和成为依法治国的领导力量，这种领导力量来源于其内在的政党存续合理性、与群众的紧密联系、高效的行动力、强大的自我保持机制等。党的一党执政、长期执政内在要求我国全面依法治国——"依法治国，是顺应社会法治和时代潮流而选择的治国之道、执政之策，因而从指导思想上实现了党的执政方式、领导方式和政权运作方式的根本性转变"[1]。要真正实现党的领导，也必须制定法律并推动它实现，只有这样，才能使党具有稳定的政权合理性。对党这样具有先进性优势的组织来说，全面依法治国是其保持先进性的必要途径——用规则性体现先进性，是现代社会共产党执政的具体方式。[2] 全面依法治国正是站在提升党的执政能力

---

[1] 白钢、潘迎春：《论坚持党的领导、人民当家作主和依法治国的有机统一》，载《政治学研究》2010年第1期，第22—25页。
[2] 刘建军：《一党执政与现代民主的契合》，载《复旦政治学评论》2005年第6期，第18—30页。

的战略高度，把执政能力提升与全面依法治国结合起来，把厉行法治与深化治理统一把握的。这是具有深远历史意义的考量和布局，也是对党和国家执政能力现代化、治理能力现代化的有效设计和整体推进。

（二）为战略布局的实现提供制度支持

党在社会主义中国的执政是一个前仆后继、接续奋斗、不断创新，推动中国特色社会主义事业向前发展的历史进程。面对我国事业发展面临的机遇和挑战，立足实现民族复兴的宏伟蓝图，实现什么样的国家治理，如何更好地实现国家治理，成为需要回答的现实问题。"四个全面"战略布局的提出，就是对这一问题的系统回答。全面建成小康社会是战略目标，全面深化改革、全面依法治国和全面从严治党是三项重要举措，全面依法治国被作为"四个全面"战略布局中的制度支持来考量。[1] 具体而言，全面建成小康社会是目标，小康社会包含着物质生活、精神生活、社会生活、民主法治等不同层面的小康水平，这就决定了全面建成小康社会的内涵本质具有法治的因素，法治领域的小康是其中一项重要的指标和内容，小康社会必然体现一个成熟有序、民主文明的社会状态，这是小康社会的性质所决定的。同时，全面依法治国对小康社会的建成具有保障作用，即通过法治途径规制小康社会的建设，将明确的目标、明确的路径呈现给人民群众，这种确定性和稳定性对于小康社会的建成具有极大的促进作用。全面依法治国和全面深化改革在全面建成小康社会和建设社会主义现代化强国的征程中紧密关联，不可缺位。一方面，改革是在法治的规范下改，改革要于法有据，实践条件不成熟的，可以先行先试，但需要按照法定程序授权予以确认，而且改革所取得的成效还需要通过制度予以固化，形成可以复制和推广的法律规

---

[1] 胡建淼：《全面推进依法治国的任务措施和要处理好的几个关系》，载《国家行政学院学报》2017年第4期，第20—25页。

范；另一方面，全面依法治国的立法要有主动先行意识和前瞻性，通过科学运用立法技术，主动预判和适应经济社会的发展需求。总之，全面依法治国既要注重"守护"，又要注重"前瞻"，协同发挥法治的保障和制度支持作用。党是社会主义事业的领导核心，是国家存续和发展的前提，代表着最先进的力量，党在领导中国特色社会主义的新征程中，如果做不到"打铁自身硬"，领导核心作用便难以发挥，党的执政能力、党的事业必将受到影响。全面从严治党就是锤炼党的肌体，增强党的执政能力，使其长期保持高度的自持力和先进性的有效途径。从严治党的制度化呈现就是依规治党、依法执政、依法行政，通过党内外的制度规范从严管党治党，这都需要全面依法治国对从严治党的制度支持和保障。

总之，"四个全面"战略布局内在要求的统一性、实现目标的同一性，要求我们把三大战略举措共同置于全面建成小康社会这一战略目标下进行统一规划，使其彼此协调，形成合力。[①] 从战略布局看，全面依法治国是"四个全面"战略布局的三大战略举措之一，做好全面依法治国各项工作意义十分重大。没有全面依法治国提供制度支持，改革的动力就得不到有效释放，管党治党的力度将大打折扣，战略布局的目标就会落空。只有深刻认识全面依法治国对于其他三个"全面"的制度支持意义，从宏观布局出发思考"四个全面"，才能增强全面推进依法治国的动力和活力。

（三）解决现实矛盾与实现长远规划的制度保障

人类政治文明史上法治还是人治的问题是一个基本问题，尤其是近现代各国普遍实行民主政治制度以来，法治问题更是实现有序发展

[①] 李小勇：《法治在"四个全面"治国理政新方略中的地位》，载《中共党史研究》2017年第7期，第9—12页。

和现代化必须面对的一个课题。成功实现现代化的国家的发展历程表明，在其发展进程中，法治发挥了巨大的作用；而一些国家发展停滞不前、陷入各种矛盾和困境，在很大程度上也与没有很好地推动法治建设，没有注重发挥法治在推动国家建设中应有的作用有关。因此在着力解决发展中存在的各式各样的矛盾，聚焦国家长远发展规划时全面推进依法治国的作用都是很大的。当前，我国国内存在着发展不平衡不充分、地域性发展有差异、既得利益分布有差异等问题，国际上存在不稳定因素增多、贸易环境变坏风险增加等问题，我国前所未有地面对着繁重的改革发展稳定任务，前所未有地面对着诸多矛盾风险挑战，这些决定了我们要把依法治国摆在更加突出的位置，把党和国家工作纳入法治化轨道。通过法治化的路径调整关系、平衡利益和化解矛盾是有效和可行的方案。习近平总书记为全面建成小康社会这一战略目标的实现确立了"四个全面"战略布局，而且还对全面建成小康社会这一战略目标实现之后如何实现党的长期执政与国家的长治久安等重大问题进行了深入思考。党的十九大提出的分两个阶段，"三步走"的发展规划，就是为民族发展制定的长远规划。站在这个角度来看，我们需要从法治上为解决当前面临的突出矛盾和问题提供制度化方案，也需要为党的长期执政和国家长治久安作出战略规划。

基于此，习近平总书记提出，解决上述问题的有效途径就是全面推进依法治国。他郑重指出："对全面推进依法治国作出部署，既是立足于解决我国改革发展稳定中的矛盾和问题的现实考量，也是着眼于长远的战略谋划。"[1] 这表明，党和国家的长治久安是实现中国梦的前提，而全面依法治国作为基本方略，既有利于巩固党的长期执政地位，也有

---

[1] 中共中央文献研究室编：《习近平关于全面依法治国论述摘编》，中央文献出版社2015年版，第11页。

利于稳定治理秩序,实现长治久安。正是基于这样的深刻把握,以习近平同志为核心的党中央在党的历史上第一次将全面依法治国作为党的中央全会议题,进行了专门系统的研讨,并专门出台文件、作出顶层设计、部署战略安排,为党的长期执政、稳定执政提供了制度的可靠保障。同时,党对全面推进依法治国作出的战略安排,既是立足于近景目标,致力于解决我国当前改革发展稳定中的矛盾和问题的现实考量,也是致力于长远的战略谋划,为实现国家长治久安进而实现民族复兴的伟大梦想作出的远景擘画。

二、全面依法治国的基本遵循

全面推进依法治国是党在新时代确立的治国理政的基本方略,必然有其基本的价值遵循、道路遵循和领导主体遵循,即必然要对全面推进依法治国为了谁、走哪条路、谁来领导的问题予以科学明确的回答。全面依法治国提出,以实现人民福祉为全面依法治国的价值旨归,对道路和方向的问题给予明确强调,对坚持党的领导的重要性和必要性也予以了明确论述。

(一)以实现人民福祉为价值旨归

首先,这是由党自身的性质所决定的。自党成立以来,人民性始终是党的旗帜上高悬的标志,也是党章中明确的党的本质属性。无论是革命年代的谋求广大劳苦大众翻身解放,实现当家作主,还是改革发展时期致力于实现共同富裕,以及进入新时代以来对全面建成小康社会、实现对美好生活的追求,都是党自身的性质所决定的。党的执政是一党执政、长期执政、连续执政,需要得到最广大的人民群众的支持拥护,而赢得人民群众支持的前提是对人民主体地位的尊重,对人民需要的满足,以及将实现人民的福祉作为目标,如若不然,党执政的合法性必然受到质疑。全面依法治国服务于人民权益获得,服务于民生发展和社会保障，是法治为民的重要举措，是党的根本宗旨和立党执政的性质在法治上的体现，也是社会主义法治的本质要求。因此，全面依法治国通过宪法等法律以制度化方式确认人民福祉、人民利益，为中国法治建设明确价值旨归。

其次，为人民谋福祉的法治价值准则，是历史唯物主义法哲学的规律决定的。马克思主义高度重视人民的作用，实现人的解放和全面发展是其重要主题，对人的关怀贯穿于其理论当中。在对法治价值的追求上，马克思鲜明地提出，法典是人民自由的圣经。法治是人民当家作主、参与国家各项事务管理的途径，依法治国的主体是人民，推动法治实践的动力来源也是人民，因此，人民也应该成为依法治国的最大获益者。社会主义法治事业推进的过程，也不断地印证了我国法治建设对人民权益的注重的客观事实。从法哲学价值论意义上讲，法治乃是对在生产力和交换发展的基础上形成的社会主体的自由和权利的确认与实现。① 随着我国在经济领域取得巨大发展和民主政治不断进步，人民群众的价值主体和价值归属的地位也越来越受到重视。

最后，以人民为中心和实现人民福祉不是停留在纸面上和口头宣传上，而是要实实在在地体现在国家和社会生活的各个领域当中，才能体现"含金量"，验证"真成色"。② 中国共产党将这一价值追求贯穿于治国理政的各个方面和改革发展的各个环节，以人民满不满意作为评价标准，将发展和改革的红利充分释放给广大人民群众。户籍制度改革、税收制度改革、党和国家机关改革，推动"放管服"改革、史无前例地推进反腐败斗争，都是在运用法治方式满足人民日益增长的美好生活需要，最大限度地提升人民群众的获得感，进而充分调动社会主体的积

---

① 公丕祥主编：《当代中国的法治现代化》，法律出版社2017年版，第187—188页。
② 冯玉军：《全面依法治国新征程》，中国人民大学出版社2017年版，第9—11页。

极性、主动性,增强人民群众的首创意识和主体意识,厚植党在最广大人民群众中的执政基础。

(二) 坚持走中国特色社会主义法治道路

法治作为一种治理模式,是现代民主国家治理的重要方式。同时,法治作为一种价值取向,其中许多价值内容和追求也被实行法治的国家所因循、接受和认可。但我们也应看到,因各国所处发展阶段、发展模式、政治体制等存在差异,在法治发展的道路选择上也存在明显的差异性和多样性,因为每一种法治道路选择的背后都有一套政治体制和政治逻辑。在法治推进过程中,对于举什么旗、走什么路,不能摇摆不定,必须向社会明确展示出自己的法治道路选择。明确中国特色社会主义法治道路的制度属性和前进方向,能够为全面依法治国形成广泛认同,使得党和全国人民的行动统一起来,进而凝聚起推进法治进步的宏大力量。以习近平同志为核心的党中央在法治道路选择上,高举"坚持走中国特色社会主义法治道路"旗帜,这成为法治建设的基本遵循和航向。同时,习近平总书记从道路选择的历史依据、政治属性与主要原则三方面揭示了坚持走我们自己道路的重要性。

首先,对道路选择的历史依据作出了深刻揭示。习近平总书记强调:"中国特色社会主义法治道路,是社会主义法治建设成就和经验的集中体现,是建设社会主义法治国家的唯一正确道路。"[1] 习近平总书记从总结历史,引领未来的角度,指出了道路选择的基本属性和意义:强调"成就和经验",意味着这是基于历史发展和实践探索的选择,是基于历史总结和规律把握的必然选择,具有实证性和逻辑自洽性;强调"集中体现",意味着道路选择是对当代中国法治建设和实践发展的规律性指向,不仅体现历史演变的发展,更观照当前法治发展的现状和未

---

[1] 本书编写组编著:《〈中共中央关于全面推进依法治国若干重大问题的决定〉辅导读本》,人民出版社2014年版,第52页。

来指向，在当前中国法治建设中具有科学的指导性和发展的前瞻性；强调"唯一正确"，是对道路选择的必然性的重申和强调，意味着中国特色社会主义法治的走向和道路选择是确定的、唯一的，这是道路选择的基础和底线，不能摇摆不定，也不能被否定和改变。未来中国的法治理论研究和法治实践都必须以这一唯一正确的道路为路径，推动法治建设持续发展。

其次，对道路选择的政治属性予以了明确阐释。习近平总书记强调："我们要坚持的中国特色社会主义法治道路，本质上是中国特色社会主义道路在法治领域的具体体现。"① 习近平总书记阐释了政治道路与法治道路之间的源流关系，即政治道路决定法治道路，法治道路映照政治道路。中国特色社会主义道路的选择是历史的选择、人民的选择，这是我国根本的政治制度和政治方向，是社会主义中国发展的底色，脱离了这一底色，其他一切社会的发展将成为空中楼阁。每一种法治发展的背后都是一套完整的政治逻辑和政治体系，西方的法治发展模式是建立在西方的政治体制和架构之上的，不同国家的政治体制也决定了其不同的法治模式和法治道路。中国特色社会主义制度和道路对中国特色社会主义法治道路起到的是决定性作用，后者必须以中国特色社会主义道路为唯一方向和基本前提。② 社会主义的法治道路不可能构建在西方那一套政治体制和逻辑之上，我们绝不能偏离根本政治道路去妄谈法治道路，也绝不能把他国政治道路决定的法治道路、法治模式作为我国选择和适用的法治道路、法治模式，而应始终坚定政治道路自信，并以此为基础不断增强法治道路自信。

最后，对道路选择的基本原则予以了强调。习近平总书记强调：

---

① 中共中央文献研究室编：《习近平关于全面依法治国论述摘编》，中央文献出版社2015年版，第34—35页。

② 江必新：《坚定不移走中国特色社会主义法治道路》，载《法学杂志》2013年第3期，第1页。

"走中国特色社会主义法治道路是一个重大课题,有许多东西需要深入探索,但基本的东西必须长期坚持。"① 如前所述,法治道路的选择决定于中国特色社会主义道路,"许多东西需要深入探索"指的是在道路和方向已然确定的基础上,对于如何实现道路所规划的目标,具体的器物和技术层面如何推进和发展都要深入研究探索——可以通过交流学习和借鉴互通,使其他法治道路发展下的优秀成果和做法为我所用。"基本的东西"指的是不能随意改变的基本原则与基本要求。习近平总书记强调,全面推进依法治国应遵循五项基本原则,坚持党的领导。与西方政治体制完全不同,社会主义中国存在的前提是党的领导和执政,党的领导是我国所有政治体制和建构的逻辑和制度基础,没有党的领导,社会主义中国的一切将不复存在,因此在任何情况下都必须把党的领导置于法治实践的头等地位,时刻把握党领导全面依法治国的"最本质"属性和"最鲜明"底色,这既具有现实合理性也具有事实的合法性。坚持人民主体地位和法律面前人人平等是我国民主政治体系和党的执政理念所决定的。全面依法治国的主体和受益人是人民,其特定的价值形态、价值观念和价值准则要求法律面前人人平等。全面依法治国的推进须臾不能离开中国的实际——中国有中国的发展实际、历史实际、文化实际,一个国家的法治推进如果不结合具体国情,盲目模仿移植别的国家的法治模式,只能导致水土不服、揠苗助长,清朝末年的法制改革的失败即印证了这一点。依法治国和以德治国相结合是由我国深厚的传统文化底蕴和国情决定的。中华民族五千多年的文明历程,承载着治国安邦的极大政治智慧,也蕴含着推进法治建设的有益启示。我国在漫长的文明历史当中,十分重视"礼""德"和伦理对于人心的教化作用,而"法律是外在的道德,道德是内心的法律",将两者紧密结合,使其共

---

① 习近平:《习近平谈治国理政》第 2 卷,外文出版社 2017 年版,第 114 页。

同发挥作用，才能够将国家治理得更好。

（三）坚持和强化党对全面依法治国的领导

全面依法治国基本方略的施行与实践，从根本上说是以党的领导为依托的。党的领导是中国特色社会主义法治的灵魂，是我们推行的法治与西方式的法治最大的区别，[1] "坚持中国特色社会主义法治道路，最根本的是坚持中国共产党的领导"[2]。坚持和强化党对全面依法治国的领导是全面依法治国的核心要义。

坚持和强化党对全面依法治国的领导，从学理上分析就是如何处理党与法的关系的问题，其中包含两个重要判断。其一是"党大还是法大"的问题，是一个伪命题。党是社会的政治组织，掌握着国家权力和法治等，把"党"这一政治范畴内的概念与"法"这一制度范畴内的概念放置在同一命题内进行比较，不符合逻辑。把二者对立起来做非此即彼的选择，也是这一伪命题设置的陷阱，依据该命题的逻辑，党的领导和依法治国天生对立，相互矛盾，党的权威和法律权威是无法统一的。可见，把党的领导和依法治国视为不可兼容的两个选项设问党大还是法大，就如同问一个人加一匹马等于多少一样，是极其荒谬的。其二是"权大还是法大"的问题，是个真命题。这个命题之所以为真是因为党是作为一个执政整体而言的，而这个执政党的组织、领导干部和公务人员，都必须坚守人人平等原则，遵守宪法和法律的规范和要求。可以说，人人都在法治的规范之下，没有不受法律规范的权力，手中掌握着权力的人更应该接受法律的约束和规范。推进全面依法治国就是要扎紧扎牢扎密制度的笼子，使得权力不任性，有权必有责，用权受监督成为一种常态。

---

[1] 中共中央文献研究室编：《习近平关于全面依法治国论述摘编》，中央文献出版社2015年版，第35页。

[2] 中共中央文献研究室编：《习近平关于全面依法治国论述摘编》，中央文献出版社2015年版，第27页。

同时还有两个问题需要去考量，即为什么要坚持和强化党的领导，党的领导为什么必须依靠法治。首先，党之于国家的生成逻辑决定了党在国家和政治生活中的绝对领导地位，这一点与西方国家是完全不同的。党是社会主义中国的缔造者，是社会主义制度的设计人，是先有党，然后才有社会主义的新中国，这是社会主义中国政治前提和制度基础，依法治国是党带领人民治理国家的基本方略，决定了其必然是在党的领导下开展的。同时，党作为法定的执政党，具有其他任何组织都不具备的有效政治资源和强大组织优势并能够将其转化为全面依法治国的有效推动力。党的性质和宗旨也决定了社会主义法治本质上与其具有高度一致性——社会主义法治本质上是人民性、社会性和科学性的统一，是人民的共同意志和根本利益的反映，党利用其支持人民当家作主，通过依法制约国家权力，最终实现人民的权益。习近平总书记指出，"依法治国是我们党提出来的，把依法治国上升为党领导人民治理国家的基本方略也是我们党提出来的。而且党一直带领人民在实践中推进依法治国"。[①] 这是对全面依法治国必然在党领导下推进和发展的深刻诠释。

从发展的角度看，全面推进依法治国是在中国政治体制的范畴内展开的自我改革和完善，是一场具有政治体制改革性质的"法律革命"，[②]其在指导思想、基本原则、改革举措、推进力度等方面不同于中国以往推动的经济体制改革、社会体制改革、教育体制改革、卫生体制改革，不同于以往推动的任何改革。全面推进依法治国需要政治领域、经济领域、社会领域等的资源协调、配合，是一个系统工程。所谓"全面"，是指法治建设具有系统性、全局性和整体性，势必给国家和个人生活的各个领域带来重大的变革和调整，各种社会关系都将在加强法治的进程

[①] 中共中央文献研究室编：《习近平关于全面依法治国论述摘编》，中央文献出版社 2015 年版，第 101 页。

[②] 冯玉军：《坚持党的领导与依法执政》，载《党建研究》2017 年第 10 期，第 40—42 页。

中不断调整和优化，这就需要强化组织性，找准主心骨，而在社会的所有力量中，只有共产党才拥有这种能力。所谓"推进"，是指从广度转向深度，强调法治变革的深刻性，这必然涉及体制机制的重大调整甚至根本突破，必然会引起不同利益主体的冲突甚至对立，如此深刻复杂地推动法治变革，决定了只有共产党才能凝聚人心，优化布局，推动全面依法治国不断向前发展。

坚持和加强党的领导，体现在法治运行全过程，也体现在"三统一""四善于"要求当中。[①] 党的领导在法治运行的四个环节中都体现出了与西方法治模式完全不同的含义和内容。在立法这个法治运行的首要环节，党的领导确保"良法"能够被制定出来，这些良法是依法执政和执法、司法和守法的前提和基础，是善治的前提。保证执法是建设法治政府、法治社会的重要环节，一切国家执法权力的运行都在党的保证监督下进行的，这保障了执法的客观公平性。司法环节对于公正的重要性毋庸多言，在我国，执政的中国共产党构筑起了守护公平正义的根本防线，党是实现公平正义的最大保障和最高力量。可见，办好中国的事情关键在党，经济建设如此，文化科技建设如此，全面推进依法治国也如此。

党的领导也离不开全面依法治国，党的领导是全面领导，党的执政是长期执政，党的执政能力强弱直接决定了国家和民族的兴衰。全面依法治国提升党的执政能力，是实现党依法执政、长期执政的最有效和可靠的制度性保障。邓小平曾说："国要有国法，党也要有党规党法。党章是最根本的党规党法。没有党规党法，国法就很难保障。"[②] 执政党必须制定法律并推动它高效实现，只有这样，执政党才能有政权合理

[①] 中国法学会编：《新时代深化全面依法治国的理论、方略和实践：第十二届中国法学家论坛讲演集》，中国法制出版社2018年版，第61—65页。

[②] 邓小平：《邓小平文选》第2卷，人民出版社1994年版，第147页。

性，而全面依法治国便是中国共产党治理国家的必经之途。中国共产党注重国家的法治体系建设，形成了依法治国的法律规范体系，注重在宪法和法律的规范内依法执政、依法行政。同时，党还注重加强党内法规制度建设，形成了配套完整的党内法规制度体系，从政治生活的方方面面严格约束党员领导干部，倡导法治精神，构建党员干部自觉加强法治建设的硬约束体系。因此，全面推进依法治国从政治生成、推动能力和现实需要等各方面决定我们必须要坚持加强党的领导。同时，坚持和加强党的领导，提升巩固党的执政地位、提升其执政能力与水平也离不开全面依法治国和从严依规治党。

三、全面依法治国的重点任务

将全面推进依法治国方略定位于事关党和国家前途命运的大局当中，明确全面依法治国的价值旨归、道路方向和领导力量等基本遵循后，以习近平同志为核心的党中央又擘画出建设中国特色社会主义法治体系的总目标以及重点任务和突破口。

（一）建设中国特色社会主义法治体系

党的十八届四中全会将建设中国特色社会主义法治体系确立为全面依法治国的总目标，是因循我国国情和法治发展需要对法律体系、法制体系表述和实践的实质性发展。它由规范体系、实施体系、监督体系、保障体系和党内法规体系五个部分组成，分别配以"完备""高效""严密""有力""完善"的体现具体要求的修饰语。这五个体系构成了中国特色社会主义法治体系的总框架，也标志着中国特色社会主义法治建设进入了高质量发展、系统发展的新时期。

第一，完备的法律规范体系。完备的法律规范体系是全面推进依法治国的前提和基础。只有不断推进科学立法、民主立法，使经济社会发展各方面都有法可依，才能实现良法善治，为全面依法治国提供制度依据。我国法律规范体系建设历经波折和反复之后，基本实现了从破到立、从无至有、从少到多的转变，形成了以宪法为核心，以主要部门法为主干，以行政法规、地方性法规为补充的法律体系，从制度上为解决国家发展中面临的各种问题提供了方案，使国家建设的各个方面基本实现了有法可依。可以说，基于中国改革发展和社会全面进步对于制度规范的需要而形成中国特色社会主义法律体系这一独特的发展路径开创了世界法律史上的崭新篇章。① 但是，我国发展日新月异，需要法律调整的社会关系愈加复杂多变，法律体系的基本建成并不意味着法律规范已经完备，只有跟上实践的发展而不断发展，法律规范体系才能发挥保障和推动社会进步的作用。比如，目前我国法律规范体系还存在体系性差、可操作性弱等问题，有些法律规范带有较重的部门化和地方化倾向。② 要克服和解决现有法律规范体系中存在的这些问题，法治体系建设就要完成从数量向质量的转向，即形成更加完备和高质量的法律规范体系，使得法律更准确地反映社会发展方向、实践变化需求和人民期待愿望，使得自身的系统性和协调性更加恰适。

第二，高效的法治实施体系。法律的有效实施是全面推进依法治国的重点和难点。"不难于立法，难于法之必行"，有法可依不易，有良法可依难得，更难得的是良好的法律得到有效的实施和适用。法律规范的规模和社会主义法律体系基本成型后，接下来的问题就是如何最优化地发挥法律的作用，使其良性运转起来。"目前，在我国法律运行和实施过程中还存在着执法体制权责脱节、多头执法、选择性执法、司法不

---

① 信春鹰：《中国特色社会主义法律体系及其重大意义》，载《法学研究》2014 年第 6 期，第 19—26 页。
② 中共中央文献研究室编：《十八大以来重要文献选编》中，中央文献出版社 2016 年版，第 156 页。

公和腐败等现象"①，因此必须加快建立高效、顺畅、明晰的法治实施体系，保障宪法和其他法律的有效实施，这样才能有效树立法律的权威，使得全面依法治国的基本方略落到实处，体现于法治运行的每一个环节当中。

第三，严密的法治监督体系。严密的法治监督体系是宪法和其他法律得以有效贯彻实施的重要条件。只有建立起严密的法治监督体系，才能有效约束和规范权力，使其在法律的框架内行使，才能保障公民权益，形成对法律的尊重，形成崇法尚法的氛围。一段时间以来，我国法治监督体系存在监督的法治化、体系化和常态化程度较低，监督方式之间协同不足的问题。因此党的十八届四中全会提出，建构"九大监督举措"，形成完整的监督体系，实现对法治运行的全过程监督，即通过建构完整的监督体系，增强法治监督意识，完善监督机制，丰富监督形式和内容，确保各项权力的运行在法治的轨道上，不越轨，不脱轨。

第四，有力的法治保障体系。有力的法治保障体系是宪法和其他法律得以贯彻实施的重要条件。从宏观上看，法治保障体系包括政治保障、思想保障、组织保障、人员保障、经费保障等内容。② 只有建构配备合理、保障有力、衔接顺畅的保障体系，才能实现更好的法治运行和推进全面依法治国。近年来，我国法治保障体系不断完善，但也存在着人财物"分灶"固化，执法司法领域有人情案、金钱案出现，执法司法保障的职业化程度有待提高等问题。③ 党的十八届四中全会系统梳理制约法治保障的深层次矛盾和问题，对法治保障体系建设作了系统化部

---

① 中共中央文献研究室编：《十八大以来重要文献选编》中，中央文献出版社2016年版，第156页。

② 张文显：《建设中国特色社会主义法治体系》，载《法学研究》2014年第6期，第13—19页。

③ 最高人民法院中国特色社会主义法治理论研究中心编写：《法治中国——学习习近平总书记关于法治的重要论述》第2版，人民法院出版社2017年版，第225—228页。

署，在提升依法执政能力和水平、提升法治队伍素质、改革不符合法治规律的体制机制和营造良好的守法用法氛围上作了谋划和设计，构建了有力的法治保障体系。

第五，完善的党内法规体系。将党内法规体系纳入法治体系范畴内，既是适应全面依法治国的需要，也是加强党的建设，进一步提升党执政能力的内在要求。作为拥有九千多万党员的世界第一大党，中国共产党在社会主义中国长期执政，做好党自身的建设，本身就具有非凡的意义。制定党章党规，从严管党治党，是提升党执政能力建设和保持党的纯洁性的有力举措，也是党实现立党为民执政目标的可靠保证。把党管好治好，更好地带领人民群众搞好国家和社会建设，对于推动社会主义法治建设和国家建设具有重要意义。党的十八大以来，党中央集中筛查了两万三千多件中央文件，梳理出一千余件党内法规和规范相关文件，废止三百多件文件，宣布三百六十余件文件失效。[1] 为了加强党内法规的制定和完善工作，2013 年，党中央首次发布党内法规制定工作五年规划，提出力争通过五年努力，制定涵盖党的建设和党的工作主要领域，满足从严依规治党需要的党内法规体系。

（二）推进科学立法、严格执法、公正司法、全民守法

法治建设既要围绕中国特色社会主义事业大"公转"，也需要本身的小"自转"。[2] 从法治建设自身来看，就是要推进科学立法、严格执法、公正司法和全民守法。习近平总书记从我国法治工作的基本格局出发，对党的十一届三中全会提出的我国民主法制建设的十六字方针作了全面提升，提出新时期法治建设的十六字方针，围绕法治运行的四个环

---

[1] 王比学、姜业宏：《新观察：依党内法规从严治党》，载《人民日报》2014 年 11 月 26 日，第 3 版。

[2] 李敬煊、邹谨：《论中国特色社会主义法治道路》，载《贵州社会科学》2015 年第 2 期，第 4—9 页。

节就立法、执法、司法、守法作出了系统深刻的论述。

首先，关于科学立法。"实践发展没有止境，立法工作也没有止境。"① 新时期法治建设新的方针的每一个环节都体现了一个共同的特征，那就是对于质量和价值的更高要求和追求。在法治运行的首要环节，全面推进依法治国面对的不再是无法可依的局面，也不再是为了应对形势需要仓促立法的局面，而是要有良法可依，这是善治的前提和基础。② 改革开放四十多年来，中国特色社会主义法律体系已具规模，有效地推动了我国的经济建设和社会发展。但是，长期以来，我国奉行"成熟一个，制定一个"的立法思路，部分法律的前瞻性和创新性不足。在立法实践中，有些立法不接地气，人们的认可度不高，法律之间衔接不顺畅，立改废不同步等问题，影响法律适用，有损法律权威。科学民主立法就是要解决这些问题，即通过确立科学立法理念、完善立法体例，明确立法权力边界，推动重点领域前瞻性立法，通过使立法与改革决策相匹配和衔接等举措，实现科学民主立法，不断提升立法质量。这是我国立法领域的新跨越，是针对法律解决实际问题有效性不足提出的新应对措施，也是全新的立法理念。同时，用立法规范改革行为巩固改革成果，更是对立法环节体现社会公平正义的一次全新考量。

其次，关于严格执法。狭义的执法仅指行政执法，这是全面依法治国中与社会主体接触最多的一个环节。行政执法肩负市场管理、社会管理、环境治理、秩序维护等的法律执行和适用，以调整和规范不同领域的社会关系，这对行政执法环节切实发挥作用、维护法律权威，促进公平正义提出了更高要求。随着法治政府建设的不断推进，执法环节对于

---

① 中共中央文献研究室编：《十八大以来重要文献选编》中，中央文献出版社2016年版，第149页。
② 郑功成：《全面提升立法质量是依法治国的根本途径》，载《国家行政学院学报》2015年第2期，第1页。

法律适用总体而言越来越规范，但执法不公正、不文明、不作为、乱作为等现象仍然存在，影响了执法机关的公信力，而"以吏为师"的传统会将这种影响放大，甚至损害党的组织和政府在人民心中的形象，损害国家法律的权威。与此同时，随着民主法治意识的进一步增强，人民对于执法是否严格、规范有了更多的关注，这就决定了执法环节要紧密抓住法律规范本身这一生命线，依法而行，规范执法程序、完善执法方式、提升执法队伍素养，坚定不移地做好法律的适用和执行工作。

再次，关于公正司法。司法是一种非直接的、补救性的法律实施活动，主要是运用法律规范对纠纷作出裁判，否定违反法律者，维护受害者权益。公正司法能够使纸上的法律真正转化为"活的规则"，使社会纠纷得到妥善化解，使法律的公正价值得以呈现，尽快形成社会所需要的法律秩序。当前，一些司法过程中仍然存在着司法不公、程序不合规、司法腐败等现象。习近平总书记强调，要让人民群众感受到公平正义，在司法环节不能出现不公正的审判，从而伤害到人民群众的感情和权益。[①] 这是对"司法为民"理念的深刻诠释。同时，习近平总书记提出要通过深化司法改革、加强法治队伍建设、增强司法透明度等举措保障公正司法的实现。

最后，关于全民守法。全民守法是全面推进依法治国的基础环节，其核心是人们普遍遵守法律，没有例外，无论是谁都没有超越法律的特权，这是要从制度上消除以权压法和徇私枉法的现象，为构筑法治中国和法治社会奠定坚实基础。法律规范要内化为人们的思维模式和坚定的信念，才能使人们形成遇事找法，解决问题靠法的行为习惯。当前，一些人还存在"抄近路""走后门""找关系"的观念，究其根本是缺乏对制度的尊崇和对法律的敬畏。当然，两者关系是相互的，法律只有能

[①] 中共中央文献研究室编：《习近平关于全面依法治国论述摘编》，中央文献出版社2015年版，第67页。

够切实保障人民的权益、公平公正，才会成为人民坚定的信念，人民对其才有敬畏感。这也对法律运行的其他环节提出了更高的要求，因为任何一个环节出现有违法律本意的问题，都会对法治运行产生负面的影响。因此，习近平总书记强调，要让全体人民做法治的忠实崇尚者、自觉遵守者和坚定捍卫者，使尊法、信法、守法、用法、护法成为大家的共同追求。① 总的来说，全面守法在法治中国建设的引领作用需要通过实践来培育，对法治的信仰需要在科学立法、严格执法和公正司法的具体实践中逐步形成。

（三）坚持依法治国、依法执政、依法行政共同推进

习近平总书记指出，全面推进依法治国是一个系统的工程，也是在国家治理领域进行的一场深刻革命，需要付出长期和艰苦的努力才能推进。② 全面依法治国的系统性体现在三者共同推进上，这是因为三者是内涵统一、目标一致和成效关联的。

首先，内涵的统一性。全面依法治国是一个复杂的系统工程，将国家运行、政党执政和社会生活等各个方面都纳入了法律规范视野内，使一切应由法律调适的社会关系都依法而行。在我国，中国共产党是中国特色社会主义事业的领导核心，党的执政地位和施政行为对国家和社会产生的影响是根本性的。因此，党必须按照法定的程序和方式来行使国家权力，领导人民管理国家和社会事务，实现党的执政目标，更好地满足人民对美好生活的向往。依法执政是依法治国方略对执政党的外在要求，也是由党的先进性所决定的内在规范。依法行政是依法治国的重要

---

① 中共中央文献研究室编：《习近平关于全面依法治国论述摘编》，中央文献出版社 2015 年版，第 90 页。
② 《中共中央关于全面推进依法治国若干重大问题的决定》，载《人民日报》2014 年 10 月 29 日，第 1 版。

组成部分,①是依法治国战略在政府管理和行政执法领域的延展要求和具体措施,而行政权力的运行是国家政权性质的体现,与社会公共利益和公民的个人利益密切联系,事关中国特色社会主义事业的兴衰成败。②依法执政和依法行政体现依法治国对执政党和政府的法治化要求,从根本上说,依法执政和依法行政是依法治国在执政党、政府两个不同层面的提法,是依法治国的内涵的有效延伸。

其次,目标的一致性。依法治国、依法执政、依法行政的目标具有高度的一致性,均指向实现国家治理的法治化。自依法治国作为一项基本方略被载入宪法以来,这一方略被高度重视,也被当作国家治理的重要手段予以丰富发展,使国家法治化进程步伐加快,在立法、执法、司法等领域取得了有目共睹的成绩。党的十六届四中全会首次提出依法执政的命题,要求党在执政过程中,善于使党的主张上升为国家意志,从制度上保障党的方针路线政策贯彻实施,也要求党依照法定方式执政行政,使得党的执政方式更加稳定、规范和有序。这是实现民主法治化、执政法治化的重要进步,也是党在执政方式法治化路程上的里程碑。政府是国家权力机关的执行机关,国家权力机关颁布的法律、实施的政策、发布的文件等,大部分是由政府等行政机关来执行的——我国80%的法律法规的执行是由政府等行政机关来负责的,③因而依法行政要求政府依法取得权力和行使行政权力,保证法律的实施,实现更有效的治理。

最后,成效的关联性。依法治国、依法执政、依法行政三者相互关联,相互制约。依法执政是依法治国对执政党治理的要求,依法执政对

---

①《中共中央关于全面推进依法治国若干重大问题的决定》,载《人民日报》2014年10月29日,第1版。

②卓泽渊:《法治国家论》,法律出版社2008年版,第491—492页。

③张振芝:《依法治国理论和实现途径》,社会科学文献出版社2017年版,第176页。

依法行政的开展具有重要影响。依法执政是执政党的执政方式和执政理念,党从全局统揽社会主义法治事业建设。我国宪法法律的制定和实施,国家政权机关的领导人员的人事安排,各方力量的统一协调,国家和社会的运行发展,都需要党的依法执政。如果党的权力超越宪法法律,执政党的权力就会凌驾于法律之上,依法执政也就是一纸空文,依法行政也就无以为继,依法治国也将无从谈起。依法行政是政府将法律作为自身行为的依据和出发点,把权力限定在法律所允许的范围内,政府的行政理念、能力受到党执政水平的影响和制约。党的执政力量主要来源于政府的各个机构和政府官员,他们表现如何,直接影响着执政的效果。我国有七千多万名公务员,他们率先垂范,严格依法行政,是实现依法执政和依法行政的重要保证。

坚持依法治国、依法行政、依法执政共同推进是由三者内涵、目标和成效的高度一致性所决定的,我们要充分利用好三者的内在关联,更好地推动国家治理的发展进步。在三者共同推进的过程中,要注重发挥全面依法治国方略在法治建设上的整体规划作用,做到上下一致,统筹协调,整体发力,确保依法执政、依法行政与之齐头并进,充分发挥党依法执政的引领作用。依法治国的领导者是党,主体是人民群众,党制定大政方针以及具体措施须与依法治国的总体要求结合起来,自觉使党内规章、决策与依法治国要求和进程相协调。党坚持依法执政,关系到政府和人民对于法治的理解和认知。依法行政则是依法治国和依法执政的基础,因为行政权是最为庞大、最直接影响广大人民群众利益和自由的力量。总的来说,注重三者协调、形成合力,构成一个有机的联系体,才能凝聚力量,推动全面依法治国不断走向深入。

(四) 坚持法治国家、法治政府、法治社会一体建设

法治国家、法治政府、法治社会是三个紧密相连而又有所区别的概念,三者的共性是法治,差别在于国家、政府和社会的内涵与外延不

同。"三位一体"建设是我国法治建设进入全面化、精细化和规范化发展阶段的时代任务,也是深化改革、促进国家治理体系和治理能力现代化的必然要求。[1]

首先,法治国家是法治政府、法治社会的前提条件。国家是由主权者、警察、监狱和军队等组成的强力机构,拥有极大的力量,如果不受法律的约束,这些力量可能就会对公民权利造成伤害,且任何人都无法与之对抗。"法治国家是法治与国家的高度统一与有机结合的产物。"[2] 依法治国崇尚法律至上,通过法律监督制约国家机关及领导干部的权力,维护公共权益。法治国家具有完备的法治体系,国家的一切都在法律范围内活动。实现法治运行环节的法治化、程序化,能为实现法治政府提供前提条件。法治国家的建设有利于带动全社会尊重法律,遵守法律,培养人民群众较高的法治意识,进而推动法治社会的建设。社会主义法治国家以法律来维护广大人民群众的根本利益,不仅仅需要更加完备的法治体系,还需要广大人民群众接受、认同并遵循使用法律制度,使人民群众形成维护法治、信仰法治的共同意识。

其次,法治政府是法治国家的支柱,是法治社会的决定性因素。通俗意义上说,政府就代表着国家,但确切地说,法治政府是法治国家的构成部分。作为国家权力机关的执行机关,政府的行为就是国家权威的重要体现,也是法律权威的外显,法治政府的建设在法治国家的建设中起着重要的作用。政府守法带动人民群众守法,政府的"隐形"守法是人民的"有形"榜样。如果政府在化解社会矛盾的过程中,简单依靠国家暴力手段来解决问题,人民群众在处理社会矛盾时也会采取简单粗暴的方式。政府用法治处理问题,人民群众才会切实体会到法治思

---

[1] 王利明:《迈向法治——从法律体系到法治体系》第2版,中国人民大学出版社2016年版,第33页。
[2] 卓泽渊:《法治国家论》,法律出版社2008年版,第45—46页。

维、法治精神和法治适用所带来的裨益,并在这个过程中逐渐形成对法治的信赖和信仰,从而带动全社会树立对法治的信仰,形成法治惯性,培养良好的法治氛围,推动法治社会的建设。

最后,法治社会促进法治国家、法治政府的建设。真正的法治社会将人民群众满意不满意作为重要衡量标准,民意表达渠道畅通,人民群众的地位得到尊重、自由得到保障、权利得到实现。"法治社会的精神在于法律之外的社会"①,在法治社会状态下,社会肌体发育健全,社会组织发达,社会组织的自我管理、自我组织能力得到全面发展,社会自律水平较高,整个社会处于稳定有序的发展状态,并能为法治国家的建设提供良好的环境。因此,法治社会的建设有助于法治国家的建设。法治社会建设也能够促进法治政府的建设。政府的权力是人民通过法律赋予的,其行使也受到法律的约束。法治社会中社会成员普遍具有较高的法律意识,能积极维护自身的合法权益,如果政府有损害自己的行为,人民群众可以通过合法途径,要求政府对该行为进行纠正。同时,社会成员可以通过透明的渠道获知政府的行政行为,监督政府权力的运行。法治社会对于政府的适度制衡能够更好地帮助政府维护人民群众的普遍利益,促进法治政府的建设。

基于三者之间存在的密切关联,为了更好更全面地推进依法治国,我们必须协同一体推进法治国家、法治政府、法治社会建设。全面依法治国犹如一座大厦,法治国家、法治政府、法治社会是大厦的三大支撑,不把三者进行一体建设,就可能导致某一方面畸形发展,进而影响全面依法治国的系统推进。我们需要充分发挥全面依法治国的统筹引领作用,确定三者一体推进的策略。同时,充分发挥人民主体地位和人民群众在三者协同推进中的力量,加强法治知识宣传教育,引导人民群众

---

① 汪习根主编:《发展、人权与法治研究——法治国家、法治政府与法治社会一体化建设研究》,武汉大学出版社2014年版,第29—30页。

095

树立对法治的坚定信念，用法律维护自身权益，监督国家权力的运行，促进三者一体化建设。事实上，法治国家、法治政府、法治社会是社会主义法治建设目标在不同层面和角度的表现，它们共同构成了法治中国建设的主体内容。

四、全面依法治国的关键环节

全面推进依法治国是完整系统的谋划和设计，包括法治队伍的建设、"关键少数"的抓紧、依规治党和反腐败斗争以及公平公正的实现等关键环节。这些环节之间有内在的密切联系，它们是否能够正常运转直接影响着全面依法治国能否顺利推进。

（一）加强法治工作队伍建设

全面推进依法治国制度是基础，人是关键，这里的"人"是指在法治运行过程中从事法治工作的队伍和人员。没有制度基础，法治便无规范可依，全面依法治国便无以附着；有了制度基础，法治运行是否顺畅，能否实现立法的本意，体现法治所要彰显的价值和追求，法治工作队伍则显得至关重要。因为法律的运行和适用，不是机械和教条的，其刚性约束中有着自由裁量和人文关怀，这种裁量和关怀能否很好地适用和使用，直接影响法治成效的好坏。习近平总书记对于法治工作队伍建设十分重视，他 2013 年以来在政法工作会议上的讲话、就政法工作作的指示、对邹碧华事迹作的批示、在中国政法大学考察时的讲话以及公开发表的理论文章中都包含了重视和加强法治工作队伍建设的重要内容。全面依法治国方略对法治队伍建设主要从三个方面予以强调。

首先，科学厘定法治工作队伍的人员范围。加强法治工作队伍建设，需要明确这支队伍的主体是谁，包含哪些对象。我国专门的法治队伍主要包括在人大、政府、其他行政机关和司法机关从事立法、执法和司法工作的人员。① 这是我国法治工作队伍中的第一支队伍，也就是"专门的法治队伍"。这是一支高度职业化和专业化的法治运行工作队伍，这支队伍是我国社会主义法治建设的中坚力量。此外，习近平总书记还指出，以律师为代表的法律服务队伍是全面依法治国的一支重要力量。在推进我国民主法治建设的过程中，律师队伍曾经有过不那么受重视的时候，这是忽视法治的另一个表现。事实上，在提供法律服务和处理法律纠纷时，律师是不可或缺的重要力量，在控辩审中，律师缺位对权利保障而言是极难的。在新时代，对于律师队伍的重视就是全面推进依法治国的很好体现。我国法治队伍中的第三支队伍是法治科研和法律人才队伍。社会主义法治的发展进步需要在实践的基础上加强理论研究和创新发展。马克思主义法治理论的中国化，社会主义法治实践经验的总结，新时代中国特色社会主义法治理论的发展进步，乃至在国际法治领域发声，都离不开法治的科研队伍和法律人才队伍。

其次，明确法治队伍建设的重要性。法治工作三支队伍的科学厘定，是基于法治运行环节和法治发展指向，也是基于对法治工作队伍重要性的认识作出的判断。法治工作队伍的重要性由特定的岗位和职责所决定。全面依法治国作为国家治理的基本方略，是通过法治工作人员来实施和展开的，法治工作人员担负法律赋予的特定职权和使命，极大地影响着公共利益，而公共利益的保障与否，又直接影响着公民个人的权益和社会的安定。例如，完善的法治体系需要可靠和有效的保障，而人就是组织保障和人力保障的最大支持。截至 2017 年 7 月，全国地方各级法院共有入额法官近 12 万名。2018 年，全国地方法院审结 2800 余万件案子。截至 2017 年，我国有注册执业律师 27 万名，而全国法院每年

---

① 中共中央文献研究室编：《习近平关于全面依法治国论述摘编》，中央文献出版社 2015 年版，第 103 页。

仅民商事案件的审结量即达850多万件，其中有律师代理的不超过200万件。① 从法治工作队伍的人员数量情况可见，我们的法治队伍面临严重的人员紧缺情况。没有充足的人员保证，对于法治实践主体重视不够，导致法治工作人员高负荷开展工作，势必会对法治运行和法律服务工作的开展带来不利影响。此外，良法是善治的前提，作为法律执行、适用和使用的主体，法治工作人员只有具备了专业处理公共事务和准确开展法治工作的能力，才能科学地进行工作。法治工作人员如果思想不过关、业务不熟练、专业性不强，势必影响法律适用的效果，即使有了良法也未必能达到善治的目标。

最后，对加强法治队伍建设提出明确要求。因法治工作队伍由三个主体组成，各主体之间存在性质、权责任务的诸多差异，习近平总书记对不同的主体都提出了要求，这些要求包括相同部分和不同部分两个方面。相同部分体现在，无论是专门的法治队伍、法律服务队伍还是法治科研和法律人才，都要筑牢理想信念教育，忠于社会主义法律的基本要求，这也是我国社会主义法治的应有之义。不同部分体现在，对于专门的法治队伍，还应加强法治信仰、增强业务能力、培育职业道德、改进工作作风、加强纪律建设等。对于法律服务队伍，要使律师结构多元化，形成优势互补的律师队伍体系，提升法律服务队伍的业务素质，加强执业保障和对欠发达地区法律服务的倾斜照顾等。而法治科研和法律人才，是我国法治建设的未来和希望，要加强法学教育、法学研究工作者和法治实际工作者之间的交流，着眼于培养熟悉我国国情，具有深厚理论造诣的法律人才，这不仅对提升我国全面依法治国理论有着极大的作用，而且能将我国社会主义法治经验和模式分享给其他国家和地区。

---

① 张文显等：《全面依法治国：迈向国家治理的新境界》，党建读物出版社2017年版，第180页。

（二）抓好领导干部这个"关键少数"

九千多万共产党员相较于 14 亿多中国人而言是少数，而党员领导干部相较于九千多万名党员更是少数中的少数。全面依法治国强调："全面依法治国，必须抓住领导干部这个'关键少数'。这也就是我们党一直强调的，政治路线确定之后，干部就是决定因素。"[1] 习近平总书记提出的抓好"关键少数"是全面推进依法治国的重大理论和实践创新，其从"关键少数"出发，明确"关键少数"的重要作用并系统回答了如何抓好这个"关键少数"。

首先，明确"关键少数"的角色定位。"少数"指党员领导干部在我国的政治体制中的人数少。为什么"关键"？因为承担着重要职责，发挥着重要作用。这里包含着深刻的辩证唯物主义逻辑。在推进从严治党的过程中突出"全面"，这是对全党的要求，在全党这个"多数"上做文章，是对全体党员的一次政治体检。在党内形成严抓严管的治党管党氛围，这是抓住了党作为执政党这个主要矛盾，这也是新形势下党加强自身建设的必然要求。抓好"关键少数"则是抓住了主要矛盾的主要方面。在一个时期内，党员领导干部没有发挥应有的作用，管党失之于"宽松软"。在新时期全面推进依法治国的进程中，我们一方面要推动依规从严治党，抓好这个面；另一方面则要定位在党员领导干部这个"少数"上，抓好这个点，这样才能点面结合，推动治理的进步和发展。如果只抓住了主要矛盾而没有看到矛盾的主要方面，对全面有效地推动法治建设显然是不利的。

其次，明确"关键少数"的功能定位。党对全面依法治国的领导体现为规划顶层设计和完善具体制度，而具体领域的决策和实施、具体

---

[1] 中共中央文献研究室编：《习近平关于全面依法治国论述摘编》，中央文献出版社 2015 年版，第 118 页。

工作的开展,则需要分解到各个层级和单位,由它们配合完成,因此各部门、单位的党政领导干部是法治建设工作开展的具体实践者,对于将顶层设计落地落实有着至关重要的作用。领导干部同时还是法治发展建设的领导者,引领社会价值、树立社会风气的示范者。领导干部的身份并不高于社会公众,也并不享有特权,相反,作为公权力的执行者,领导干部应当具有比人民群众更高的思想觉悟。全面推进依法治国,领导干部首先要做到带头尊法、学法、守法、用法,树立法治观念,提升法治能力,这将对社会产生极大的示范效应。正面的示范效果是明显的,反之,如果领导干部不遵法、守法,带来的反面的效果也会成倍地放大。正如习近平总书记强调的,各级领导干部如果对法治建设产生正面作用,必将是关键助推作用,如果是负面作用,则将是致命破坏作用。[①] 如果领导干部法治观念淡薄,人治思维、特权思维严重,势必难以充分发挥党在全面推进依法治国中的组织领导作用,也会破坏领导干部在人民群众中的形象,阻碍法治社会的建构。

最后,明确抓好"关键少数"的路径方法。习近平总书记在一系列讲话中指出了抓好"关键少数"的方法路径:一是把法治信仰与忠诚于党的事业统一起来,把法治内化为领导干部的深刻认同,使其自觉把法治作为行动的指南,在具体工作中维护法治权威地位,增强全面依法治国的使命感和紧迫感,清醒地认识到尊法守法是职责所在,学法用法是工作所需,自觉反思并纠正领导工作中存在的法治漏洞,充分发挥正面示范作用。二是塑造法治思维,提升领导干部法治能力。法治思维是指"执政者在法治理念的基础上,运用法律规范、法律原则、法律精神和法律逻辑对所遇到或所要处理的问题进行分析、综合、判断、推理

---

① 中共中央文献研究室编:《习近平关于全面依法治国论述摘编》,中央文献出版社2015年版,第120页。

和形成结论、决定的思想认识活动和过程"①。有了法治思维这个前提，法治能力才能跟上，法治思维的树立有利于领导干部以法治标准判断是非和选择行为，做到凡是与法治相悖的工作理念、工作作风都加以否定。当前少数干部行政不作为、办事不公、效率低下，从根本上说是没有形成法治思维，因此也谈不上有什么法治能力了。党注重使用和培养法治素养高、法治信仰坚定的优秀人才，就是对法治思维和法治能力的正面确认。三是坚持依法用权。党通过推行权力清单制度，让权力晒在阳光底下，让领导干部晒在阳光底下，既便于公众监督，也有利于防止权力滥用，防止腐败的滋生。同时，党加强法治政府的建设，以法治方式界定政府和市场的界限，"让政府的归政府，市场的归市场"，减少领导干部权力寻租、任性用权的可能性。

（三）实现依法治国、依规治党相统一，进行反腐败建设

习近平总书记在十九大报告中将依法治国和依规治党有机统一作为全面依法治国基本方略的重要内容加以强调。② 20世纪中国政治发展历程表明，先有中国共产党及在其领导下取得的革命胜利，然后才有社会主义的新中国、政府和制度。党是社会主义国家、政府和制度产生的先决条件和逻辑前提，所以我们一直有一个基本理念，那就是没有共产党就没有新中国，没有新中国的一切。新中国这一政治体系的生成逻辑说明，没有中国共产党，社会主义的国家、政府和制度就不复存在。苏联解体提供了这样一个事实：苏联共产党宣布解散，接着，政府垮台，制度废除，国家解体，就像多米诺骨牌一样。而西方国家执政党的更替并未出现这一效应，执政党下台了，另一政党取而代之，政府更迭而制度和国家纹丝不动，这一现象从西方现代政党制度产生至今已持续了近

---

① 姜明安：《法治、法治思维与法律手段——辩证关系及运用规则》，载《人民论坛》2012年第14期，第6—9页。
② 习近平：《习近平谈治国理政》第3卷，外文出版社2020年版，第18页。

200年。为什么同样是政党政治的国家却出现了两种完全不同的政治景观？这是因为，西方国家政治体系的生成逻辑完全不同于社会主义国家。在西方，资产阶级革命胜利后建立资本主义国家，即他们所谓的民主国家，随后才有政府和制度的建立，这种模式运行了一两百年后才产生了政党——政党产生于议会内部并自然地嵌入了政治体系。在社会主义国家，共产党产生时，处于当时的政治体系之外，它不是要将自己嵌入这个政治体系，而是要推翻它，建立一个新的政治体系。与此同时，它也被当时的政治体系所排斥，甚至被当作要消灭的对象。从各自的政治生成逻辑可以看出，在西方，国家、政府、制度是政党产生的依托，因此，政党的更迭甚至解散并不会影响到制度与国家的存在和运转。而在社会主义国家，共产党是政治体系的依托，共产党领导的革命取得胜利之后才建立起了政府、制度和国家构成的整个政治体系，因此，共产党的解散或更替就意味着政治根基悬空，带来的只能是整个政治体系的坍塌。我们认为，办好中国的事情关键在党，西方国家则主张法律或制度至上，不同的理念都是基于各自政治体系不同的生成逻辑而产生的。由此可见，在我国，管党治党、从严治党是党的事业的重中之重，从严治党是维系整个政治体系的根本。[1] 两种完全不同的政治逻辑，决定了我们不可能效仿西方政治体制那一套内容，也决定了党从严依规治理的重要性和迫切性。

政党从产生之日起就是一个不同于其他社会组织的特殊的政治集团，它是一个以获取、掌握、参与或影响国家政权为指向而出现的政治组织，共产党也是如此。但是，与其他政党不同，共产党并不像当今世界绝大多数政党那样以掌握国家政权为终极目的。对共产党来说，执掌国家政权只是手段，而教育、引导民众接受党的理念与主张并支持党创

---

[1] 王俊拴：《新时期政治理论新探索》，中国社会科学出版社2018年版，第61—66页。

造和建设一个全新类型的社会才是最终目标。《共产党宣言》把这一目标称为共产主义社会，并认为工人阶级革命的第一步就是要使无产阶级成为统治阶级，争得人民自主的民主，并尽可能快地增加生产力的总量，这样，共产主义新社会就必将代替那存在着阶级和阶级对立的资产阶级旧社会，而这个新社会将是这样一个联合体：在那里，每个人的自由发展是一切人自由发展的条件。这是马克思在揭示资本主义社会内在矛盾及其运行规律的基础上对共产党历史使命的理论概括和现实指向。对共产党而言，共产主义的最高理想并不是一朝一夕就能够实现的，需要经历一个非常漫长的会遇到许多艰难险阻的历史过程，共产党人只有一代又一代、一棒接一棒长期不懈地探索，坚韧不拔地持续努力和无私奉献，才能不断地向这一目标靠近。正因为如此，中国共产党人才将实现这一未来目标的非常长的历史过程分解为社会发展的若干个历史时期，又进一步把这些历史时期具体化为一个个发展阶段，并依据社会发展阶段规划和设定社会发展目标，制定实现目标的战略策略，描画发展路线图。随后，共产党发动和领导人民群众实现该阶段既定目标，然后再实现下一个阶段的目标，从而不断前进。正是在这种推动社会发展模式的基础上，中国共产党形成了对国家与社会的特有的领导方式，中国社会形成了特有的发展模式。中国共产党实现共产主义社会的历史使命及其特定领导方式的运行，需要有一个根本性的前提条件，这就是共产党连续的、长期的执政。我们不能实行西方国家那种轮流执政的政党制度，因为轮流执政带来的必然是共产主义事业的中断，是社会发展方向的改变和发展进程的断裂。而连续的、长期执政的党，必须是一个对自己一以贯之从严治理的党，是一个因从严治理而永葆先锋队性质的党。

基于党和政府、国家之间的产生逻辑，依法治国和从严治党之间存在密切的关联，只有坚持全面依法治国，党才能始终依法执政、依宪执政，永葆党执政的能力和活力。从严治党决定了依规治党是行之有效的制度化手段，依法治国和依规治党统一于执政兴国这一要务，使得党和国家在制度化的轨道上行稳致远，确保国家的长治久安。此外，反腐败建设也是依法治国和依规治党两者都明确指向的一大重点规制目标。①从依法治国的角度来看，法治的核心要义在于权力制约，没有制约的权力必然导致腐败。从依规治党的角度来看，党作为执政党，为了确保肌体的健康，增强执政能力，长期执政、连续执政，实现执政目标，也不允许腐败现象在党内滋生和发展蔓延。反腐如何反，反腐败的体制机制如何构建，这是人类进入政治文明以来就需要面对的问题，不同的国家对于腐败的预防和惩治也有区别，我国反腐败建设主要有以下措施：首先，把腐败作为党执政的最大威胁，把反腐败斗争工作摆在更加突出的位置。习近平总书记多次对加强反腐败工作作出重要指示，提出要将反腐败建设纳入新时代管党治党的整体布局当中，这是对反腐败工作空前的重视。其次，通过法律和党规党纪的系统架构和制度设计，依托依法治国和依规治党相统一的路径扎紧反腐败制度的笼子。国家《监察法》的颁布实施，《中国共产党纪律处分条例》《中国共产党党内监督条例》等一系列党内规章的修订出台，纪检监察双重领导的体制完善，反腐败的三种手段——惩治、预防、教育的有机结合，使党员干部在国法党纪的层层重压和规制之下"不敢腐"，在国家监察体制改革后的全面监督之下"不能腐"，在思想引导讲规矩纪律信仰，弱化腐败动机后"不想腐"。②党的十八大以来，通过强化依法治国与依规治党的有机统一等系统化制度手段，反腐败建设取得的成绩是新中国成立以来管党治党领域前所未有的。

---

① 宫铭、王希鹏：《巩固和推进反腐败斗争新格局》，载《红旗文稿》2018年第4期，第37—38页。
② 杜治洲、徐江旭：《习近平新时代中国特色社会主义反腐败思想的系统呈现——评〈党的十九大全面从严治党精神十二讲〉》，载《中国图书评论》2018年第11期，第14—18页。

（四）保障社会公正的最大实现

价值关怀是思想理论的生命力所在，全面依法治国的强大生命力正体现在它深切的价值关怀上。公正是人类在法治理论和实践中矢志不渝的追求。习近平总书记深刻指出，法治的生命线是公正。我们党追求的一个非常崇高的价值就是公平正义，全面依法治国的推进要围绕保障、促进社会公平正义来进行。① 全面依法治国方略对公平正义的价值关怀体现在以下三个方面。

一是公正作为法治的一种价值追求具有普适性。"公正"从字面意义上看，包含公平正直和公平正义两重含义。正直是对行为主体的描述，正义是对结果的描述，二者本质上是一致的，只是从行为主体和行为结果两个层面进行了不同的描述——正直的主体才能带来正义的结果，正义的结果也需要正直的行为主体。在西方法治理论中，对公正理论的探讨不计其数。弗朗西斯·培根认为不公正的判断会破坏"水源"，② 以此比喻描述不公正带来的巨大影响。罗尔斯则认为法律和体制如果是不正义的，那么无论它们多么有效，多么有条不紊，也会为人们所背弃，这说明对于公正价值的追求十分重要。③ 这是西方法治理论上对公正的重视和强调，在法律制度设计和实践中，回避制度、权力制约制度、重视法律程序性等都是对公正的追求的制度化体现。

二是社会主义的法治对公正的实现提出了更高的要求，这是党的性质和我国的政治体制所决定的。全面依法治国坚持将党的领导、人民民主和依法治国相统一，这是我国根本的政治体制，决定了我们推行的全

---

① 习近平：《习近平谈治国理政》第2卷，外文出版社2017年版，第129页。
② ［英］弗朗西斯·培根著，水天同译：《培根论说文集》，商务印书馆1983年版，第193页。
③ ［美］约翰·罗尔斯著，谢延光译：《正义论》，上海译文出版社1991年版，第4页。

面依法治国是以保障广大人民群众的根本利益为前提和出发点的。法治是党带领人民当家作主，实现国家良法善治的重要手段，是人民运用法律的途径固化自身权益的制度化体现，从根源上体现的就是对人民群众权利的保护。依法治国这一顶层设计就是人民权利的宣言书，保障了法治的公正公平性，揭露了西方资本主义式的民主法治的虚伪性。这是社会主义制度优势的体现，对公正的价值追求始终高悬于法治工作之上。

三是社会主义的法治提出系统方案，能够更好地实现对公平正义的追求。社会公正的实现受多种因素的影响，其中最为重要的因素是制度因素、主体因素、司法机制、客观限制以及社会意识等。① 在保障社会公众利益最大实现的基础上，社会主义法治在立法、执法、司法等环节更加注重对公平正义的保障。在立法环节，2015年，全国人大通过了修改《立法法》的决定，强化了立法的民主性，提出在规划、起草、修正等多个环节强化人大的作用，强调立法的公民参与，使"科学立法"的步履走得更加坚实。在执法环节，社会主义法治强调法治政府建设、将权力晒在阳光底下，增强对行政执法权的监督，完善国家监督监察机制，这是执法环节的制度性保障。在司法环节，司法机制和主体因素对公正的实现有较大的影响，司法机制直接影响司法效果。在司法体制上，省级以下地方法院、检察院人财物统一管理，深化审批权运行改革、法官员额制改革、法官遴选制度改革等一系列司法体制机制改革举措的推出是公正实现的有力保障。② 同时，全面依法治国在司法环节更加注重对公平正义的维护，例如，在将形式正义和实质正义相统一的基础上，对冤假错案的纠正就是公正的有力体现。冤假错案的实质就是国家公权力对公民的伤害，其首要危害是以合法的形式非法地剥夺公民的

---

① 卓泽渊：《法治国家论》，法律出版社2008年版，第373—374页。
② 最高人民法院中国特色社会主义法治理论研究中心编写：《法治中国——学习习近平总书记关于法治的重要论述》，人民法院出版社2017年版，第225—230页。

财产、自由乃至生命，可能使人名誉扫地、财产损失、身陷囹圄、家破人亡。冤假错案一经产生，会对既存的社会秩序产生极大的破坏力，使守法的社会公众对国家和法治产生莫名的恐惧，严重损毁社会对法治的信赖以及社会公正、司法公正和司法权威，也会间接影响党领导下的法治体系、党的执政权威和公信力。有人说，九十九个正确审判的案件所带来的正面引领效果，也不能抵消一个不公正司法审判所带来的负面效果，这充分印证和说明了法治公正的重要性和价值导引效应。呼格吉勒图案等经过复核纠正，还当事人以迟到的正义，还法治以尊严，便是全面推进依法治国理论与实践对公正的极大保障和实现的例证。社会意识是影响公正实现的又一重要因素，如果社会意识是畸形的，公正的结果也会受到社会的责难，不公正的结果却不会受到社会的谴责，因此人们要提高法治认知水平，增强法律意识，对不公正进行监督，对公正进行褒扬，进而在全社会形成崇尚公正、实现公正的良性循环。

五、全面依法治国支持人类命运共同体建构

新时代的中国在经济、政治、文化、外交等方面已经逐渐成长为世界舞台举足轻重的力量，任何国家都无法忽视中国在世界格局当中发挥的作用，这是基于中国发展实际作出的客观判断。同时，由于全球化的深刻影响，人类从未像今天这般如此紧密地联系在一起，成为一个命运共同体。一个新兴的发展中大国，有着明确的世界定位，也有着强烈的发展和"走出去"的诉求，因而基于国内治理深化和国际格局变化的现实需要，以及对更加合理的国际秩序和人类命运共同体目标的向往和期待，习近平总书记着眼国内治理发展与国际秩序建构，对推动人类命运共同体建设提出了一系列具有前瞻性和实践性的论述。

（一）新时代中国的世界地位

当今的中国是一个有着九千多万名共产党党员的世界第一大党长期执政下的中国。在中国共产党的带领下，经过革命年代的浴血奋战、建

设年代的励精图治和改革开放四十多年前仆后继的努力，中国取得了举世瞩目的巨大成就，开创了中国特色社会主义伟大事业，将一个备受列强欺辱、历经百年沧桑的文明古国，成功转变为世界第二大经济体，对世界经济增长贡献率超过30%，在经济体量上取得了骄人成绩。同时，中国致力于减少贫困发生，为世界作出了巨大贡献。改革开放以来，按照现行贫困标准计算，我国7.7亿农村贫困人口摆脱贫困；按照世界银行国际贫困标准计算，我国减贫人口占同期全球减贫人口的70%以上。① 经济、政治、外交等各个领域，中国的国际影响力都与日俱增。因此，中国的任何变化都会引起世界各国的关注乃至重大决策的变化。世界关注中国，是因为中国发生的事情与他们的切身利益以各种形式联结在一起，这都是新时代中国取得的成绩和作出的贡献所带来的。

近代以来，我国的大门两次打开，一次是由外向内的被动推开，一次是由内向外的主动开放；前一次是马克思所说的被列强的坚船利炮所轰开，而后一次是推动改革开放，向外开放，与世界接轨。② 通过改革自己的内部制度体系对标国际秩序，可以韬光养晦，因为"接轨"是按照他人的规则、模式和既有秩序来进行的，以从属者和跟跑者的姿态发展前进，不容易与其他国家发生根本性冲突，做规则的随行者，也不会对国际规则发起挑战。但随着改革发展的不断推进，中国逐渐成长为世界格局中举足轻重的力量，和平崛起成为必然。③ 党的十八大以来，在以习近平同志为核心的党中央带领下，我国在改革上大刀阔斧，在发展上谋变求新，形成了国家发展治理的新范式，且在国家治理未来的发展方向和规划上形成了非常明确的路线图。两个全会通过了500多项改

---

① 习近平：《习近平谈治国理政》第4卷，外文出版社2022年版，第130页。
② 郑永年：《未来三十年——改革新常态下的关键问题》，中信出版社2016年版，第215—217页。
③ 郑永年：《未来三十年——改革新常态下的关键问题》，中信出版社2016年版，第215—217页。

革方案，着眼的都是未来30—35年的规划。与此同时，外部环境直接影响中国内部的持续发展，也影响我国事业发展的外部氛围，而且中国在全球化的过程中，已经将自己深深地嵌入了世界的各大体系和运行环节当中。基于今天中国在世界的地位和作用，我们已然成为世界经济政治舞台的主角，我们不可能也不应该蜷缩在世界的一角，当前的形势决定了我们要"走出去"，这种"走出去"包含了资本的外走、文化的传扬、制度的传播等方面，这势必让我们与世界舞台上的既得利益者产生矛盾和冲突。

中国的"走出去"不是一厢情愿的，而是中国的内部需要和外部需要高度契合助推的。以"一带一路"的建设为例，"一带一路"沿岸沿线大部分国家都是发展中国家，有的甚至是极度贫穷的国家，基础设施建设非常落后，人民生活水平低下。这些国家和人民的现实需求是摆脱当前的贫困状态，实现国家的进步和发展。中国有这个意愿而且有这个能力帮助他们实现这个目标，因而中国的"走出去"适逢其时。不过我们也应看到，我们也面临"走出去"的实践和经验上的短板和不足，世界格局中的既得利益者会阻碍我们，有的问题会反复出现，但这都不是影响和动摇"走出去"的理由，我们现在的要务不是思考要不要"走出去"，而是如何更好地"走出去"。说到底，在国际社会中，所有大国的地位和权益都是斗争出来的，今天的中国有了走向世界、和平崛起的机会，因而尽管有风险和困难，我们也要奋勇前行。

(二) 倡导形成全球治理新格局

全球治理，顾名思义是在全球化的语境下来讨论应对世界共同难题的方式和方法。"全球治理"概念肇始于20世纪90年代，由联邦德国社会民主党主席、德国总理维利·勃兰特最先提出，之后，对该议题的研究、阐释长期为西方政界和学界主导。① 从目前的形势来看，全球治理的进程已经远远落后于全球化，提升全球治理能力和水平迫在眉睫。我国在国际体系中具有引领全球治理的合法性，但我国参与全球经济治理经历了一个探索的过程。在近现代史上，我国是被强行带入全球格局当中，被动地卷入世界经济政治体系的。中华人民共和国成立后对亚非拉第三世界国家的支持、援助，可以视为中国对于全球治理的参与。但是这种意义上的参与中，制度对抗和意识形态层面的成分比较多。中国在实质意义上参与国际治理是在改革开放以来尤其是冷战结束，意识形态的对抗缓和之后，是随着中国与国际社会的联系不断加深而逐步实现的。② 如今，中国的改革开放走过了40多个年头，作为维护世界和平稳定和推动发展的重要建设力量，我们应以更加积极的态度参与到全球化的进程中。

习近平总书记指出，世界格局很大，面临的问题那么多，国际社会强烈期待听到中国的声音、看到中国提出的方案，在国际场合中国不能缺席。③ 党的十八届五中全会通过的《第十三个五年规划的建议》中提出，要"坚持统筹国内国际两个大局"，在法治领域，在全面推进依法治国的实践中也需要协同国内法治和国际法治两个大局。在国内治理上，中国特色社会主义发展道路和治理模式打破了西方发展模式的资本主义基本逻辑，走出了一条社会主义的发展路径，为世界的发展提供了新的发展范式和路径选择。中国在以西方为主导的规则体系和世界格局里，能够始终坚持走自己的道路，使世界上首次出现了非西方式的成功

---

① 吴海江：《以人民为中心的发展思想研究》，人民出版社2019年版，第209页。

② 王浩主编：《全球经济与金融治理》，中央编译出版社2017年版，第21页。

③《国家主席习近平发表二〇一六年新年贺词》，载《人民日报》2016年1月1日，第1版。

经验，这本身就是一种世界性的胜利。① 平衡政府与市场的关系、协调改革与法治的关系、以人民为中心、保障社会公平、制度化体系化反腐倡廉建设等等，这些具有中国特色的制度性治理方案和成功实践为其他国家治国理政提供了新的选项和蓝本，也为国际治理提供了中国智慧。

习近平主席在2015年9月在纽约联合国大会一般性辩论时的讲话，在2017年1月在联合国日内瓦总部发表的演讲当中，阐述了中国关于构建人类命运共同体的总体思路和实施路径，既有对历史经验的逻辑总结，也有对未来的展望。这是习近平主席构建以倡导建构人类命运共同体的方式在谋划和思考，在全球治理新格局中，中国如何发挥应有的作用，作出应有的贡献。他强调，要高举人类命运共同体旗帜，使国际秩序和全球治理更加公平合理。在经济领域为世界经济发展贡献率超过30%的中国，在政治、文化和安全等层面，也对国际规则和秩序的调整具有重大影响，中国有能力也有责任积极推动和引领全球治理，推进全球治理格局和秩序进一步完善。作为新兴经济体的主要代表，积极参与全球治理不仅对我国自身发展有着重要影响，对国际经济政治新秩序的建立也意义重大。在参与全球治理时应明确的是，我国是一个发展中国家，处于并将长期处于社会主义初级阶段，因而要在承担国际义务和享有国际权利之间取得平衡。中国是全球治理的建设者和协调者，积极参与全球治理的体系建设和议题设置以及规则制定等，倡导建立不同于布雷顿森林体系的新国际经济政治秩序，积极推动世界经济一体化，同时以 G20（二十国集团）等多边外交平台为依托协调新兴大国和老牌西方发达国家的关系，为建设世界新秩序作出努力，改革当前全球治理机制中不合理、不公正的地方，以期建立全球治理的中国话语体系。随着我

---

① 周弘：《全球化背景下"中国道路"的世界意义》，载《中国社会科学》2009年第5期，第37—45页。

国的国内国际治理水平和能力不断提高，中国在国际体系中的地位也在不断上升，中国已经成为国际社会不可或缺的一部分，全球性事务离不开中国的参与，中国在国际舞台上发挥着日益重大的作用，为推进世界的发展贡献着中国力量。

中国已经成为国际格局中的重要力量，在解决全球性问题中发挥着无比重要的作用，中国提倡新型国际秩序观并代表发展中国家在国际事务中争取更多话语权。倡导构建人类命运共同体致力于营造合作共赢、共商共享、公道正义的世界秩序、国际关系和国际格局，让全球发展更有动力，更可持续，不断为人类作出更大的贡献，为全球人民谋发展和福祉。

第五章 全面依法治国方略的时代特征

全面依法治国基本方略立足于中国特色社会主义建设伟大实践，是马克思主义中国化成果在法治领域取得的时代新发展，是中国特色社会主义法治理论的最新成果，也是接续中国几千年文化传统对已有法治理论的发展与创新，具有鲜明的理论风格、强烈的时代新意和科学的实践导向。

一、鲜明的理论风格

在习近平总书记着力全面推进依法治国的论述与实践中，"时代""自信""改革""升级""战略""辩证"等都体现了其鲜明的理论风格。面对时代提出的命题，我国着力加强战略规划和统筹布局，大刀阔斧地进行改革，注重对已经取得的发展成果进行提质增效、转型升级，强调对法治道路、制度、模式的高度自信，通过高超的辩证思维能力驾驭复杂局面，推动我国法治建设和党治国理政的能力不断提升。全面依法治国方略鲜明的理论风格表现在以下几个方面。

（一）个性特征

全面依法治国方略的个性特征表现为以下几个方面。首先，针对新时代提升党治国理政能力开展法治理论与实践探索。围绕时代的核心主题进行理论探索，是确保一个思想理论体系具有鲜活性的基本前提。自习近平担任党的总书记以来，以其为核心的党中央围绕"新时代坚持和发展什么样的中国特色社会主义、怎样坚持和发展中国特色社会主义"① 这一时代核心主题，经过艰难的理论探索和实践尝试，淬炼升华出习近平新时代中国特色社会主义思想，这是对中国当前发展面临的时代大格局从理论上作出的系统深刻的阐述。全面依法治国方略作为习近平新时代中国特色社会主义思想的重要组成部分，其历史方位也必然是新时代。全面依法治国方略创造性地回答了"新时代为什么要全面依法治国、怎么样全面依法治国"这一重大法治问题。新时代意味着党要面对党内外和国内外执政环境新的考验，如果不能够因时制宜，不断增强治国理政的能力，增强为人民谋福祉的本领，党执政的合法性必然会受到怀疑。时代提出的问题、人民期待的事情、不利于党实现长期执政的问题就是党需要着力回答和解决的事情，因为"时代是出卷人，我们是答卷人，人民是评卷人"②。人民期待什么，党就追求什么，人民憎恶什么，党就坚决反对和抵制什么，这是新时代人民对党治国理政的最大期待。新时代全面推进依法治国从根本上是服务于党的治国理政、执政能力提升和满足人民需求的。全面依法治国基本方略抓住这一根本立意，围绕从严治党、依规治党、推进反腐败斗争等方面，对全面依法治国的一系列问题予以了系统回答，这是全面依法治国基本方略善于紧密结合时代主题、抓住根本问题作出安排部署的鲜明特征。

其次，把以人民为中心贯穿法治建设全程。习近平总书记强调："我们要顺应人民群众对美好生活的向往，坚持以人民为中心的发展思想。"③ 以人民为中心的发展理念，是历史唯物主义的深刻表现，是习近平总书记深厚的人民情怀的体现，也是推进全面依法治国的基本价值

---

① 习近平：《习近平谈治国理政》第3卷，外文出版社2020年版，第14页。
② 习近平：《习近平谈治国理政》第3卷，外文出版社2020年版，第70页。
③ 习近平：《习近平谈治国理政》第2卷，外文出版社2017年版，第40页。

引领和导向。全面依法治国作为党带领人民治国理政的一项基本方略，必然全程围绕法治发展为了人民、法治进步服务于人民权益保障的目标推进。无论是全面建成小康社会阶段的"法治小康"，还是建设社会主义现代化强国阶段的"法治强国"，法治发展水平都与国家发展状态相协调和匹配。社会主要矛盾的新变化，使新时代法治中国和法治现代化实现成为革命性要求。法治成为人民群众日益增长的美好生活需要的重要内容，人民群众希望参与和亲身感受法治的过程，更加关心公民知情权、表达权、参与权和监督权，不仅关注法治的实质正义，而且关注法治的程序正义，关注法律价值的彰显和程序的透明公开。人民的合法权益得到更有力的保障，意味着需要更加广泛、真实、管用的民主和更加平等、公正、安全的法治，需要将以人民为中心的法治理念贯穿于立法、执法、司法、守法的每个环节，需要做好以下几方面工作。第一，强调民主立法。立法是法治运行的首要环节，也是实现良法善治的前提，唯有制定了良法才可能施以善治。我国政治体制决定了全面依法治国是党的领导、人民民主和依法治国的统一，制度的顶层设计决定了法律就是人民权利的宣言书，决定了维护和保障广大人民群众的根本利益是立法的出发点和落脚点，法治的为民性由此而生。第二，强调执法为民。行政机关是国家公共机关和社会公共权力的代表。国家公共权力的行使基本都由政府执行，如果政府不能依法行使自己的权力，使政府权力高于法律，甚至完全脱离法律，背离人民利益，人民获得感、满足感将大打折扣，法治国家建设也会困难重重。执法的为民性体现在国家公共服务领域各项改革当中，如户籍制度改革、产权登记制度改革、税费改革、"放管服"推动、"最多跑一次"等等，体现在对执法队伍和执法人员的严格要求和管理上，也体现在对"关键少数"的法治思维培养上，以期让以人民为中心的理念深入执法为民的各个领域当中。第三，强调司法为民。习近平总书记强调："我们提出要努力让人民群众在每一个司法案件中都能感受到公平正义,所有司法机关都要紧紧围绕这个目标来改进工作,重点解决影响司法公正和制约司法能力的深层次问题。"① 司法作为一种非直接的、补救性的法律实施活动,其主要内容是运用法律规范对纠纷作出居中裁判,依据事实和法律对违反法律者加以否定评价,对受害者权利维护加以救济。由于司法环节主要系被动发起,往往表现为通过法律确证某一行为是否适格,故其在某种意义上具有终极定纷止争的作用。于是,司法就成为解决社会纠纷、保护社会公平正义和实现国家长治久安的一般渠道,其过程与结果公正与否,关系到社会公平正义能否最终彰显。公正司法能够使社会纠纷得到妥善的化解,使法律的公正价值得以呈现,有助于形成社会所需要的法律秩序。第四,强调全民守法。这是对特权思想、以权压法、权大于法的极大否定。对特权的否定就是对守法的肯定,也就是对最广大人民群众利益的有效保护。

最后,标本兼治,制度化推动反腐败建设。标本兼治、综合治理、惩防并举、注重预防,对腐败"零容忍",全方位、系统性、制度化推进惩治腐败和预防腐败体系建设,是十八大以来反腐败斗争的基本思路。这其中体现了深刻的内在逻辑和鲜明的制度导向,即"三个统一"——反腐倡廉治标和治本的统一、权力监督与制约的统一、内在规划与外在制度规范的统一。首先是反腐倡廉治标和治本统一,对腐败重拳出击、严惩严办,从治标上下手,既坚决查处领导干部违纪违法案件,又切实解决发生在人民群众身边的腐败问题。正如习近平总书记所言,要"坚持有案必查、有腐必惩,任何人触犯了党纪国法都要依纪依

---

① 习近平:《习近平谈治国理政》,外文出版社2014年版,第145页。

法严肃查处，决不姑息，党内决不允许腐败分子有藏身之地"①。同时，我国通过加强党内监督，着力健全党内监督制度，系统性推动反腐败建设，依托巡视巡察制度的落实和常态化施行，加快破解一把手监督的难题，致力于从治本上推进反腐败的建设。其次是注重"破"与"立"的统一，注重部分与整体、反腐倡廉小系统与治党理政大系统的统一。"破"是打破既有不合理、不符合时代要求、与社会发展不相适应的制度、做法、风气等的顽障。"立"是健全党内监督制度，健全选人用人管人制度，同时深化推行权力清单制度，使得政府最大限度地减少对社会微观事务的管理，以挤压和破坏权力寻租和腐败的空间。最后是增强反腐倡廉制度建设的系统性。制度化反腐倡廉被证明是具有较高可靠性的方法，但是如果制度构建不合理、不科学，也会直接影响制度适用的效果。反腐倡廉制度建设的系统性体现在党纪党规和国家法律制度的合理衔接，体现在主体规范的责任明确，也体现在部门法之间左右协调、上下联动和配套上。② 同时，教育、监督、保障等方面的一系列配套措施也需要形成系统性的规范，并统一于反腐倡廉建设的开展。这是全面依法治国方略中颇具理论特色和现实意义的重大之举。

（二）中国气派

全面依法治国方略的中国气派体现在以下几个方面。首先，它是彰显中华优秀传统文化的典范。文化是一个民族不断前行和走向未来的动力。中华民族创造了灿烂辉煌的文明，积淀了深厚的文化，形成了具有中华民族特质的精神根脉、民族基因和文化血缘，因此中华文明才绵延

---

① 中共中央纪律检查委员会、中共中央文献研究室编：《习近平关于党风廉政建设和反腐败斗争论述摘编》，中央文献出版社、中国方正出版社2015年版，第93页。
② 刘红凛：《新时代党的建设理论和实践创新研究》，人民出版社2019年版，第238—239页。

几千年，生生不息。正如习近平总书记所强调的，"在5000多年文明发展中孕育的中华优秀传统文化，在党和人民伟大斗争中孕育的革命文化和社会主义先进文化，积淀着中华民族最深层的精神追求，代表着中华民族独特的精神标识"①。中华优秀传统文化作为中华民族的精神源泉和文化根脉，具有极强的向心力和凝聚力，对推动中国特色社会主义事业发展，实现现代化和中华民族的伟大复兴具有重要的价值。

从历史中汲取力量，才能更好地走向未来；善于继承优良传统，才能创造新的辉煌。优秀传统文化是中华民族独一无二的文化力量，能不能把这种精神血脉传承和发展好，直接关乎我们的前行是否具有历史的厚重力量。我国高度重视对优秀传统文化的传承和创新发展，在治国理政的实践中，从中华优秀文化中汲取前行的力量成为弘扬中华优秀传统文化的重要方式，也成为全面推进依法治国的鲜明风格。习近平总书记提出，在治理国家时要有"治大国如烹小鲜"的态度，一心为公，勤恳工作；在生态环境建设上，要以"天育物有时，地生财有限，而人之欲无极"的智慧，调整人类需求和环境供给之间的平衡；在反腐败和党风廉政建设领域，要注重借鉴运用历史经验教训和成败得失，以历史思维推进反腐倡廉建设。习近平总书记注重在外交场合和外交领域推广和弘扬中华优秀传统文化，在联合国大会、在气候变化巴黎大会、在世界互联网大会等外交场合中，中国传统文化名言、历史典故、哲理故事往往成为靓丽的中国名片。另一方面，习近平总书记更加注重创新发展优秀传统文化，为中国特色社会主义事业发展服务，这在法治领域表现得尤为突出。习近平总书记明确指出："我国古代法制蕴含着十分丰富的智慧和资源，中华法系在世界几大法系中独树一帜。要注意研究我国古代法制传统和成败得失，挖掘和传承中华法律文化精华，汲取营养、择

---

① 习近平：《习近平谈治国理政》第2卷，外文出版社2017年版，第36页。

善而用。"① 这深刻地体现了对"民为邦本"等传统政治思想的推崇和弘扬。习近平总书记强调，法治建设要"坚持人民主体地位"，认识到"人民是依法治国的主人和力量源泉"，把维护和实现人民根本利益、实现人民福祉作为法治活动的价值旨归，②将法治建设贯穿到实现和保障人民幸福生活、稳定生活、美好生活的方方面面。在习近平总书记关于全面依法治国的重要论述中，对诸如"国无常强，无常弱。奉法者强则国强，奉法者弱则国弱""小智治事，中智治人，大智立法"③等经典论述的旁征博引，都是对中华优秀传统法治精华有深刻理解的体现。

全面依法治国方略中的许多内容，既体现了对中华优秀传统文化的尊重，更体现了对中华优秀传统文化的创新和发展，含括其中的家国情怀、价值取向、语言风格，都具有中国底蕴、中国风格和中国气派。

其次，它是国内外法治发展经验教训的中国表达。"明镜所以照形，古事所以知今。"习近平总书记在全面推进依法治国，加强法治建设的理论与实践中提出一系列新观点、新主张、新判断、新思路和新举措等，源自习近平总书记的历史唯物主义和辩证唯物主义思维产生的创新力、决断力和推动力。同样，习近平总书记许多判断、命题、观点也是在深刻地总结了历史与现实、国内与国外经验和教训基础上得出的科学结论。但他的表达完全不同于以往的对历史经验教训的表达的形式，而具有民族特色和中国气质。其对于历史经验的深刻表达，如对法治重要性的论述即通过我国古代历史加以述说：春秋战国时期，百家争鸣，治道之说异彩纷呈，居于西北雍州一隅的秦国将法家提出的"以法而治"奉为治国之道，自商鞅城门立木树信，表明固化"以法而治"的坚定

---

① 习近平：《习近平谈治国理政》第 2 卷，外文出版社 2017 年版，第 118 页。
② 秦哲、丰志刚：《习近平同志的治国理政思想的民族气质、中国特质与世界品质》，载《红旗文稿》2017 年第 4 期，第 12—15 页。
③ 中共中央文献研究室编：《习近平关于全面依法治国论述摘编》，中央文献出版社 2015 年版，第 12 页。

信心，通过严明法令，严格遵守执行法令，经过几代国君励精图治，从偏居一隅的小国成为战国豪强不敢小视的西部强国，奠定了秦国统一六合大势的基础。汉开国皇帝刘邦直取关中，进城即与百姓"约法三章"，这"三章"就是规矩和纪律，严明规矩制度和纪律为反转项刘战争局面和人心态势发挥了良好的制度和舆论作用，进而为刘邦开创汉室天下奠定了基础。汉武帝时期是中国古代封建社会第一个繁荣盛世，其间制定颁布了律令60余部，这些律令为后世所沿袭和发展，使用了将近400年。唐太宗贞观之治的开创，与太宗将法作为治国之重要手段不无关联。有人说，一部《贞观律》成就了贞观之治，而在《贞观律》基础上修订而成的《唐律疏议》，为大唐盛世奠定了法律基石。① 对于近代法治认识问题，习近平总书记也通过历史梳理加以阐释，即通过从戊戌变法和清末修律起到党执政70多年来，我国虽历经反复和颠簸，对法治仍初心不改地追求，印证党要带领人民治好国、理好政，片刻不能离开法治。不仅如此，习近平总书记还将深邃的历史思维和表达贯穿于与国外法治历史的对比当中，如他对3000多年前《汉谟拉比法典》的问世的提及，对德国法学家耶林著名论述"罗马帝国三次征服世界，第一次靠武力，第二次靠宗教，第三次靠法律，武力因罗马帝国灭亡而消亡，宗教随民众思想觉悟的提高、科学的发展而缩小了影响，唯有法律征服世界是最为持久的征服"的引用。可见，结合民族历史、民族文化来阐述观点是极富实践验证逻辑和理论说服力的。对于党能否依法执政、从严治党、严于律己，习近平总书记则从苏联等社会主义国家的实践出发进行阐释，指出苏共失败、苏联土崩瓦解的因素是多重的，有外在的客观制约和影响，也有苏共自身的主观原因，有历史的遗留因素，

---

① 习近平：《加强党对全面依法治国的领导》，载《求是》2019年第1期，第8页。

也有苏联发展的现实困境。但不可否认的是，苏联的解体归根结底是其领导者，即执政党苏联共产党自身导致的。苏共从普通党员至各级领导干部，丧失理想信念，管党治党毫无章法，党员对自己所加入的政党也不再信任，不再拥护，对党的信心动摇了，遇到敌对势力的攻击，势必土崩瓦解，因而苏联的解体也就不足为奇了。

最后，它是"四个自信"在推进全面依法治国中的生动体现。习近平总书记在庆祝中国共产党成立95周年大会上的讲话中指出："当今世界，要说哪个政党、哪个国家、哪个民族能够自信的话，那中国共产党、中华人民共和国、中华民族是最有理由自信的。"① 这种自信不是盲目的自信，而是以大量理论、实践和有逻辑说服力的事实和历史为依据的。中华悠久历史创造的辉煌灿烂文明，是新时代中国特色社会主义前行最深厚的历史底蕴和积淀。中国共产党带领中国人民经过艰苦卓绝的奋斗拼搏，将一个历经百年沧桑，倍受列强欺凌的泱泱大国，从一穷二白、颠沛流离的状态转变为世界第二大经济体，以昂扬的姿态屹立于世界民族之林，在实现民族伟大复兴的道路上阔步前行。在这样的历史和事实背景下，我们有充足的自信，因为这些巨大成就的取得是在社会主义的发展道路、指导理论、制度体系和文化思想的影响下取得的。

在全面推进依法治国的征程中，坚持中国特色社会主义法治道路、理论、制度和文化，是坚持中国特色社会主义道路、理论、制度和文化在法治领域的集中体现。全面依法治国方略本身处处彰显着"四个自信"。基于坚定的"四个自信"，习近平总书记提出并阐释了一系列有关法治的新论述，捕捉法治发展的时代脉动，指导全面依法治国的推进，并通过对"依宪执政""中国特色社会主义法治体系""从严治党""党纪与国法"等概念和关系的论述，有力地批判了西方所谓的"宪政

---

① 习近平：《习近平谈治国理政》第2卷，外文出版社2017年版，第36页。

民主""三权分立""司法独立"等理论与应用的狭隘性和局限性。依法执政、依宪治国、依宪执政是以中国共产党的领导和执政为根本前提和基础，以中国特色社会主义理论为指导的，是以国家、社会和制度运作产生的逻辑为前提的治国理政方式，与西方资本主义的宪政有着质的区别。如今，西方式的民主在现实的发展中遇到了巨大的困难，而我们在中国共产党的领导下，用依宪治国、依宪执政的理念，不断提升我国国家治理水平和治理能力，使民主法治建设、人权保障事业取得了前所未有的巨大成绩，用事实证明社会主义的民主发展道路是完全可行的，而且是可靠且有着巨大生命力的。法理上和实践中对西方式民主予以否定和批判，也为实证和传扬中国在民主法治建设上的理论与实践提供了最有说服力的验证。此外，全面依法治国方略将"从严治党""依规治党"纳入法治化轨道也是一大创举。有人认为，"从严治党是包括无产阶级政党在内的现代政党治理的内在要求"①，这样说似乎是要将中国理念上升为普适性价值，实际上却是法治理念不自信的表现，好像不把从严治党说成世界政党的普适性规则，我们就底气不足，我们党的做法就不具有合法性。事实并不是这样的，正如习近平总书记所指出的那样，"勇于自我革命，从严管党治党，是我们党最鲜明的品格"②。而轮流执政的西方政党并不具有这一特性。西方国家的执政党一般是指掌握中央国家行政权力、组织政府的党，至于地方国家行政权力则不一定属于在中央掌握行政权力的党。执政党不掌握司法权，更不掌握军队的领导权，不直接行使国家公共权力，也谈不上对社会的领导权。从这个意义上说，西方国家的政党是有限执政党。同时，西方国家的政党是靠"票决"上台的，成为执政党之后，其非常设的各级组织便"偃旗息

---

① 刘汉峰：《全面从严治党的思考》，载《中国特色社会主义研究》2015年第1期，第103页。

② 习近平：《习近平谈治国理政》第3卷，外文出版社2020年版，第71页。

鼓",等待下一次大选时才重新运作起来。① 执政党是以政府为载体面对民众的,党组织本身并不作为权力主体存在,在日常生活中并不经常地与民众直接打交道,而以"脱离"公民社会的形式存在,如果不是每隔几年上台执政的需要,它永远不会把自己和民众联系起来。西方国家这种以掌握国家政权为唯一目的而不让自身作为权力主体承担对民众的责任的执政模式,往往会落入"口头民主"的模式。所以,我们看到,在西方国家,民众的不满情绪往往是针对政府而不是政党的,政府成为民众与政党之间的缓冲地带,政府为政党提供了一个"安全屏障",这也是政党能够长期轮流执政的主要因素之一。另外,它以"台上台下"相互倾轧竞争的机制的外在约束进行政党治理,作为大众型政党而非先锋队政党,它谈不上什么从严治党的问题,在实践中也难以找到像中国共产党一样从严治党的经验事实。而从严治党实质正是中国共产党在管党治党、治国理政中最大的特质和最鲜明的底色,是我们独一无二的亮点。基于对此坚定的自信,我们可以将管党治党的系统理论和制度体系向世界作分享。

(三) 全球视野

全面依法治国方略的全球视野表现在以下几个方面。首先,是在不同文明交流互鉴下全面推进依法治国。"法治是人类文明的重要成果之一,法治的精髓和要旨对于各国国家治理和社会治理具有普遍意义,我们要学习借鉴世界上优秀的法治文明成果。"② 中华民族在发展历程中,一直非常重视文化的包容性,对于能够促进自身发展的其他国家、民族优秀的东西都能够兼收并蓄,也正是这种开放包容的胸怀,成就了中华

---

① [美]加布里埃尔·A.阿尔蒙德等著,顾肃、吕建高、向青山译:《当今比较政治学:世界视角》第9版,中国人民大学出版社2014年版,第88页。
② 中共中央文献研究室编:《习近平关于全面依法治国论述摘编》,中央文献出版社2015年版,第32页。

文化的繁荣。我们对外来文化的学习从来都不是机械教条的简单拿来，而是始终坚持以我为主、结合实际、为我所用、推广分享于有需要的国家和地区。全面依法治国基本方略作为习近平新时代中国特色社会主义思想的重要组成部分，其创新发展的逻辑源流就是在平等交流、互学互鉴的基础上，用马克思主义立场、观点和方法观照当前世界和人类面临的现实问题，使马克思主义中国化的最新成果以更为宽广的视野和更高的高度，传扬世界文明的多样性，使不同文明包容共享、和而不同，取得共同繁荣与进步。在全面依法治国当中，习近平总书记运用马克思主义的方法和观点去审视西方公平正义理论的内容、实现、保障、程序的正义、实质的正义等，并立足于西方法治理论中对不公正不公平现象出现的根源性反思不足，尤其是公平正义的司法保障显示出制度性无力等现象作阐释，并在全面依法治国方略中给出解决方案，这是对西方公平正义理论的借鉴与超越。权力制约是西方国家在法治理论与实践中的一种共识，也是民主国家法治的基本做法，但是其效果却不一样。习近平总书记对国家权力的性质和张力有着清晰的认识，强调要"把权力关进制度的笼子里"，用制度化手段"抓关键少数"，用制度化手段推进反腐倡廉建设，使得制度的笼子越扎越密，这些论述都是对西方权力制约理论的借鉴和改造。"文化因交流而多彩，文明因互鉴而丰富。"[①] 对各国人民创造的优秀文明成果，都应该采取学习借鉴的态度，都应该积极吸纳其中的有益成分，这是不同文明交流互鉴最生动的体现。

其次，是在国际新形势下加快推进全面依法治国步伐。国际形势急剧变化，资本主义深层矛盾进一步激化重叠，新自由主义和"华盛顿共识"破产，西方政治和经济正在经历制度性危机。全球"黑天鹅"事件频发，英国"脱欧"，特朗普上任，美国退出跨太平洋伙伴关系协

[①] 习近平：《习近平谈治国理政》第 2 卷，外文出版社 2017 年版，第 534 页。

定，贸易保护主义抬头，等等，严重冲击了全球一体化进程。资本主义制度性缺陷导致的民粹主义强势兴起，西方国家政治生态环境失衡，地缘政治冲突加剧，欧洲严重的难民问题无法解决，贫富差距拉大导致社会分裂、政治动荡，"逆全球化"思潮在世界范围内沉渣泛起，全球化走在了十字路口。可以预见，在未来一段时间，世界仍将面临复杂多变的发展态势。但近几年来，新兴经济体迅猛发展，以中国为代表的发展中国家成为拉动世界经济发展的重要力量，给世界经济发展带来了希望。"全球治理体系调整的注意力目前集中在中国身上。"面对当前全球变局，我们必须清醒地认识到，在新的世界格局和国际环境中，更应倡导公正、普惠、和平。在全球化低迷、新旧秩序更替、世界经济复苏的关键时期，作为发展中的大国更要勇担重任，让全球发展更有动力、更可持续，引领新的世界秩序的建构，积极推动全球化向更深更远发展，为人类作出更大的贡献。在这样一个人们紧密联系的"地球村"，气候问题、安全问题、能源问题、重大疾病问题、经济问题、政治问题、军事问题、外交问题，都交织在一起，不单纯是某一个国家或者某一方面的问题，所有国家和地区都需要有全球定位、世界意识、世界眼光、世界思维，有应对全球重大问题的战略意识。同样，全面推进依法治国这一基本方略也应放置于全球化这一背景下考量，与全球治理体制一起研究。以开放的眼界协同国内法治和国际法治两个大局，主动参与全球法治，在构建国际新格局的过程中，注重争取国际会议议题的设置，注重通过形成国际规则或者国际公约等确认国家的权益。在国际执法领域、解决国际争端时发出中国的声音，彰显中国的作用，通过加强涉外法治人才的培养，为国际话语建构和发声储备力量，为中华民族伟大复兴创造更加良好的外部法治环境。

可见，习近平新时代全面依法治国重要论述和全面推进依法治国不仅是正确对待世界文明成果的典范，也是将世界文明成果为我所用，积极"走出去",放眼世界,致力于建构国际新格局和新秩序的世界视野和情怀的典范。

二、强烈的时代新意

(一)法治核心理念的更新

核心理念是推动理论演进和实践发展的基本遵循。法治核心理念不是一成不变的,而是随着党的执政方式、执政方略和执政需要的改变而不断地调适、更新发展的。中国共产党从成为执政党的那一刻起,就面临着如何治理国家的问题,在执政的不同历史阶段,经历了从依政策治国到依法治国的艰难探索。① 在战争年代和社会主义革命时期的环境和条件下,党主要靠运动和政策执政有其历史合理性,然而在进入社会主义建设时期,特别是进入社会主义市场经济发展新常态时期和全面推进依法治国建设时期,党就必须完成从主要靠运动和政策执政到主要靠宪法和法律执政的转变,依法治国、依法执政是建设社会主义法治国家的内在要求,也是中国共产党执政的必然之选。

新中国成立,中国共产党成为执政党,人民当家作主成为现实,国家各项权力真正掌握在人民手中,人民意志体现在国家事务管理中,实现依法治国有了可能。但是,新中国是建立在半殖民地半封建社会的基础之上的,经济基础薄弱,人民群众文化素养普遍不高。面对满目疮痍的新中国,尽快恢复建设,完成社会主义改造,实现国家经济体制的根本性转变成为当务之急。建设不能停下步子等待法律来规范,而社会主义的法制不能摆脱旧中国的法统立刻生成,因此在新中国成立之初,在基本没有法律可以依循的背景下,我们将革命的惯性延续到建设中来,

---

① 马兆明、常桂祥、董文芳主编:《法治精神与中国共产党执政能力建设研究》,山东人民出版社2016年版,第224—226页。

各项改造和建设的推进基本以党的政策作为主要依据和规范，这是特殊阶段的客观条件所决定的。① 同时，高度集中的计划经济体制也决定了党的政策作为社会建设重要依据的必要性。"文革"期间，社会主义民主政治和法制建设进程停滞。此后，邓小平曾多次强调，要用制度，尤其是法制保证国家的长治久安，这成为党确立依法治国方略的重要理论基础。党的十五大把依法治国上升为治国战略，并于1999年通过宪法加以确认，这是党执政理念的一次重大转变。党的十六届四中全会作出了依法执政是党的基本执政方式这一科学判断。十八大以来，习近平总书记强调"宪法是国家的根本大法，坚持依法治国首先是坚持依宪治国，坚持依法执政首先要坚持依宪执政"②。这是新时期国家法治核心理念的新发展和新论断。宪法是党领导人民制定的权利宣言书，是党的意志和人民意志的高度统一，尊崇宪法作为根本大法的地位，保障宪法赋予的权利具有极强的示范效应，能为全面推动依法治国营造良好的环境氛围。习近平总书记在依法治国、依法行政的基础上提出依法治国的首要任务是依宪治国，依法行政的首要任务是依宪执政，正是尊崇宪法原则、恪守宪法精神、践行宪法使命的表现。同时，敬畏宪法、推崇宪法也是为了发挥以宪法为母法的其他法律规范在国家社会生活中的示范作用，从而不断提升国家法治建设水平和党的执政能力。

（二）法治价值追求的变革

法治价值是在法治和人的相互关系中，法治对于人所具有的意义。全面推进依法治国，必然有其内在的价值追求，这种价值追求也是随着人民的期待而变化和调整的。马克思主义政党最鲜明的特质就是人民

---

① 戴木才、田海舰：《建国60年来中国共产党对"依法治国"基本方略的探索历程》，载《江西师范大学学报（哲学社会科学版）》2009第5期，第3—12页。
② 中共中央文献研究室编：《十八大以来重要文献选编》中，中央文献出版社2016年版，第55页。

性，它始终同人民群众紧紧团结在一起，为人民利益而奋斗，这也是马克思主义政党与其他政党的根本区别。中国共产党作为马克思主义政党，党性和人民性天然统一，为人民谋幸福成为中国共产党立党之基。纵观历史，我们党在革命、建设和改革时期，都在为人民谋利益，让人民过上好日子。对幸福生活的追求，是推动人类文明进步的最持久的力量，也是党矢志不渝的追求。

进入新时代，人民对美好生活的向往更加强烈，期待教育更优质、社会更有序、居住更舒适、医疗更方便等等。这种向往也体现在对社会公平的更加关注上——不仅关注实质正义，也关注程序正义，不仅关注司法的结果，也关注司法的过程，更关注社会整体公平正义实现状况。法治像阳光一样普照大地，普照社会成员，法治缺乏公平和正义，社会就会缺乏公平和正义。随着我国社会经济发展取得巨大成就，新的社会阶层大量涌现，不同群体的利益诉求日益多元化，诸多复杂因素导致党的队伍构成发生深刻、复杂变动，消极懈怠、执政能力不足、不深入群众等风险不断增加，也更加尖锐地呈现出来，这从根本上与共产党的为民本色是水火不容的，与人民群众对更好的生活秩序的向往是背道而驰的，实现社会真正的公平正义面临更为严峻的考验。中国共产党敏锐地意识到这些问题和风险的存在，通过一系列举措扭转这一局面，体现在全面推进依法治国上，就是在建立完备的法治体系的基础上，有效执法、普遍守法，使公正的价值追求得到实现。这一价值追求的实现，依赖于建立以权利公平、机会公平、规则公平为主要内容的社会公平保证制度体系。① 这主要包含以下几方面内容：首先，坚定不移地加强以人民为中心的价值取向，保证人民享有改革发展的成果，通过不断加强改

---

① 夏行：《习近平总书记法治思想蕴含的时代新意解读》，载《领导科学》2014年第22期，第7—10页。

革释放红利,系统性地针对社会财富二次分配进行调整。税收减免、简政放权和制度改革都是释放红利、保证社会公平和增强人民获得感的重要举措。其次,调动人民群众当家作主的积极性,推动社会主义民主建设,拓宽人民群众参政议政的渠道,保证人民群众享受充分的民主权利,完善人民群众维护自身合法利益的机制。再次,注重维护司法公正。比如,通过党的领导和政策托底,一些重大冤假错案经过复核纠正,还当事人以迟到的正义,还法治以尊严,凸显了党对法治公正的重视和价值导引。这就是通过不断革新法治价值追求以满足人民群众对全面依法治国的期待和需求的表现。

(三) 法治国家形象的塑造

法治国家形象体现为国家治理机构、法律制度和运行绩效等方面作用于公众的客观结果,体现为公众对国家的主观评价和情感认同。① 现实中,国家形象,特别是依法治国成为国家治理的基本方略后,法治国家的形象已经成为影响执政党执政地位的重要因素,因此塑造法治国家形象显得尤为重要。塑造良好的法治国家形象,其核心就是努力打造法律面前人人平等的形象,追求程序正义与实质正义的统一,营造廉洁守法、维护平等、保障人权的法治氛围,保证党和国家的权力始终来源于人民而又最终服务于人民,这是塑造法治国家形象的强大推动力。全面推进依法治国,建设法治国家正是致力于崭新法治国家形象的塑造的重大举措。

现代法治追求实质正义,要求切实保障平等、正义的实现。法治国家形象塑造,以权利为核心和主导,通过制度化途径和措施在权利的体现、保障、维护和解决权利纠纷上取得突破,避免依法治国成为空洞的

---

① 马兆明、常桂祥、董文芳主编:《法治精神与中国共产党执政能力建设研究》,山东人民出版社 2016 年版,第 12 页。

形式化法治。《立法法》的修订以及一批新的部门法的出台，即对实体权利和实质正义的有力说明。现代法治还追求程序的正义，体现在我国，就是在塑造法治国家形象时，执政党的活动必须符合程序正当的原则，即执政党进入政治体制内部依法行使国家权力，而不是置身于政治体制外部实施领导活动。执政党的活动必须体现现代法治精神的程序正义要求，避免国家机关依法行使权力时发生"重实体轻程序"的现象。习近平总书记对党法关系的论述，对依法治国与依宪执政关系的处理就是对程序正义和党执政法治化的良好示范。随着我国民主法治化进程的加快，民主法治观念和权利意识深入人心，特权思想、腐败、公权私用等为广大人民群众所憎恶，也极大地影响法治国家的形象。打击特权思想，铁腕惩治腐败，也是中国共产党立足于时代而着力解决的重要方面。在广大人民群众中提倡全面守法，在全社会营造遵法守法的氛围，治官治权，管党治党，抓好"关键少数"就是对于特权思想的一记重拳——如果公权力的掌握者"关键少数"没有良好的法治素养和法治思维，对于法治建设和法治形象的破坏力是巨大的。同时，中国共产党还通过制度性手段开展反腐败斗争，搞好廉政建设。对贪污腐败的纵容就是对广大人民群众和守法者的不公，中国共产党从铁腕惩治贪腐入手，净化社会风气，营造风清气正、公正有序的社会环境，以争取人民群众的信任和支持，巩固和增强党的执政基础。程序正义与实质正义相统一，严厉打击特权思想、铁腕反腐，我们塑造了清正廉洁、高效务实的法治中国崭新形象。

（四）法治文化力量的弘新

如果立法者不信赖自己所制定的法律，其法律就不可能科学和管用；如果司法者内心并不真正认同公平和正义理念，这种司法是否值得期待？而人民群众如果不相信法律，出了事、蒙了冤、权利受到侵害，谁又会去寻求公权力的救济和法律的帮助呢？习近平总书记强调："法律要发挥作用,需要全社会信仰法律。卢梭说,一切法律中最重要的法律,既不是刻在大理石上,也不是刻在铜表上,而是铭刻在公民的内心里。"① 法治的灵魂是法治文化,制度和规范是具有时代局限性的,而法治文化则具有超越时代的传承性,是法治社会建构的精神支柱和内在动力,法律只有抵达人心,只有在全社会形成高度弘扬法治的精神,崇尚法治的文化氛围,方能形神兼具、表里如一。② 党的十九大作出了"加大全民普法力度,建设社会主义法治文化,树立宪法法律至上、法律面前人人平等的法治理念"③ 等新部署新要求,为新时代着力弘扬和打造法治文化擘画了蓝图。

全面依法治国通过点面结合的守法用法宣传普及活动,树立法治权威,传播法治理念;立足基础,加强法学教育,做好法治人才培养;注重法德并举,建构有序的社会环境;系统营造人们内心拥护、真诚信仰法治文化的氛围……这些形成了全面依法治国方略所要弘扬的法治文化新力量。

法律是人民群众共同意志的体现,民众守法的意识是立法的精神源泉,促进法律意识的形成的根本目的是维护和实现广大人民群众的根本利益,同时建设法律实施的社会心理保障。我国在法治建设领域起步较晚,推进全社会树立法治意识,推崇法治文化,应当把全面普法和守法作为长期性工作,坚持厚德重法,高度弘扬法治精神,让法治文化深入人心。2014 年,"国家宪法日"的设定就是弘扬宪法精神和推动法治实施的制度化宣传和确认。在全社会树立法治意识,弘扬法治文化,要尤其注重发挥党员领导干部的示范作用。领导干部是党执政的骨干力量,

---

① 中共中央文献研究室编:《十八大以来重要文献选编》上,中央文献出版社 2014 年版,第 721 页。

② 王人博主编:《中国特色社会主义法治理论研究》,中国政法大学出版社 2016 年版,第 16—19 页。

③ 习近平:《习近平谈治国理政》第 3 卷,外文出版社 2020 年版,第 30 页。

是法治实践的引领者和示范者,建设社会主义法治国家,他们既是参与者,更是组织者、推动者和实施者,因此他们是否具备良好的法治意识,信不信法、守不守法,会给人民群众带来正反两个方面的效应。因此,习近平总书记提出,高级干部要做尊法学法守法用法的模范,这是实现全面推进依法治国目标和任务的关键所在。① 创新法学教育和优化法治人才的培养也是弘扬法治文化,培养法治接班人的重要举措之一。法学教育在全面推进依法治国方略中发挥着基础性、先导性的作用,我们要着力实现由粗放型的发展向追求质量提升的转变,由法学专业教育向法律职业教育的转变。习近平总书记深刻指出:"法治人才培养上不去,法治领域不能人才辈出,全面依法治国就不能做好。"② "法安天下,德润人心",全面推进依法治国需要坚持的一个基本原则就是将依法治国与以德治国相结合,充分发挥道德的教化作用,提高全社会的文明程度,为全面依法治国创造好的人文环境,在道德体系中体现法治要求,发挥道德对于法治的滋养作用,努力使道德体系同法律规范相衔接。同时,以法治承载道德理念,道德才能获得更可靠的制度支撑。③ 因此,法律法规的制定和法治运行环节都要树立鲜明的道德导向。社会主义核心价值观是党领导和团结全国各族人民实现中华民族伟大复兴中国梦的伟大格言和民族价值最大公约数,从法治规律看,将社会主义核心价值观这一"大德"全面融入法治建设当中,也是国家法治建设的重要一环。

---

① 中共中央文献研究室编:《习近平关于全面依法治国论述摘编》,中央文献出版社2015年版,第121页。
②《习近平在中国政法大学考察》,来源:新华网,2017年5月3日,网址:https://www.xinhuanet.com/politics/2017-05/03/c-//20913310.html。
③ 冯玉军:《全面依法治国新征程》,中国人民大学出版社2017年版,第153—155页。

(五) 法治思维方式的开新

党的十八届三中全会提出"加快形成科学有效的社会治理体制""创新社会治理体制""改进社会治理方式"等内容。从"管理"到"治理",不仅是词语的变化,更是治国理政的理念与方式的现代转型。我国传统社会是家长式社会,强调通过自上而下施加的影响来维护社会,这种传统延续下来,直到今天,提到政府、管理等概念时,仍有人理解为自上而下的控制。[1] 国家治理体系和治理现代化的提出,是国家治理领域思维方式的巨大开新:治理注重宏观设计安排,权力与利益风险共担;治理以平等、互动、协作的方式以及制度化、系统化的规范体系,引领、规范和推进经济、政治、社会、文化和生态建设,意味着治理是由政府、企事业单位、人民团体、社会组织、公民个人等各种主体共同参与,合作推动完成的。[2] 因此,治理不仅蕴含着事实和制度层面的内容,也蕴含着价值追求的内容,更能体现国家方略的目标和价值。

现代治理模式强调多主体共同参与、彼此协调、合力作为,党和国家在多元主体的社会治理结构中仍然居于领导核心地位。多主体参与治理决定了法治是治理体系和治理在法理上的最可靠依据,无论是国家层面的治理、政府层面的治理,还是社会层面的治理,其基本方式必然是法治,即用法治思维和法治方式来实现国家的有效治理,实现科学治理和治理水平的现代化。失去了法治化的评价尺度和标准,推进国家治理体系和治理能力现代化只能虚有其表,而没有任何实质性意义,这决定了依法治国作为国家的一项基本方略,也必然成为治国理政的基本方式。在国家治理的进程中,有人把国家和社会、政府和人民对立起来,这会产生两个极端,要么只有政府没有社会,要么只有社会没有政府。政府

---

[1] 郑永年:《大趋势:中国下一步》,东方出版社2019年版,第295页。
[2] 郭道久:《势所必然:国家治理现代化的重要推动力》,载《人民日报》2018年9月9日,第15版。

向社会分权,并非简单的放权,首先应当明确:政府应当做什么,不应当做什么?什么权应当留在政府,什么权应当留给社会?在向社会分权的过程中,不能将社会想得过于理想化,认为一分权,什么问题都解决了。除了向社会分权,还要通过培植新的社会组织、改革现存群团组织、社会参与政府事务、政府向社会开放、增强社会对政府的监督等来建设"大社会"。社会对于政治的参与不仅仅是强社会的体现,也是强政府的体现,因为只有得到社会支持和拥护的政府才可能成为强而有力的政府,只有充分考量社会利益的政府才能够成为得到社会支持的好政府。

全面依法治国坚持依法治理,注重通过发挥法治在国家治理和社会治理中的作用,确立和实现了以宪法和法律治理国家最具权威价值的取向。全面依法治国将治理理念深入贯彻到党的新时代执政话语和执政能力建设中来,[1] 突破以往以自上而下管控为主要方式的"管理"理念,将一维的单向的行政管理转变为国家、社会二元协同治理,通过公开、参与、协同等形式让民主融入治理,让人民切实成为治理的主体,更具有获得感和参与感。这种强调治理的新的执政理念,更加贴近和吻合现代法治的内涵,也更能彰显治国理政思维方式的开新。

三、科学的实践导向

时代总是在提出新的问题,实践当中也会有各种矛盾,这是深化哲学社会科学研究和理论发展的内生动力。正如习近平同志所说:"世界上伟大的哲学社会科学成果都是在回答和解决人与社会面临的重大问题中创造出来的。"[2] 全面依法治国着眼于新时代中国法治理论发展和实

---

[1] 韩振峰:《怎样理解国家治理体系和治理能力现代化》,载《人民日报》2013年12月16日,第7版。

[2] 习近平:《在哲学社会科学工作座谈会上的讲话》,人民出版社2016年版,第12页。

践进步,对法治领域一系列问题进行了科学回答,成为全面推进依法治国的行动指南,彰显了思想的理论力、实践力和价值作用。

(一) 从实际出发的问题意识

发展不能脱离社会的实际,中国共产党运用马克思主义理论指导中国实践的历程也证明了理论要具有生命力需植根于适合它的地域和场域。我国仍处于并将长期处于社会主义初级阶段,这是对我国发展阶段的判断,也是形成未来发展规划、推进事业向前的客观前提,我们不能脱离这个坐标。我国处于社会主义初级阶段的基本国情没有变,但我国的发展在不同时期会呈现出不同的特点,这是基本国情里的"小实际"。经过改革开放40多年来的发展,我国综合国力、经济水平、民主法治水平、各项服务保障水平、社会治理水平和人民生活水平都取得了举世瞩目的成绩。法治作为国家政治文明和政治建设的重要内容,其推进和发展应与我国的经济发展实际和法治国情相匹配和适应。习近平总书记强调:"全面推进依法治国,必须从我国实际出发,既不能罔顾国情、超越阶段,也不能因循守旧、墨守成规。"[1] 我国法治建设已经取得了长足的进步和发展,但这仍然是在社会主义初级阶段的发展,这是最大的实际。同时,我国处于向社会主义现代化国家奋进的基础期,以及全面推进依法治国重要任务的关键期,这也是我国法治的实际。人民群众对于法治不是有没有,而是优不优的期盼,人们不仅要获得实质正义,也关注程序正义的实现等,这是需求的实际。我国的政治体制和政治道路,决定了我们不可能抄搬、盲目移植他国的法治模式和法治体系,我们必须坚定地在党的领导下,坚持在社会主义法治道路上全面推进依法治国,这是我国法治道路选择的实际。以上这些实际国情都已为

---

[1] 中共中央文献研究室编:《十八大以来重要文献选编》中,中央文献出版社2016年版,第186页。

全面依法治国方略的实践导向所含括和指出。①

习近平总书记在中央政治局集体学习时指出，要学习掌握事物矛盾运动的基本原理，不断强化问题意识。问题是事物矛盾的表现形式，我们要坚持问题导向，善于把认识和化解矛盾作为打开工作局面的突破口；② 善于从问题着手，把握问题暴露的矛盾，以矛盾和问题为突破口，筹划解决问题、化解矛盾的举措。这是全面依法治国方略中的实践特色。

历史从来都是在直面问题中展开其波澜壮阔的画卷的。每个发展阶段都有其突出的矛盾和问题，党领导人民干革命、搞建设、抓改革，也是为了解决每个阶段人民和国家面临的最大问题。旧的问题解决，新的问题继续产生，制度也随着问题的产生而不断发展完善，因而我们不可能寄希望于改革一步到位，制度一劳永逸。现阶段全面深化改革和全面依法治国，是为了解决在国家和社会发展的新阶段出现的新问题。现在，我们对于问题和矛盾的态度，不是被动的，而是主动将问题摆在桌面，分析问题，以问题为导向，主动寻求解决策略，倒逼改革的加速启动，倒逼制度的加速匹配和更新。党的十八届三中全会关于全面深化改革的决定、十八届四中全会关于全面推进依法治国的战略部署、十八届五中全会从严治党的郑重承诺都是对党、国家和社会面临的风险矛盾和挑战的主动回应。例如，《中共中央关于全面推进依法治国若干重大问题的决定》就指出："全面推进依法治国也是解决我们在发展中面临的一系列重大问题，解放和增强社会活力、促进社会公平正义、维护社会和谐稳定、确保国家长治久安的根本要求。"③ 鲜明的问题意识和问题

---

① 张文显：《习近平法治思想研究（上）——习近平法治思想的鲜明特征》，载《法制与社会发展》2016年第2期，第5—21页。

② 本书编写组编著：《〈中共中央关于全面深化改革若干重大问题的决定〉辅导读本》，人民出版社2013年版，第67页。

③ 中共中央文献研究室编：《习近平关于全面依法治国论述摘编》，中央文献出版社2015年版，第3—4页。

导向贯穿于该决定,列举了在推进法治建设过程中 20 多个突出的、人民满意度不高的典型问题,以此为例证说明与党的执政宗旨、执政目标和执政能力的提升相比,就国家民族事业的发展而言,就人民群众对于法治质量的希冀而言,法治的理念、法治的运行、法治的环境仍然存在差距。针对存在的 20 多个问题,该决定提出了 190 多项改革举措,在进行宏观领域规划的同时,在具体运行环节上有针对性地做了周密的部署和推进。

(二)清晰擘画法治建设目标

实践发展需要理论引领,实践发展也需要目标导向。全面依法治国方略不仅从理论上为发展指明了方向,而且为法治实践擘画出清晰的奋斗目标,使全面依法治国具有了可操作性和可验证性。

首先,全面依法治国总目标设定。2013 年 1 月,习近平总书记首次明确提出"法治中国"建设目标。2014 年 10 月,党的十八届四中全会确立"中国特色社会主义法治体系,建设社会主义法治国家"为全面依法治国的总抓手和总目标。总抓手和总目标的确立对于推进全面依法治国而言,起到了纲举目张的作用。"法治"这一目标术语,与"中国"这一特定范围关联起来,在文字规范表达上将主体性和特征性体现得更为明确,也从实际内涵上,赋予了法治中国和法治国家更准确的道路、理论与制度的特定性,更具中国特色。这一表述是从根本指向和特定状态预设法治建设的目标。用"中国特色社会主义"修饰"法治体系","中国特色社会主义"是个大前提,"法治体系"是目标所指,既具有中国特色也具有普适意味。中国特色社会主义法治体系的建构是一个动态的体系,服务和依存于法治国家和法治中国建设,包括五个方面的内容。两大法治建设总体目标,一个是从结果导向设定,另一个是从过程导向设定,两者互为支撑,彼此协调,从而建构了层次分明、结构合理、动静相宜的总体实践目标。

其次，法治实践具体目标勾勒。"五大法治体系"明确提出了中国特色社会主义法治建设的内容：对法律规范体系以"完备"加以要求，针对目前我国法律规范体系还存在体系性不强、可操作性弱，某些法律规范带有严重的部门化和地方化倾向的问题，[1] 要求其完成从数量提升向质量提升的转变；对法治实施体系以"高效"加以要求，针对目前法律运行和实施过程还存在执法体制中权重脱节、多头执法、选择性执法、司法不公和腐败等现象[2]，提出建立高效、顺畅、明晰的法治实施体系，使得全面依法治国的基本方略落到实处，体现于法治运行的每一个环节和案例当中；对法治监督体系以"严密"加以要求，建构了"九大监督"的完整监督体系，实现对法治运行的全过程监督；通过建构完整监督体系增强法治监督意识，完善监督机制，丰富监督形式和内容，确保各项权力的运行在法治的轨道上，不越轨、不脱轨；对法治保障体系以"有力"加以要求，提升依法执政能力和水平、建设高素质法治专门队伍、改革不符合法治规律的体制并在机制上做谋划和设计。前所未有地将党内法规体系纳入依法治国的方略当中，把党管好治好对于法治国家建设无疑具有重大意义。

最后，法治实践时间表明确。党的十九大对"两个一百年"奋斗目标进行战略部署，到2020年是全面建成小康社会决胜期，2020年到2035年基本实现社会主义现代化，2035年到本世纪中叶建成社会主义现代化强国。国家发展战略的每一步安排都会对法治领域的发展进步产生重大影响，在国家发展的每一个阶段，法治发展状态应该是与其匹配的。[3] 小康社会要求实现"法治小康"目标，体现在法治上就是"人民

---

[1] 中共中央文献研究室编：《十八大以来重要文献选编》中，中央文献出版社2016年版，第156页。

[2] 中共中央文献研究室编：《十八大以来重要文献选编》中，中央文献出版社2016年版，第156页。

[3] 公丕祥：《十八大以来全面依法治国的理论与实践论纲》，载《中国高校社会科学》2017年第5期，第4—18页。

民主不断扩大,民主制度更加完善,民主形式更加丰富,人民积极性、主动性、创造性进一步发挥。依法治国基本方略全面落实,法治政府基本建成,司法公信力不断提高,人权得到切实尊重和保障"。① 社会主义现代化体现在法治上应是"人民平等参与、平等发展权利得到充分保障,法治国家、法治政府、法治社会基本建成,各方面制度更加完善,国家治理体系和治理能力现代化基本实现"。② 社会主义现代化强国体现在法治上应是"国际影响力领先","政治文明"全面提升,"实现国家治理体系和治理能力现代化"。③ 到那时,我国全面依法治国总目标不仅会实现,而且会到达很高的水平。

(三)法治目标实现的战略策略

"月晕而风,础润而雨",全面推进依法治国是从我国发展现实需求中提出来的,是在人民群众的热切期盼中提出来的,是为了推动解决我们面临的突出矛盾和问题提出来的,时代和人民呼唤全面推进依法治国。全面依法治国的推进以问题为导向,方略已经制定,蓝图已经绘就,如何按照既定的目标,在法治实践中贯彻落实,也是习近平总书记所高度关注的,对此,他从法治的主体、运行环节、方式方法等方面提出了实践策略和路径。

首先,全面关注法治实践主体。全面依法治国的推进,有着主客体对象之分,法治主体是否"适格",能否良善地行使和履行法律赋予的权利和义务,对于法治的推进至关重要。全面依法治国方略广泛地将法治主体纳入规制和培育范围,注重从主体因素一侧提升法治的质量,紧抓"三个数":一是"关键少数",其有特殊的职责、肩负特定使命、

---

① 中共中央文献研究室编:《十八大以来重要文献选编》中,中央文献出版社2014年版,第14页。
② 习近平:《习近平谈治国理政》第3卷,外文出版社2020年版,第22页。
③ 习近平:《习近平谈治国理政》第3卷,外文出版社2020年版,第23页。

发挥着重要的作用,我们要通过系统化手段扎牢制度的笼子,抓好法治主体中的"关键少数";二是"相对多数",九千多万名党员相对于"关键少数"而言是多数,中国共产党以执政党的身份存在于社会主义法治视野当中,也是法律规制、权力规范的重要对象,党前所未有地重视从严管党治党,通过加强党规党纪建设完善党内纪律,使党规和国法之间科学衔接,形成双重约束和规范,这是提升党的执政能力,保障国家持续健康发展的重要举措;三是"绝对多数",在全体人民群众中,营造尊法、学法、守法的法治氛围对于法治国家、法治社会目标的实现同样至关重要,整个社会将因此而形成崇尚法治的良好社会风气。

其次,系统地抓好法治实践运行环节:通过树立科学立法理念、完善立法体例,明确立法权力边界,推动重点领域前瞻性立法,使立法与改革决策相匹配和衔接,科学民主立法,不断提升立法质量,这是我国立法工作的新跨越;牢牢把握严格执法、正义执法工作生命线,规范执法程序、完善执法方式、提升执法队伍素养,坚定不移地做好法律的适用和执行;通过深化司法改革、加强法治队伍建设、增强司法透明度等举措保障司法公正,使社会纠纷得到妥善的化解,使法律的公正价值得以呈现,推动全民守法社会风尚的逐步形成。

(四)德法并举促进法治建设实践

习近平总书记对依法治国与以德治国之间的辩证关系进行了深刻揭示和强调:"必须坚持依法治国和以德治国相结合,使法治和德治在国家治理中相互补充、相互促进、相得益彰,推进国家治理体系和治理能力现代化。"① 法治与德治都曾在古代中国国家政治体制中发挥重要作用,而随着西方法治文化的东进和传播,儒家倡导的德治生存空间变小,一度导致德治式微。而随着"良法善治"的追求逐渐成为全社会

---

① 习近平:《习近平谈治国理政》第 2 卷,外文出版社 2017 年版,第 133 页。

的普遍期盼，重新认识法治与德治的关系成为全面推进依法治国面对的问题。全面依法治国方略指出了依法治国与以德治国相结合的实践路径。

首先，用道德涵养法治精神，以道德支撑法治文化。法治和德治中蕴含的以人为本、公平正义、有序安定、自由平等都是现代社会的核心价值所在。道德普及化机制是公民信法、尊法、守法的基础。德治理念中蕴含着法治理念，德治教化和法治惩戒互为前提。法治因道德精神和道德文化的滋养，才有了坚实的社会基础、向上的精神引领和广阔的发展空间。同时，道德判断、善恶评价体现着法治判断和法治价值，而法律原则和法律规范一般都内含着道德判断，体现道德取向。只有符合时代道德精神、社会公序良俗、公平正义价值、公民道德要求的法律，方能让公民主动尊奉和信仰。通过完善与道德规范相协调的法律体系，将实践中为人民群众广泛认可、具有操作性和普及性的道德规范和道德要求上升为法律，可以加强对立法、执法、司法和普法的道德效果评估。

其次，用法律固化和外化公共道德，增强德治的制度支撑和刚性约束。习近平总书记认为，法律作为准绳，任何时候都必须遵循，而道德作为基石，任何时候都不可忽视，前者可安天下，而后者能润人心，在国家治理中，二者有其特定地位和功能。① 通过法治彰显道德理念，以法治文明体系保障德治体系，以法治承载道德理念，道德才能获得更可靠的制度支撑。② 我们要在法律法规制定和法治运行环节树立鲜明的道德导向，弘扬美德义行，同时将社会主义核心价值观这一"大德"全面融入法治建设，以法治力量支持道德建设，以法治文明保障物质文明、精神文明、政治文明和生态文明建设。在新时代全面推进依法治国

---

① 习近平：《习近平谈治国理政》第 2 卷，外文出版社 2017 年版，第 133 页。
② 冯玉军：《全面依法治国新征程》，中国人民大学出版社 2017 年版，第 153—155 页。

实践中强调依法治国和以德治国相结合，是促进法治实践的重要手段——赋予法律以德性，赋予道德以理性，协同发挥好德法的作用，法治实践的推进将收到事半功倍的效果，这也是全面依法治国基本方略的重要实践品质和特色。

第六章　全面依法治国方略的意义与历史地位

全面依法治国基本方略作为"四个全面"战略布局的一环，作为习近平新时代中国特色社会主义的重要内容，映射了中华民族5000多年文明史，世界社会主义500多年发展史，中国人民170多年民族复兴斗争史，中国共产党100多年奋斗史，新中国成立70多年建设史以及党的十一届三中全会以来40多年改革开放弥足珍贵的历史经验。[①] 面向未来，全面依法治国基本方略也科学地回答了如何保障"两个一百年"奋斗目标的实现，如何构建人类命运共同体等重大战略问题，指明了实现中华民族伟大复兴的发展道路和人类未来更长远发展的制度方向。

一、全面依法治国方略的意义

全面依法治国基本方略在治国理政中既有历史意义也有现实价值，其倡导形成新的国际秩序和国际格局的论述也颇具建设性。全面依法治国基本方略立足于我国所处的社会阶段，着眼于解决当前中国在改革和

---

① 刘晓蕾：《续写中国特色社会主义新篇章的最新理论成果——访马克思主义理论研究和建设工程课题组首席专家严书翰》，载《上海党史与党建》，2017年第7期，第1—4页。

发展中面临的突出问题，致力于实现人民群众对美好生活的向往，通过一系列法治手段和制度化途径有效解决当前面临的矛盾风险和挑战，不仅对当下我国民主法治建设、国计民生、治党治国治军有重要作用，还对推动政治文明建设，实现国家治理能力现代化，提升党对于执政规律的认识，深化党执政为民的能力具有深远的历史意义和价值。国际局势深刻变化，中国融入世界格局当中，人类命运共同体的建构，迫切需要更加民主、公平、共享、共赢的国际治理新格局，而全面依法治国基本方略在这方面给出了切实可行的建议。

（一）现实意义

习近平总书记指出，解决我们在发展中面临的一系列重大问题需要全面推进依法治国，解放和增强社会活力，促进社会公平正义离不开全面依法治国，维护社会和谐稳定和确保国家长治久安更是如此。① 直面问题从来都是历史展开其波澜壮阔画卷的序曲，在党的正确领导下，通过改革开放 40 多年的励精图治，我国国家面貌发生了根本性变化，取得了辉煌的成就。但是，在中国特色社会主义现代化的进程中，也会出现新的问题和挑战。具体而言，社会中不同利益群体相对固化，区域、地域发展不平衡、不协调的问题依然突出，社会不稳定因素仍然存在，生态环境恶化，深入推进反腐败建设、党风政风建设也存在一些不容忽视的问题……这些当下面临的现实问题，尤其是经济的持续发展、深化改革和管党治党等方面的问题，在全面依法治国方略中都能够找到行之有效的解决方案。

首先，保持新常态下经济持续稳定运行。我国经济发展进入新常态，经济发展由高速增长转变为中高速增长，对于经济发展质量的要求

---

① 中共中央文献研究室编：《习近平关于全面依法治国论述摘编》，中央文献出版社 2015 年版，第 3—4 页。

更高。在全球经济增长不确定因素增加的背景下，深入发掘我国经济发展的内在潜力，规范市场主体的行为，产业结构的存量调整、增量提升，收入分配机制、分配结构调整，促进我国经济持续健康发展，等，为充分发挥法治对经济发展的促进作用提出了新要求。市场经济是法治经济，通过法治化手段对市场经济予以规制，克服其弱点和消极因素，对把经济体制改革纳入法治的轨道，建立健全对创新驱动发展战略的体制机制保障等方面，无疑有重大作用。

其次，满足了人们对法治小康和美好生活的向往。小康社会是一种整体的社会状态，包含不同领域如物质、精神、社会、民主法治等的小康。法治领域的小康，无疑是小康社会一项重要的指征。全面建成小康社会必然体现为一个稳定有序、文明民主的社会状态。全面依法治国的进程就是一个不断追求法治体系完善，法律运行规范有序，人民福祉得到充分保障，公平正义得到彰显的法治国家和法治社会的建设过程。同时，全面依法治国对于小康社会的建成具有保障作用，它通过法治途径预置、明确小康社会的目标、路径，并具象地呈现给人民群众，这种确定性和稳定性会让人们对小康社会的建成有现实期待性，对小康社会的建成具有极大的促进作用。具体而言，增强法律权威，强化法律实施，不断提升法治的现代化水平，法治建设"以人民为中心""为人民谋福祉"，提高法治满足人民需要的能力，不断满足人民群众对美好生活的向往，不断提升人民群众的法治获得感和幸福感，等，都是全面依法治国满足人民美好生活需要的重要举措。

再次，确保改革有序推进。没有改革创新，国家和社会不可能取得进步，改革已然成为新时代的关键词，只有改革，我们才能将不适应发展需要的、不合时宜的体制机制变革为推动发展的动力和保障。改革如何改，由我国改革和法治领域的实践可知，片面追求打破旧有制度规范或者片面追求稳定性，都不能够取得改革的成功。在全面建成小康社会、建设社会主义现代化强国的征程中,全面深化改革和全面依法治国都不可缺位,且这两者之间也存在着密切的关联。改革不是任性而为,毫无章法,改革是"破",法治是"立",改革需要在全面依法治国的制度背景下进行,必须有法治前提,在法治的规范下改。法治为改革找到制度依据,也为改革的顺利推进保驾护航。基于此,全面依法治国基本方略确立了"在法治下推进改革,在改革中完善法治"① 的基本原则。习近平总书记将改革和法治的关系比喻为"鸟之两翼、车之两轮",将两者的关系定位为"姊妹篇"。可见,改革与法治相伴而生,改革的举措和目标提出后,法治的保障和规范必然要跟进,为改革行稳致远保驾护航。

最后,史无前例地取得反腐败斗争压倒性胜利。党与腐败从来都是势不两立的,党对腐败对党的执政带来的危害性有着清醒的认识。作为执政党,为了确保党的肌体的健康和长期执政、连续执政目标的实现,决不允许腐败现象在党内滋生、发展和蔓延。

反腐如何反?反腐败的体制机制如何构建?这是人类进入政治文明以来就需要持续面对的问题。习近平总书记将腐败作为党执政的最大威胁,把反腐败斗争工作摆在了更加突出的位置,将反腐败纳入全面依法治国和管党治党的整体布局当中:对腐败重拳出击,对腐败现象从治标上下手,既坚决查处领导干部违纪违法行为,又切实解决发生在人民群众身边的腐败问题;空前重视党内监督,着力健全党内监督制度,系统性推动反腐败建设,落实巡视巡察制度的常态化施行,突出反腐倡廉法规制度建设的系统性,而这种系统性体现在将党纪党规和国家法律制度合理衔接上,体现在明确主体规范的责任上,也体现在部门法之间的左

---

① 中共中央文献研究室编:《习近平关于全面依法治国论述摘编》,中央文献出版社2015年版,第52页。

右联动和配套上；① 在教育、监督、保障等一系列配套保障措施上形成系统性的规范，并统一于反腐倡廉的开展。

所有的事实均表明，全面依法治国对我国当前在不同领域面临的现实问题有着系统的思考和完整的布局，不仅提出了解决现实问题和应对矛盾挑战的可靠方案，而且在国家治理的实践中取得了卓越成效。

（二）历史意义

首先，为提升和加强党的执政能力提供了制度化方案。中国共产党是中国法定的执政党，宪法明确肯定了其执政党地位，而且这种执政是一党执政、长期执政、连续执政，这是由我国党和国家产生的政治逻辑所决定的。连续长期一党的执政，对党自身的要求极为严苛，党必须是一个始终从严治理的党，是一个永葆先锋队性质和本色的党，党的事业必须始终坚持依法而行。党与政、党与权力和政与权力事实上是共生和相通的，依规治党、从严治党管住了党员，尤其是党员领导干部，其实也就管住和规范了国家权力的行使。全面依法治国是有效提升党的执政能力的重要举措，强调依规治党和从严治党。依规治党本来是管党的权力和治党的权力，但是在中国，依规治党实质上起到了管住和治住国家权力的作用。因此，依法治国和从严治党之间存在密切的关联，只有坚持全面依法治国，才能不断规范党依法执政、依宪执政，永葆党执政的能力和活力。从严治党决定了依规治党是行之有效的可靠的制度化手段，而依法治国和依规治党统一于执政兴国这一要务，使得党和国家在制度化的轨道上行稳致远，确保国家长治久安。基于对党和国家、依法治国和依规治党之间关系的揭示，全面依法治国基本方略明确了法治中国的道路、方向和旗帜，明确了法治中国道路建设必须坚持和加强党的

---

① 刘红凛：《新时代党的建设理论和实践创新研究》，人民出版社2019年版，第238—239页。

领导，在全面推进依法治国的重点任务上提出了法治国家、政府和社会的一体建设，依法治国、执政、行政的共同推进，关键环节对法治的主体，也是党和国家的"关键少数"的权力制约。尤为值得一提的是，全面依法治国方略对管党治党的重视程度前所未有，是对"运动治党""政策治党"的革命性改变。全面依法治国的推进着力于治国，实质上也将治党治权纳入其中，使两者互相促进。总而言之，全面从严依规治党，将党纪和国法有机结合，通过制度化方式从严治党，有助于规范党员领导干部的言行，增强执政用权的规范性和科学性，这对于提升党的执政能力，巩固和加强党的执政地位，实现中国共产党立党为公、执政为民的政治抱负有着巨大的意义。

其次，是社会主义民主政治发展和人民权利的有力保障。法治的目标是民主，法治的前提也是民主。① 社会主义的民主政治，从根本上讲是更真实的民主政治，也是法治化的政治。其一，现代民主政治在运行模式上，以代议制为主。在代议制民主政治模式下，权力由选举出来的代表来行使，这造成了权力所有人和权力行使人实质意义的一致和形式上的分离，有可能造成代理者"失控"和权力异化等问题，表现为权力寻租、权力滥用、以权谋私等现象。② 这是代议制民主政治模式下的一大体制弊端，消除这一弊端，需要制定宪法来明确权力的性质和归属，并赋予宪法最高的法律效力。同时，对于国家权力机关、执法部门、司法部门等一切掌握着国家公共权力的部门，要通过法定的形式明确其权力范围、行使和运用权力的程序，对其权力以明确的制约和限制，从而排除权力"所有人"的权利被侵害的可能性。③ 全面依法治国

---

① 卓泽渊：《法治国家论》第 4 版，法律出版社 2018 年版，第 3 页。
② 张文显等：《全面依法治国：迈向国家治理的新境界》，党建读物出版社 2017 年版，第 10—11 页。
③ ［日］川岛武宜著，申政武、王志安、渠涛等译：《现代化与法》，中国政法大学出版社 1994 年版，第 232—235 页。

基本方略高度尊崇和保障宪法作为根本大法的地位。2014年11月,"国家宪法日"的设定,2015年6月,宪法宣誓制度的通过,从形式意义上推动了遵守宪法、发挥宪法作用氛围的形成。从实质意义上而言,我国也在推动党的治理理念进一步由依法执政向依宪执政发展,更加注重党执政的规范和宪法对人民根本权利的保障和维护。其二,程序性是民主政治的重要特性。如前所述,民主政治主要是以代议方式表达意志的政治体制,在这一模式被确立后,所有的政治主体和参与人均需按照既定的规范、程序参与政治活动,行使政治权利。公民法治意识和民主意识不断增强,对规则的期待不再停留在民主政治的实质内容上,而是同时还关注程序性正义是否能够得到实现和彰显,这也意味着政治活动需要更加透明化、法治化和程序化。《国家监察法》的颁布和国家监委的设立、党和国家机构设置的调整等都是对程序性要求的极大变革,对社会主义民主政治的发展具有极大意义。其三,自由平等是民主政治的本质特征。民主政治的前提是政治主体自由、平等地存在,有这个前提,政治主体在国家各项政治活动和法治活动中才能够充分地表达建议和互动交流。国家在制定法律或者重大政策决策时,大量地征求意见,让大家民主协商,其实也是赢得政策和法律认同的过程。在实际运作中,国家需要通过一定的规范对政治主体这种权利予以确定,如果规范不当或者缺失,平等和民主将难以保障。《立法法》修订后,强调立法的公民参与性,而开展立法协商,完善立法论证、听证制度,法律草案公开征求意见等就是拓宽公民平等有序参与立法的有效途径。其四,高效、稳定、有序的运转是民主政治体制的追求。政治体制能否高效运转,与多种因素都有关联,其中决定性的因素就是制度化水平高不高。稳定高效的体制必然是程序化制度化的体制,不会因人而变。在全面依法治国基本方略下推进的社会主义民主法治事业,是对以往民主法治和政治体制的创新和发展,不仅具有以往实行的民主政治的诸多优势,而且更加充分地体现了人民的主体地位和对人民权利的保障。

最后，能加快推进中国政治文明现代化进程。法治与人治的优劣的比较，在人类政治文明史上是一个长期存在的基本命题，在现代化过程中也同样存在。《中国共产党中央委员会关于建国以来党的若干历史问题的决议》中，深刻地分析了人治的教训。而防范党内民主产生系统性风险，切实保障人民民主，需要将民主法制化、权力制度化，并且高度肯定制度和法律稳定和连续的作用，赋予它们极大的权威。国内外经验教训、人类社会发展的历程也证明，依法治理是最可靠、最稳定的治理，我们党之所以摒弃人治、选择法治，就是因为人治有致命的弊端，而法治有无可比拟的稳定性和可靠性。全面推进依法治国是基于历史和现实作出的重大判断和部署，对于推动我国政治文明现代化具有极大的意义。现代政治的主要方式是政党政治，社会成员主要通过参加某一政党来壮大自己的力量和表达自己的主张，"缺乏政党，会出现政治参与的无序和混乱，政治秩序走向脆弱，现代政治必然需要政党"[1]。政党尤其是执政党对法治的影响力是巨大的，执政党的领导能力和治理水平对于法治的发展尤为重要。[2] 制度化水平的高低和社会适应性的强弱决定了政党的执政是否具有稳定性，而从严治党尤其是从严依规治党则是政党稳定和强大的前提和基石。现代社会的政党实现自身意志和治理国家的主要方式是法治，法治是政党实现政治目标的重要手段。中国共产党的坚强领导是中国推进法治现代化，进而推动中国政治文明发展和社会现代化的动力源泉。中国的现代化并不是像西方那样自然演进的，而是一个相对加速和具有规划性的过程。在现代化加速发展的过程中，社

---

[1] [美] 塞缪尔·P. 亨廷顿著，王冠华、刘为等译：《变化社会中的政治秩序》，生活·读书·新知三联书店1989年版，第341页。

[2] 王人博主编：《中国特色社会主义法治理论研究》，中国政法大学出版社2016年版，第33页。

会急剧转型，各种矛盾高发，利益冲突加剧，各种问题带来了不稳定因素①，这在亚非拉诸多国家社会转型实践中得到了印证。② 相对稳定地度过这一风险期，最终实现现代化目标，是任何发展中国家都要面临的重大问题。而加速的现代化进程决定了中国的安定不能依靠所谓的"自生秩序"，而更需要政治力量来维持。因此，执政者必须具有一定的持续性和稳定性力量。中国共产党在过去70多年实现了长期稳定执政，使得国家平稳度过矛盾高发期、转型风险期，并抓住战略发展机遇取得了巨大成就，这对于人类政治文明进步而言是巨大的成功经验。

（三）世界意义

首先，有利于推进国际关系民主化和世界法治文明进步。国际关系一度停留在适用"丛林法则"阶段，强者拥有话语权，"弱国无外交"。进入21世纪，法治成为更多文明国家的治国之选，在国家关系和国际秩序的处理和建构上，法治发挥的作用越来越大。可以说，我们正处在一个越来越重视法治作用的世界。恰如当前我国国内治理将法治作为治国方略，将国家、社会各方面的问题纳入法治范围一样，在国家与国家之间、地区与地区之间，以及全球视域下的气候、能源、人道主义援助等许多问题上，也逐步地形成了国际规范。具有最多会员国的联合国在国际法治建设中发挥了引领作用。其在2005年发布的《世界首脑会议成果文件》中，将"国家和国际的良治和法治"作为一项基本价值准则和基本规定确定下来，呼吁各国同时注重国内法和国际法的作用的发挥。以维护国家和平与安全为首要目标的联合国安全理事会，注重以形成决议的形式来预防国际冲突，未能形成决议时，相关工作无法开展。

---

① [美]塞缪尔·P.亨廷顿著，王冠华、刘为等译：《变化社会中的政治秩序》，生活·读书·新知三联书店1989年版，第115页。
② 舒国滢、冯洁：《作为文明过程的法治》，载《中共中央党校学报》2015年第1期，第16—21页。

此外，刑事法庭处理有违国际人道的事情，以法治手段维护国际秩序与和平安全。在国际事务的处理中，法治的作用相较于以往更加明显，世界各国建构一个更加民主、法治的国际社会的愿望也更加强烈。[1] 法治已然成为一种世界性潮流，中国推动全面依法治国建设，是潮流的融入者，也是潮流的引领者，致力于全面推动法治国家、法治政府、法治社会的建设，并在国家的每一个发展阶段预设法治建设的目标。毫无疑问，中国的法治建设已经取得的成就和将要取得的成就在世界法治领域都是相当大的。同时，作为新兴国家和发展中国家的代表，中国也致力于推动国际关系民主化、平等化，是共商、共享、共赢理念的最大推动力量。[2] 这无疑对中国法治建设和世界法治文明都具有极大的意义。

其次，有利于推动人类命运共同体理念得到更广泛认同。新时代的中国在经济、政治、文化、外交等方面已经逐渐成为世界舞台举足轻重的力量，任何国家都无法忽视中国在世界格局中发挥的作用，这是基于中国发展情况作出的实事求是的判断。同时，由于全球化的深刻影响，人类也从未像今天这般如此紧密地依存在一起，成为一个命运共同体。一个新兴的发展中大国，有着明确的世界定位，也有着明确的发展和"走出去"诉求，这是我国国内治理和进一步发展的现实需求，也是对国际秩序更加合理和人类命运共同体目标的向往的反映。习近平总书记着眼国内治理发展与国际秩序建构，就推动人类命运共同体建设作出了一系列具有前瞻性和实践性的论述，表达了当代中国对未来世界和人类文明进步的深远思考。作为一种非西方式的国际政治和世界秩序建构的主张，构建人类命运共同体得到了世界范围的广泛认可，有着深刻的原

---

[1] 张文显等：《全面依法治国：迈向国家治理的新境界》，党建读物出版社2017年版，第19—20页。
[2] 周望、刘哲昕编：《全面推进依法治国与法治中国建设》，人民出版社2018年版，第64页。

因。一是构建人类命运共同体是兼具远景导向与实践路径的方案。建构人类命运共同体，是在人类面临现实而且严峻的挑战时提出的关于新形势下人类往何处走的远景规划。这些挑战包含了政治领域、公共安全领域、文明传扬领域和人与自然领域等众多领域的挑战，有世界范围内需要面对的问题，有区域性的困境，也有历史遗留问题交织着的世界新问题。这些都是与人类前途命运密切相关的，而且是需要应对的重大问题。构建人类命运共同体这一方案，就是从回答这些问题出发提出的解决方案。习近平主席2015年9月在纽约联合国大会一般性辩论时的讲话，2017年1月在联合国日内瓦总部发表的演讲当中，阐述了中国关于人类命运共同体构建的总体思路和实施路径，提出了既基于历史经验的逻辑总结又展望未来的思路和方案，目的在于让人类社会更加平稳有序运行，人类文明更加熠熠生辉。二是倡导构建人类命运共同体是从多元视角、多重维度寻求人类最大共识。人类命运共同体是一个多维度的概念，是覆盖不同领域、各个层次的，涵盖不同方位、系统性的共同体。从地理区位来看，中国在不同的双边、多边区域以及全球范围提出了构建命运共同体的倡议。从所涉及的领域观察，构建人类命运共同体正是因为覆盖了方方面面，才让这个共同体具有可行性。从推进阶段验视，构建人类命运共同体，是在不同的时期分步骤、循序渐进地加以演进和发展。① 三是人类命运共同体构建倡导注重包容，使各国各地区共生共赢。世界因文明交流而异彩纷呈。面对世界不同地区、不同制度、不同文明、发展的不同阶段，世界各国要求同存异，寻找到各方最大的公约数，形成国家交流互鉴，制度共生共建，文明共享共赢，人与自然和谐相处的良好格局。

---

① 王公龙等：《构建人类命运共同体思想研究》，人民出版社2019年版，第122—125页。

我国对世界的依赖，对国际事务的参与在不断加深，世界对我国的依赖，对我国的影响也在不断加深。站在中国与世界关系新的历史起点上，针对全人类所面临的共同问题，习近平主席构建人类命运共同体的伟大构想，是新时代中国共产党人面向国际社会提出的宏大理想，也是新时代中国关于国际关系新格局和治理理念的方案。概言之，建构人类命运共同体是站在促进世界更加稳定、包容、公平和有序的基础上，立足于解决人类在国际治理和国际秩序上面临的难题，为开辟和形成人类文明和人类社会新的广阔发展空间提出的中国方案，这种方案是中国的，也是世界的。

二、全面依法治国方略的历史地位

办好中国的事情关键在党，这是基于党在中国政治体系中的特殊地位所作出的深刻判断。全面依法治国基本方略从提升党的执政能力这一根本诉求出发，从战略规划层面把握和考量全面推进依法治国，使全面依法治国成为确保党长期执政、国家稳定发展的根本制度举措，开拓了党的执政和治国理政的新视野。全面依法治国基本方略坚持以马克思主义理论为指导，并且深化和发展了马克思主义法治理论中唯物论、辩证法和唯物史观在新时代治国理政中的实践应用，使之贯穿于全面依法治国法治实践的始终，成为马克思主义法治理论中国化的最新成果。全面依法治国基本方略实现了从法治工具向法治制度的转向，围绕新时代发展要求，注重系统推进和理论创新，使社会主义法治优越性更加凸显，从而丰富和发展了中国特色社会主义法治理论。探索和实践推进全面依法治国形成了中国经验和中国模式，为世界法治和政治文明进步提供了中国智慧和中国方案。

（一）汇集大成：党执政和治国理政的新视野

伟大思想的产生离不开其赖以存在的土壤，其创立者的出现也绝非偶然。正如马克思所言,"人们自己创造自己的历史,但是他们并不是随心所欲地创造,并不是在他们自己选定的条件下创造,而是在直接碰到的、既定的、从过去承继下来的条件下创造"[①]。马克思主义的创立是立足于当时生产力和生产关系发展现状、社会现状、阶级现状以及在自然科学和社会科学领域取得的进步基础之上的。同理,全面依法治国基本方略也集成了治党治国治军、改革发展稳定、内政国防外交等方面的成就,是中国共产党成立特别是改革开放以来党依法治国的良好传统的集大成,是中华文化、社会主义文化和世界文明的优秀成果的集大成。

第一,是改革开放以来中国特色社会主义法治理论与实践的集大成。党的十一届三中全会的召开,吹响了改革开放的伟大号角,开辟了具有中国特色的社会主义的发展道路,中华民族从此迈向民族复兴的新征程。全会作出了两项至关重要、具有历史意义的决定,其一是将国家中心任务转移到经济建设上来,其二是将国家民主法制建设提升到重要的位置,明确了"有法可依、有法必依、执法必严、违法必究"的法制工作指导思路。[②] 改革开放40多年的发展历程并非一帆风顺,在每个阶段都面临着来自内部和外部的风险和挑战,党的几代中央领导集体带领人民励精图治,不断加强和完善制度体系的理论与实践创新,使得国家经济实力快速提升,综合国力显著增强,总体达到小康水平。

进入新时期,国内国际环境发生深刻变化,我国经济发展进入新常态,各个领域改革持续加速,人民对美好生活的需求日益提高,党的执政能力建设和治国理政能力提高成为迫切需求。同时,国际格局不确定性增加,不安定、不稳定因素增多,出现"逆全球化"等现象。以习

[①] 中共中央马克思恩格斯列宁斯大林著作编译局编译:《马克思恩格斯选集》第4卷,人民出版社2012年版,第669页。

[②] 张文显:《中国法治40年:历程、轨迹和经验》,载《社会科学文摘》2018年第11期,第64—66页。

近平同志为核心的党中央直面国内外复杂矛盾和严峻挑战，发出了全面依法治国的号召，提出"四个全面"战略布局，实现了由"法律体系"向"法治体系"、由"法治国家"到"法治中国"的转变；在推进方式上实现了由"常规建设"向"全面推进"的转变、由"依法治国"向"全面依法治国"的转变；在规制对象上实现了对国家政治、经济、社会各个领域的全覆盖；在领域视野上实现了从面向中国向放眼世界的转变，致力于通过构建人类命运共同体，形成世界治理新格局。这使得党内气正风清、务实民主，国家面貌焕然一新，中外关系和国际环境得到切实改善，对全面建成小康，进而实现社会主义现代化强国的奋斗目标发挥了非常重要的作用。中华民族比任何时候都更加接近世界舞台的中心，也更加接近伟大复兴的中国梦的实现。

巨大成就的实现，是改革开放40多年来党的几代中央领导集体连续奋斗的结果，是基于党在新时代深化改革开放，坚持党要管党、从严治党，坚持人民当家作主和人民主体地位，坚持和加强马克思主义及其中国化成果的指导地位，坚持全面依法治国和"五位一体"发展战略的系统布局和务实推进所取得的。从此，党治国理政有了更为系统、更为深刻、更具有时代新意的认识，形成了完整的理论体系，而全面依法治国基本方略正是其重要体现。① 由此可以说，全面依法治国基本方略是改革开放以来中国特色社会主义法治理论与实践的集大成。

第二，是加强党执政能力建设思想的集大成。执政能力概念的完善经历了一个不断探索和创新发展的历程。列宁曾深刻指出执政能力建设的重要性，认为我们需要的是新型的政党，这种政党不同于以往任何政党，是能够与人民群众保持真正意义上的密切联系，并且善于领导人民

---

① 曹泳鑫：《论习近平新时代中国特色社会主义思想的历史地位与研究视野》，载《毛泽东邓小平理论研究》2018年第6期，第1—5页。

群众的党。① 善于领导就是列宁对执政党执政能力提出的明确要求。2001年5月,江泽民同志提出了努力提高党的领导水平和执政能力,提高拒腐防变和抵御风险能力的要求,这是党关于执政能力的第一次明确表述。2004年9月,胡锦涛同志在党的十六届四中全会上对加强和推进党的执政能力建设提出了具体的要求。②

中国共产党是社会主义中国的缔造者,是社会主义制度的设计人,先有党,而后才有社会主义的新中国。中国共产党的领导地位和执政能力建设关乎党的领导地位,关乎社会主义事业的兴衰。加强党的执政能力建设具有十分重要的理论与现实意义,这也是党执政后的一项根本性建设。党的特定领导方式的运行,有一个根本性的前提条件,这就是共产党连续的、长期的执政,而党治理自身的状况决定着党的执政实践状况。全面依法治国基本方略正是站在提升党的执政能力的战略高度,把执政能力提升与全面依法治国,把厉行法治与深化治理结合起来把握的。这是具有深远历史意义的考量和安排,也是对实现党和国家治理体系和治理能力现代化的整体设计和务实推进。因此可以说,全面推进依法治国是在总结党长期领导人民和执政的丰富经验基础上面向未来提出的指导思想,是中国共产党执政思想的集大成。

第三,是科学社会主义百年认识与实践的集大成的重要组成部分。马克思、恩格斯完成了对于乌托邦式社会主义的扬弃和超越,创立了科学社会主义理论体系。列宁将这一理论体系转化为国家形态,并在科学社会主义实践的道路上使马克思主义不断得到验证和发展。③ 马克思、

---

① 中共中央马克思恩格斯列宁斯大林著作编译局编译:《列宁全集》第39卷,人民出版社2017年版,第227－228页。

② 傅大华:《科学发展观与执政党执政能力建设思考》,载《理论与当代》2004年第8期,第29—30页。

③ 蒲国良:《世界社会主义五百年回眸》,载《科学社会主义》2016年第2期,第4—9页。

恩格斯的科学社会主义理论利用唯物史观、剩余价值理论这两大有力的批判武器，指出了资本主义必然为社会主义和共产主义所代替的演变趋势，揭示了人类社会向更高级的阶段发展的历史必然和历史规律。同时，资本主义快速发展，矛盾集中爆发，也令统治者深深地感受到，在资本主义制度内蕴含着巨大的革命力量，隐藏着巨大的不可调和的社会和阶级矛盾，为缓解这种矛盾，资本主义统治阶级内部也做出了调试和改良。

科学社会主义理论的诞生，为那些饱受欺凌、压迫和殖民的国家和民族实现独立和解放提供了另外一种道路和制度选择，这就是社会主义道路。1917年俄国社会主义革命成功，将科学社会主义理论从纸面理论变成了一种可以指导实践的理论，开创了科学社会主义发展的新纪元，引起了全世界的关注，也改变了中国社会和革命的前途和命运。科学社会主义作为一种全新的社会制度和形态存在，在俄国和苏联的实践中产生了巨大的生产力和生命力，让苏联用了20余年的时间就发展成为工业和军事上的大国和强国。社会主义在我国的实践所取得的成绩也为全球所瞩目，新中国建立70年，改革开放40年来，我国经济总量已位居世界第二，对全球经济增长的贡献率超过30%，累计减少贫困人口7亿之多，这对于一个拥有14亿多人口的国家来说，成就是巨大的。但也应看到，我国社会主义仍然并将长期处于初级阶段，社会主义的发展也面临诸多矛盾风险和挑战。社会主义在资本主义的夹缝当中生存，导致我们的发展中有来自内部的风险，也有来自资本主义国家的挑战和挤压。因此，社会主义的发展并不是也不可能是一帆风顺的，苏联解体、东欧剧变，我国在发展进程中所犯的路线和方针错误，都说明了这一点。① 这让坚持走社会主义道路的人们认识到，社会主义的发展需要不断地深化，不断解决国家内部问题，着力加强执政党自身的建设，从而使社会主义持续长远发展，向着科学社会主义理论所指明的方向和更高层次的社会形态发展和演进。党的十八大以来，以习近平同志为核心的党中央围绕改革、发展，破旧立新、守正创新，形成了新时代关于国家治理的新思想，这就是习近平新时代中国特色社会主义思想，这是科学社会主义理论与实践在中国的创新发展。因此可以说，全面依法治国基本方略作为习近平新时代中国特色社会主义思想的重要内容，其在法治领域体现的思想智慧和实践探索是百年科学社会主义认识和建设实践集大成的重要组成部分。

第四，是中华优秀传统文化和人类文明进步思想的集大成。马克思、恩格斯在19世纪批判吸收古典哲学、政治经济学、空想社会主义等思想文化的有益成果，借力于进化论、物理学等自然科学取得的进步，创立了马克思主义。他们的理论和视野并不局限在欧洲这一场域，对东方的民主革命和发展也有着诸多观照。他们致力于实现全人类的解放，为人类的事业而奋斗，这使得马克思成为其所处时代人类思想集大成者，也成为千年第一思想家。② 20世纪时，国际社会风云激荡，社会主义革命波澜起伏，这样的国际社会背景和革命背景，造就了列宁、毛泽东等时代伟人、思想领袖，他们是优秀民族文化和人类文明孕育的历史巨人。

屹立于21世纪新时代的中国，学习领会全面依法治国基本方略时，也应该具有宏大的视野。鉴古而明今，中华民族5000多年的文明史中，

---

① 陈红太：《社会主义：中国的百年追求与探索》，载《探索与争鸣》2002年第2期，第13—14页。
② 熊若愚：《马克思是"千年第一思想家"》，载《学习时报》2018年5月7日，第1版。

蕴含着推进法治建设的有益启示。习近平总书记注重对中华优秀传统法律文化的发展和应用，指出，对于我国古代法制传统和成败经验，应深入分析研究，发掘其中的法律文化精髓并加以传承，使其能够服务于现代法治建设。①

我们处于一个世界各国、各地区密切关联的时代，处于一个地缘纷争、文明冲突、不稳定频发，但利益和命运交织在一起的时代，这也是中华民族不断走向伟大复兴的时代，是中国致力于构建人类命运共同体国际新格局的时代。新时代呼唤新思想和时代伟人。全面依法治国基本方略是中华传统文明的时代转化，是对世界法治文明的超越，是中华传统文明和世界法治文明在新时代的集大成。

（二）法脉隆起：马克思主义法治理论与实践的新境界

全面依法治国基本方略坚持马克思主义立场、观点和方法的基础上，结合马克思主义法治基本原理，立足新时代中国国情和实际，创造性地发展了马克思主义法治学说基本原理，并将全面依法治国这一治国理政的基本方略推行开来，开辟了马克思主义法治理论与实践的新境界。马克思主义法治理论始终将唯物论、辩证法和唯物史观贯穿其中，全面依法治国基本方略对于这些理论的发展也贯穿于法治理论与实践的全程。

首先，坚持和发展了马克思主义法治理论中唯物论的基本原理。马克思、恩格斯把唯物论的基本原理运用到法律领域，在《德意志意识形态》中提出，国家与法的现实基础是不以人的意志为转移的生产方式和交往形式，②在《资本论》中则进一步表明，"法的关系正像国家的形式一样，既不能从它们本身来理解，也不能从所谓人类精神的一般发展

---

① 中共中央文献研究室编：《习近平关于全面依法治国论述摘编》，中央文献出版社 2015 年版，第 32 页。
② 孙国华、杨思斌：《马克思主义关于法的本质的基本原理必须坚持》，载《党政干部学刊》2003 年第 4 期，第 4—5 页。

来理解，相反，它们根源于物质的生活关系"①。法治作为国家政治文明和政治建设的重要内容，其推进和发展应立足于我国的经济发展实际，立足于我国的法治实际，与国情相匹配和适应。全面依法治国强调紧密结合我国法治建设的国情实际、人民期待实际、道路的实际，是对马克思主义法治理论唯物论的极大遵循，也是新的理论阐释与实践发展。

其次，坚持和发展了马克思主义法治理论中唯物辩证法的基本原理。唯物辩证法是关于世界永恒发展以及普遍联系的科学世界观和方法论。马克思、恩格斯的法治理论突出体现了他们对法治观的整体认识是基于整个社会环境、文化与法治之间的关联产生的。② 全面依法治国基本方略在推动法治建设时，充分运用普遍联系、系统推进的辩证思维，着力推动法治中国建设：在法治运行的立法、执法、司法、守法四个环节，提出了"科学""严格""公正""全民"的要求；在建设法治体系上，注重整体布局法律规范、法治实施、保障、监督和党内法规五大内容；在"共同推进"和"一体建设"上深刻体现和创新运用整体性思维和关联性思维；将全面依法治国与战略布局深度嵌连融合，系统辩证地处理改革和法治中"破"与"立"、治权与治党、民主与法治、稳定与活力、信念与能力等方面的关系。这些都是对马克思主义法治理论中唯物辩证法原理的深度运用和切实发展。

最后，坚持和发展了马克思主义法治理论中人民观的基本原理。马克思、恩格斯提出的"人是人的最高本质""人的根本就是人本身"③

---

① 中共中央马克思恩格斯列宁斯大林著作编译局编译：《马克思恩格斯选集》第2卷，人民出版社2012年版，第2页。

② 许海东：《马克思恩格斯法治观要旨及其时代价值》，载《理论导刊》2016年第2期，第85—89页。

③ 中共中央马克思恩格斯列宁斯大林著作编译局编译：《马克思恩格斯选集》第3卷，人民出版社2002年版，第207页。

"不是人为法律而存在,而是法律为人而存在"① 等论述是对法治人民观的极大肯定和揭示。习近平总书记强调,要坚持以人民为中心的发展思想,顺势而为,不断满足人民群众对美好生活的需求。② 坚持全面依法治国基本方略,捍卫了马克思主义法治理论人民法治观的基本原理,并将其提升到前所未有的高度。习近平总书记强调,人民群众是依法治国的主体和力量源泉,实现人民福祉是全面依法治国的基本遵循。实践证明,全面依法治国作为党带领人民治国理政的一项基本方略,其发展的每一个阶段都体现了法治发展为了人民,法治进步服务于人民权益保障的目标。全面依法治国方略所制定的目标,都是与国家发展状态和人民需求相协调和适应的,都是为了满足人民日益增长的美好生活需要,让人民群众更好参与和亲身感受法治的过程,更加关注法治的实质正义和程序正义,更加关切法律价值的彰显和透明公开,使人民的合法权益得到更有力的保障,形成更加广泛、真实、管用的民主和更加平等、公正、正义、安全的法治。全面依法治国基本方略的人民观细致地体现在国家发展的各个阶段和法治运行的每个环节,这是将马克思主义法治理论人民观活学活用、创新发展的翔实典范。

(三)与时俱进:中国特色社会主义法治理论的新发展

法治事业环环相扣,法治火炬代代相传。全面依法治国基本方略从革命、建设和改革中来。马克思、恩格斯、列宁、斯大林等革命导师用革命和建设的实践,揭示了资本主义法治的虚伪性。在我国,以毛泽东为核心的中央领导集体坚持马克思主义基本原理,推动社会主义法制在摸索中前行。以邓小平为核心的中央领导集体开创了社会主义民主法制事业的新局面,使社会主义法治建设迫切需要解决的问题得到重视,并

---

① 中共中央马克思恩格斯列宁斯大林著作编译局编译:《马克思恩格斯全集》第3卷,人民出版社2002年版,第40页。

② 习近平:《习近平谈治国理政》第2卷,外文出版社2017年版,第40页。

对此进行了初步论述。这种论述和法治建设理念在以江泽民为核心的中央领导集体那里得到优化，依法治国被确立为治国战略。以胡锦涛为核心的中央领导集体提出社会主义法治理念，和谐社会建构凸显法治效用。这些都使社会主义法治理论在不同的阶段都得到了传承、发展和丰富。

中国特色社会主义法治理论是中国特色社会主义理论的重要组成部分，它是马克思主义先进理论和中国具体实践的有机结合，是不断创新发展，拥有强大生命力的法治理论体系。[①] 习近平总书记在继承和借鉴以往法治成果的基础上进行创新，对中国特色社会主义法治理论的发展作出了巨大理论贡献。以习近平同志为核心的党中央所面临的社会结构、时代背景、党情国情，与前面所有时期党的领导集体面临的情况有着巨大差异。这是一个需要重视法治的时代，也是一个要求在法治方面产生重大创见的时代，这使全面依法治国基本方略有了产生的历史可能。在具有重大创见的全面依法治国基本方略的指导下，当代中国法治之路高开高走，走向法治高原期，未来必将登上法治发展的高峰。全面依法治国基本方略的贡献主要有以下几点。

首先，使法治实现了由工具主义向制度主义的跨越。对于社会主义法治的全面推进，习近平总书记提出了"法治社会主义"这个概念[②]。历史上，法治即使被确定为战略，也停留在治理国家的工具层面上，法治是实现国家治理各种目标的手段，法治服务于经济发展，服务于社会稳定，服务于各项建设。习近平总书记主张，法治不仅仅是治国的手段，更是治国的基本要求，是中国特色社会主义国家应有的制度属性和

[①] 黄进：《新时代中国特色社会主义法治理论的创新发展》，载《人民论坛》2017年第33期，第104—105页。

[②] 王耀海：《马克思主义法学的逻辑脉向》，中国社会科学出版社2016年版，第435—437页。

内在要求。因此，全面依法治国的地位更加突出，作用更加重大，法治逐渐从技术工具转变为制度追求。从实质上而言，中国特色社会主义法治体系是中国特色社会主义制度在法治领域的表现形式，法治内在地嵌入了社会主义制度体系当中，是建设社会主义现代化中国的必有之义。也就是说，通过法治才能真正建成社会主义，社会主义的建成也意味着法治的建成。可见，法治已从战略转换为制度，从外在工具变成内在要求。这是对法治重要性的认识的提升、创新和发展，也能够更好地引起人们对全面推进依法治国的重视，在实践中推动全面依法治国向前发展。

其次，形成了系统推进社会主义法治建设的理论。推进依法治国不是常规的推进，而是系统全面的推进。改革开放40多年以来，党和国家几代领导人带领全国人民奋勇前行，中国特色社会主义法律体系已然形成。在这个基础上，习近平总书记提出中国特色社会主义法治体系的理论。"法治体系"是对"法律体系"的升级，是从静态的规范体系到动态的适用体系的全面升级，这其中包含了法治运行环节的全面提升，体现在立法要求更科学、执法要求更严格、司法要求更公正和守法的全民性上，包含了法治体系的规范、实施、保障、监督和党内法规五大子系统，也包含了两个三位一体的共同推进和一体建设，等等。法治体系理论的提出是对社会主义法治建设的立体化、全方位、革命性的提升，也是对中国特色社会主义法治理论整体性思维的推进和发展。

再次，围绕新时代主题，加强了社会主义法治理论创新。一是创新党的领导、人民当家作主和依法治国三者的作用和统一的理论。江泽民同志作出了党的领导是根本保证，人民当家作主是本质要求，依法治国是基本方略的论述。[①] 习近平总书记在将党的领导确定为根本保证的基

---

① 江泽民：《江泽民文选》第3卷，人民出版社2006年版，第553页。

础上,将其进一步深刻内化为"应有之义",提出将党的领导贯彻到社会主义事业的全程当中,使其不仅发挥保证作用,更是"像空气一样"让人不敢离开党和国家的命脉所在。习近平总书记将人民当家作主从"本质要求"发展为"本质特征",是对人民主体地位的崭新诠释。"本质要求"体现的是对人民主体地位的实现的期待,"本质特征"是对人民主体地位的尊重和彰显的表达。将依法治国从基本方略上升为新时代治国理政的基本方略,这是对法治作用和属性的深刻认知。同时,全面依法治国基本方略还强调加强三者间的辩证统一联系,使其更好地融入社会主义法治理论体系当中。二是创新改革与法治关系的理论。改革和法治一度被认为是一对不可调和的矛盾,改革讲的是"破",而法治强调的是"确定"和"规范"。全面依法治国基本方略对于两者关系作出了全新的阐释,认为改革需要在全面依法治国的制度背景下进行,确保改革不是天马行空,毫无章法,而必须有法治前提,于法有据。同时,法律规范建设存在滞后性,因此全面依法治国也要不断改革,一些改革还可以通过顶层设计的方式有序推进,确保两者互相促进。全面依法治国基本方略确立了"在法治下推进改革,在改革中完善法治"[1]的基本原则,这表现在党中央和国家在作出一系列重大部署和决策前肯定会有法律和法理依据的出台和保障。三中全会决定为改革指明方向,四中全会决定为法治指明方向,雄安新区建设、深圳先行示范区建设等等,都是规范先行,改革有据。三是创新党与法之间关系的理论。中国共产党作为领导中国走向民族复兴的领导性力量,所面对的社会政治环境变化多端,所承担的职能纷繁复杂,在领导中国走向民族复兴的过程中,能否坚持执政权力规范化,能否善于使党的路线方针政策法治化,是党能

---

[1] 中共中央文献研究室编:《习近平关于全面依法治国论述摘编》,中央文献出版社2015年版,第52页。

否实现执政目标的关键因素。在政治法治化的问题上，习近平总书记立足已有理论和实践探索，形成了新的执政和治国范式，提出，全面依法治国就是要依宪执政、依法执政，有了将党的意志法治化的前提，依宪执政、依法执政便是水到渠成的，这也体现了党法关系的高度一致。对于"党大还是法大"这一政治陷阱，习近平总书记予以了深刻批驳，强调党法高度统一，并提出了"四善于论"，其核心意旨在于表明党不会止步于对长期执政地位的满足，而是要通过系统的设计理顺党法关系，更好地实现立党执政的目标和宗旨。

最后，实现了对社会主义法治理论优越性的提升。习近平总书记通过全面推进依法治国极大地凸显了社会主义法治理论与实践的优越性。中国在中国特色社会主义道路上取得了巨大的成功，世界上任何人都不能否认，中国特色社会主义制度正在而且将持续地彰显其旺盛生命力和巨大的制度优越性。全面依法治国基本方略作为习近平新时代中国特色社会主义思想和中国特色社会主义法治理论的重要组成部分，在推动新时代全面依法治国的进程中发挥了科学理论引领和实践导航的作用，推动中国法治建设取得了前所未有的进步。放眼全球、面向世界，国际环境和国际格局从未有过今天这样的大变局：国际格局稳定性式微，全球治理变革，信息通信快速发展，国家与国家之间、地区与地区之间联系更加紧密，政治、经济、贸易相互依存度更高。在这样的世界形势下，任何国家或地区都不可能"闭门造车""孤芳自赏"。社会主义中国愿意和其他国家地区分享在法治领域基于制度优势取得的成绩和经验，这为其他国家实现民主化、法治化提供了可行的道路选择和参考。中国全面依法治国的推进对于支持和构建人类命运共同体也有着巨大的促进意义。这都是对社会主义法治理论优越性和实践成效的提升。

（四）世界情怀：人类政治文明的中国经验和中国智慧

"党的领导是人民当家作主和依法治国的根本保证，人民当家作主是社会主义民主政治的本质特征,依法治国是党领导人民治理国家的基本方式,三者统一于我国社会主义民主政治伟大实践。"① 这是习近平总书记对我国民主政治的特点和优势作出的高屋建瓴的表述。在党的十九大报告第六部分的最后,习近平总书记特别强调,我们有信心、有能力把我国社会主义民主政治的优势和特点充分发挥出来,并为人类政治文明进步作出充满中国智慧的贡献。② 新时代党和国家领导人基于我国民主政治制度在理论和实践中所展现的旺盛生命力和事实说服力,以高度的制度自信向世界宣布我们的成就,并愿意向世界分享我们在民主政治建设上的智慧和方案,这些智慧包括以下内容。

首先,加强和改善政治领导是基本前提。现代社会的政党实现意志和治理国家的主要方式是法治,法治始终是政党实现政治目标的重要手段。世界上的不同国家,如果不结合本国的具体实际,盲目移植和复制其他国家的模式,将产生极大的"排异"反应,使照搬的模式水土不服,起到适得其反的效果,亚洲和非洲不少国家和地区一味照搬西方模式,就是反面例证。全面依法治国基本方略紧密结合我国实际,把加强和改善政治领导尤其是执政党的领导作为一个基本前提并始终坚守。它始终强调党对依法治国的领导贯穿在各方面,党的领导也贯穿法治运行的各个环节,这使法治建设能够形成系统性的谋划,将公平正义的价值追求贯穿始终,同时还有党的领导来托底,以保障正义的实现,念斌案等案件经过复核纠正,还当事人以迟到的正义,还法治以尊严,就是对于正义保证的最好诠释。通过加强和改善党的领导,我国形成了具有中国特色的基本经验和基本做法,也取得了实实在在的效果。在习近平总书记全面依法治国重要论述和全面依法治国基本方略的指引下,人民各

---

① 习近平:《习近平谈治国理政》第 3 卷,外文出版社 2020 年版,第 28—29 页。

② 习近平:《习近平谈治国理政》第 3 卷,外文出版社 2020 年版,第 32 页。

项权益得到切实保障，社会秩序井井有条，人民群众幸福感、获得感显著增加。

其次，人民当家作主是价值旨归。坚持人民当家作主是新时代坚持和发展社会主义民主政治的本质要求。在我国的政治体制下，人民就是依法治国的主体和力量源泉，因此在法治发展进程中，人民也应该成为发展的最大受益者。社会主义法治事业推进的过程，不断地印证了我国注重人民利益、确保人民权益实现的客观事实。随着我国在经济领域取得巨大发展和民主政治不断进步，人民群众的价值主体地位也越来越受到重视。在我国，以"人民为中心"和实现人民福祉不是停留在纸面上和口头宣传上，而是实实在在地体现在国家和社会生活的各个领域当中的。这一价值追求贯穿于治国理政的各个方面和改革发展的各个环节，它以人民满不满意作为评价标准，将发展和改革的红利充分释放给广大人民群众。我国的民主是真切的民主、为民的民主，我们的模式和价值遵循必将成为世界政治文明中民主和为民的典范。

最后，根据国情选择法治道路。人类政治发展道路的选择因各国所处发展阶段、发展模式、政治体制等存在差异而有明显的多元性和多样性特点，每一种法治道路选择的背后都有一套政治体制和政治逻辑。在我国法治建设推进过程中，在深刻把握全面依法治国等一系列根本问题的基础上，以习近平同志为核心的党中央在法治道路选择上高举"坚持走中国特色社会主义法治道路"旗帜，使其成为法治建设的基本遵循和航向。习近平总书记从道路选择的历史依据、政治属性与主要原则三个主要方面深刻揭示了法治道路选择的重要性。道路选择是历史发展和实践探索演变逻辑的延伸，是对法治建设的科学指导和发展前瞻。法治发展模式是建立在政治基础和体制之上的，不同国家的政治体制决定了其有不同的法治模式和法治道路，这是道路选择的政治属性。此外，道路选择必须遵循相应的基本原则。中国走出了一条具有中国特色的社会主义法治道路，事实证明，这是符合中国实际的、有效可行的道路。

全面依法治国基本方略中蕴含着我国民主政治建设丰富、深刻的思想内涵，不仅对民主法治建设，对世界范围内的政治文明发展繁荣也提供了很好的理论清样与实践示范，在世界政治文明的"大花园"中，中国智慧和中国方案芬芳满园。

第七章　全面依法治国方略对大学生法治教育的启示

全面依法治国基本方略包含明确的价值导向和丰富的知识体系，其提出的背景和理论资源都有清晰的马克思主义法治观的底色。然而，法律不能只是纸上的条文，而要写在公民的心中，使法治成为一种全民信仰。党的十八届四中全会提出，深入开展法治宣传教育，把法治教育视为"引导全民自觉守法、遇事找法、解决问题靠法"的重要途径。因此，通过开展法治宣传教育推动全社会树立法治意识、培育法治信仰将成为一项长期的基础性工作。大学生是我国社会未来发展的中坚力量，对他们的法治教育，直接关系到法治中国的建设进程，我们要在全面依法治国基本方略下强化大学生法治教育，使大学生领会法律精神、理解法律体系、树立法治理念、维护法律权威，并最终形成法治信仰。

一、大学生法治教育的基点是确立马克思主义法治观

古今中外每个国家都是按照自己的具体要求来培养人才的。习近平总书记指出："教育和办学思想流派传播理论观点不一，但在教育必须培养社会发展所需的人，这一点上是有共识的。"[①] 培养社会发展所需

[①] 习近平：《在北京大学师生座谈会上的讲话》，人民出版社2018年版，第5页。

要的人，说具体点就是培养社会发展，积累知识，文化传承，国家程序、制度运行所要求的人，所以办学总是与国家的政治要求紧密相连，也总是在服务自己国家发展的过程中壮大。

我们的教育是社会主义教育，这是国家性质决定的。办学方向决定着办学道路，也决定着要培养什么人。培养什么人是教育的首要问题，一所学校一旦在办学方向上走错，在培养人的问题上走偏，那就像一棵歪脖子树，无论如何也长不成参天大树。青年学生的价值取向决定未来整个社会的价值取向，关系到中华民族是否具有长久竞争力，关系到中国特色社会主义事业是否能持续发展。我国教育要培养的是社会主义建设者和接班人，没有什么比培养建设者和接班人更重要，也没有什么比这个方向出问题更危险。教育工作要理直气壮地讲政治，社会主义教育理所当然要坚持社会主义办学方向，坚持马克思主义指导。

（一）增强社会主义道路自信

全面推进依法治国要走对路，就要从中国国情和实际出发，走适合自己的法治道路，决不能照搬别国模式和做法，决不能走西方"宪政"的路子。道路自信是当前法治中国和法治教育建设必须且应当有的核心坚持，是"四个自信"的引领。民族自信心是国家发展和自我完善的必要条件，只有其公民具有更强的民族自豪感，这个国家才能在政治上有所作为。中国特色社会主义道路是内生于中国数千年制度文明的，是中国人民的必然选择，我们在现代化进程中的成绩，就是在中国特色社会主义理论指导之下，选择和坚持中国特色社会主义制度和道路取得的。

全面依法治国基本方略在增强法治道路自信上有其历史必然性。首先，这是数千年制度文明的内生性需求动力。中华文明是人类历史上唯一绵延数千年而不绝的文明，曾经以占世界三成左右的人口创造了占世界经济总量一半以上的经济量，四大发明、中华法系对世界贡献很大、影响深远。近代以来，中国统治者的无能使我国备受欺侮，国家处于四分五裂状态，在先进的工业文明和现代法治文明面前成为任人宰割的羔羊，但是，整个中华民族的国家认同感不仅没有消失，反而愈加强烈。强大的心理反差，迅速形成了寻求复兴强国之路的共识，一大批开眼看世界的仁人志士投身民族复兴的伟大斗争之中。这些内部变化是中国向现代转变的基础。质言之，悠久文明、制度积累的历史优越感，近代转型遭挫后内忧外患叠加催生的强烈民族认同感，使庞大而中空的农耕国家在面对西方近现代文明时产生的内生性推动了自己的现代化道路选择。①

其次，这是近代以来不断试错后的理性选择和对中外正反两方面经验深刻反省与总结的结果。如果说现代性的登场为中国历史上第一次吹响制度号角的戊戌变法运动构筑了背景，那么这个现代性的背景中不仅有戊戌变法运动之前刚刚失败的甲午海战，也有这之前的洋务运动，甚至更早的鸦片战争。西方列强通过一系列不平等条约不断侵犯古老的中国的政治主权、领土、经济主权和利益，人们开始认识到，走自己的现代化强国之路才可能根本改变落后挨打的局面。洋务运动意欲工业实业兴国，戊戌变法打算施行新政、学习日本等国的君主立宪，实现强国之愿，最终都以失败告终。孙中山领导的辛亥革命推翻了帝制，但之后，国家陷入军阀割据、连年混战的局面，国民党南京政权也只是在形式上实现了中国的统一，没能也不可能真正带领中国走向现代化道路。中国内部生成的强大变革力量最为集中地体现于中国共产党的诞生。但中国共产党领导人民进行的现代化建设也不是一帆风顺的，新中国成立之初照搬苏联的集体化道路，最终被证明是行不通的。在认真总结中外成败两方面经验教训后，我们才找到了这条适合中国自己的中国特色社会主

---

① 卢显洋：《法治中国建设的现代性反思》，载《社会科学家》2020 年第 3 期，第 113—121 页。

义道路。走中国特色社会主义道路、建设法治国家是中国人民的理性选择,是已经被实践证明了的适合中国的唯一正确道路。

最后,这是中国特色社会主义法治建设所取得的成就。我国在改革开放之初提出的法治建设十六字方针中的"有法可依"即建设完备的法律制度。党的十五大作出"依法治国"战略决策,并明确规划了建设中国特色社会主义法律体系日程,并已于2011年初宣告如期建成。中国特色社会主义法律体系的建成无疑为国家法治建设提供了前提和规范条件。其后,我们也并没有停滞不前,因为中国特色社会主义法律体系的建设不可能毕其功于一役,而是要在不断回应社会发展和法治进程的需要中完善,我们先后对刑事诉讼法、民事诉讼法、行政诉讼法、立法法、公司法及数部重要的商事法律法规进行了重大修订,建立了宪法宣誓制度,颁布实施了《民法典》等。同时,党的法治水平的提高也为我国现代法治国家建设提供了政治保障和条件。四十多年来,特别是党的十八大以来,我国执政党的法治意识和能力明显提升,加强了党内民主、建立完善了党内法规,《关于新形势下党内政治生活的若干准则》《中国共产党党内监督条例》以及一大批重要的关于纪律处分、问责、廉洁自律、巡视工作、干部选拔等事项的党内法规颁布出台,从根本上改变了党内法规不健全的状况。

(二) 坚定法治为民信念

国家发展为了谁?国家发展进步带来的成果由谁享有?对这两个问题的追问其实是对价值归属的追问,是确立发展战略必须首先要解决的问题。习近平总书记在不同场合多次强调"人民对美好生活的向往,就是我们的奋斗目标"[①],并围绕"以人民为中心""人民立场""民心""人民群众获得感"等关键词提出了一系列新主张和新见解。党的十八

[①] 中共中央文献研究室编:《十八大以来重要文献选编》上,中央文献出版社2014年版,第70页。

大以来的历次中央全会也对实现人民福祉给予了高度关注。党的十八届三中全会提出改革的目标是要惠及全体人民，十八届四中全会提出为民立法，立法要充分反映人民的心声，"十三五"规划纲要提出发展的根本目的是实现最广大人民的根本利益，等等，其共同主题就是发展需要依靠人民，发展是为了人民，发展成果应由人民享有。这体现了中国共产党一以贯之的以人民为主体、以人民为中心的深厚情怀和孜孜不倦为人民谋福祉的价值追求。在全面推进依法治国的新征程中，以人民为中心的发展理念的确立有其深刻的政治、逻辑和现实原因。法治建设要为了人民、依靠人民、造福人民、保护人民，就必须牢牢把握社会公平正义这一法治价值追求，努力让人民群众在每一项法律制度、每一个执法决定、每一宗司法案件中都感受到公平正义。要把体现人民利益、反映人民愿望、维护人民权益、增进人民福祉落实到依法治国全过程，保证人民在党的领导下通过各种途径和形式管理国家事务，管理经济和文化事业，管理社会事务。

创新和发展中国特色社会主义法治理论，前提是把党的根本政治立场贯彻到法治建设进程中。我国社会主义制度保证了人民当家作主的主体地位，也保证了人民在全面推进依法治国进程中的主体地位。必须尊重人民的首创精神，将人民意志体现于科学立法、严格执法、公正司法、全民守法的各领域、全过程。必须充分践行以人民为中心的发展理念，坚持法治为了人民、依靠人民、造福人民、保护人民，以保障人民根本权益为出发点和落脚点，保证人民依法享有广泛的权利和自由、承担应有的责任。坚持法律面前人人平等，在维护社会公平正义的同时切实保障与满足人民日益增长的美好生活需要。

概括而言，新时代"以人民为中心"的全面依法治国基本方略包括我国法治建设一切为了人民的目的论、一切依靠人民的方法论和一切实践成效由人民来检验的效果论等三个方面的核心要义。①

一是目的论。法治建设一切为了人民。关于法的本质，马克思认为，法是掌握国家政权的统治阶级意志的表现。法作为一种意志表现，它必须是一定主体的意志，而这个主体只能是统治阶级。与资本主义国家的法律维护少数资本家的利益不同，我国是社会主义国家，人民是国家的主人，我国的法律体现的是人民的意志和利益。中华人民共和国现行宪法明确规定，中华人民共和国的一切权力属于人民，一切国家机关及其工作人员的权力都来自于人民。因此，我国法治建设必然要站在人民的立场上，将为人民服务作为最终目的。可以说，以人民为中心，一切为了人民，为了人民的一切，牢固树立人民利益至上的思想，既是全面依法治国基本方略的出发点，也是落脚点。法治建设一切为了人民，重点就是要坚持人民主体地位，全心全意为人民服务。坚持和尊重人民的主体地位要求我们把握好以人民为中心的法治建设的工作导向，始终把人民群众的根本利益放在最高位置，将党的群众路线贯彻到立法、执法、司法的各个环节中去，对群众充满深厚感情，对群众负责，为群众谋利。

二是方法论。法治建设一切依靠人民。全面依法治国基本方略之所以能够开创马克思主义法治思想中国化的新境界，重要的原因之一就是坚持了一切依靠人民群众这一历史唯物主义的方法论。根据历史唯物主义群众史观的基本观点，人民群众是推动历史发展的动力，人民群众是实践的主体，离开了人民群众，党和国家的事业就会一事无成。我们党取得革命、建设和改革开放辉煌成就的最重要的一条经验，就是始终依靠和团结广大的人民群众，同群众保持密切的鱼水关系和血肉联系，始终相信人民群众是党的事业的力量源泉和可靠保证。我国改革开放和现

---

① 王辉：《坚定法治自信 建设法治中国》，载《学习月刊》2019 年第 12 期，第 16—17 页。

代化建设事业的蓬勃发展，也得益于人民群众的理解、支持和积极主动的参与。也正是因为充分发动了广大人民群众，新时代中国的现代化才能顺利推进。因此，我们要发挥和尊重人民首创精神，虚心听取群众意见，广泛吸纳群众智慧，从而最大限度地维护最广大人民群众的根本利益。

三是效果论。我们要把人民是否满意作为检验法治建设成效的根本标准。人民是党的一切工作的最高裁决者和最高评判者。党的一切工作都应该以人民群众满意与否为根本评判标准，正如习近平总书记所指出的，"检验我们一切工作的成效，最终都要看人民是否真正得到了实惠，人民生活是否真正得到了改善，人民权益是否真正得到了保障"①。这是我们想问题、办事情和做工作的出发点和落脚点。具体来说，就是我国的立法、执法、司法和普法都必须坚持以人民满意为目标，不断提高人民群众对社会主义法治的认同感和信任度。比如，关于立法，习近平总书记强调："努力使每一项立法都符合宪法精神、反映人民意愿、得到人民拥护。"② 尤其是在制定涉及群众切身利益的法规规章时，我们要及时组织召开立法听证会，全面听取普通群众的利益诉求，使政府立法充分体现民意、贴近实际。关于执法，要狠抓突出问题整改，坚决纠正民生执法过程中的"不作为、慢作为、乱作为"现象，切实保障人民群众的合法权益不受侵害。关于司法，要时刻遵循公开公正公平的原则，使受到侵害的人切实得到保护和救济，同时制裁一切违法犯罪活动，惩罚一切犯罪行为。只有人民群众通过司法程序能够保障自己的合法权利，司法才有公信力，人民群众才会相信司法，法律才能真正发挥

---

① 中共中央文献研究室编：《十八大以来重要文献选编》上，中央文献出版社2014年版，第698页。
② 中共中央文献研究室编：《十八大以来重要文献选编》中，中央文献出版社2016年版，第56页。

定纷止争的作用,司法裁判的终局性作用才能发挥。人民是司法工作全部价值的最终评判者。习近平总书记强调:"我们提出要努力让人民群众在每一个司法案件中都感受到公平正义,所有司法机关都要紧紧围绕这个目标来改进工作。"① 关于普法,"要通过群众喜闻乐见的形式宣传普及宪法法律,发挥市民公约、乡规民约等基层规范在社会治理中的作用"②,从而不断提高人民群众对法治宣传教育的获得感和满意度。③

(三) 明确党在全面依法治国中的领导地位

党的领导是社会主义法治最根本的保证。全面依法治国绝不是要削弱党的领导,而是要加强和改善党的领导,不断提高党领导依法治国的能力和水平,巩固党的执政地位。中国特色社会主义法治建设是中国共产党领导中国人民从事的中国特色社会主义建设事业的组成部分,是中国共产党致力推进的国家治理体系和治理能力现代化的重要内容。中国特色社会主义的本质特征就是坚持中国共产党领导,中国特色社会主义法治建设当然也离不开中国共产党的领导。当代中国特色社会主义法治建设就是全面推进依法治国,其内容包括依法治国、依法执政、依法行政共同推进,法治国家、法治政府、法治社会一体建设。这是一个庞大的系统工程,需要有一个领导主体对这一系统工程做整体谋划、统筹安排、重点攻关,需要有一个领导主体在推进这一系统工程实施的过程中保证其具有系统性、整体性、协同性。有能力全面领导、整体谋划、统筹安排、协同推进全面依法治国的,只有中国共产党。

推进全面依法治国是一个非常艰难的、具有大型社会改造性质的

---

① 习近平:《习近平谈治国理政》,外文出版社 2014 年版,第 145 页。
② 中共中央文献研究室编:《习近平关于全面依法治国论述摘编》,中央文献出版社 2015 年版,第 91 页。
③ 李芳、陈慧:《以人民为中心——新时代中国特色社会主义法治建设的理论之核与实践之维》,载《理论探讨》2019 年第 2 期,第 38—43 页。

工程，涉及理论创新、制度完善、机制变革、文化重塑等诸多方面，每一个方面都需要人们付出巨大、艰苦的努力。其中，重塑指导人们在社会交往的各个领域的文化观念是最为困难的任务。我国有几千年的农耕文明，现在人们的价值观念、行为习惯、交往文化方面还具有一定的农耕文明文化的残余。要使理论有所创新、制度获得完善、机制得以更新、文化得到改造，要使中国社会彻底摆脱农耕文明落后文化的影响，使人们的交往在一个体现公平正义的全新的社会规则体系中进行，必须有一个具备先进文化价值观念，由先进理论武装起来的，具有理论创新能力、制度改革能力、文化引导能力和实践执行能力的政党来担负领导责任，中国共产党就是这样一个具备充分的领导能力的政治主体。

因此，全面依法治国必须坚持党的领导。

坚持党对全面依法治国的领导这一命题有着科学的内涵。习近平总书记指出："坚持党的领导，不是一句空的口号，必须具体体现在党领导立法、保证执法、支持司法、带头守法上。"[①] 全面依法治国，核心是坚持党的领导、人民当家作主、依法治国有机统一，关键在于坚持党领导立法、保证执法、支持司法、带头守法。党的领导是社会主义法治最根本的保证。必须坚持党的领导，健全党领导全面依法治国的制度和工作机制，通过法定程序使党的主张成为国家意志、法律，通过法律保障党的政策有效实施，确保全面依法治国沿着正确方向推进。党领导立法就是要在党中央领导的各级党组织、党员干部密切联系人民群众，了解人民群众的利益、愿望、要求的基础上，在准确把握世界各民族在经济、政治、文化领域竞争发展的大势要求的基础上，在准确把握国内改革、发展大局要求的基础上，在准确把握我国不同地区、不同行业、不

---

① 习近平：《习近平谈治国理政》第 2 卷，外文出版社 2017 年版，第 114 页。

同阶层的利益平衡点的基础上，提出我们党的立法主张、政策方针，引导立法，确保立法草案起草、立法讨论过程以及立法成果能充分、准确地反映最广大人民群众的整体与个别、长远与近期利益，确保立法真正体现人民群众的利益、愿望、要求。

党领导立法并非党组织代替立法机关立法。在坚持我国的根本政治制度——人民代表大会制度的前提下，党要优化立法职权配置，发挥人大及其常委会在立法工作中的主导作用，推进科学立法、民主立法，提高立法质量，确保立法实现党的主张和人民的利益、愿望、要求。党的主张和人民的利益、愿望、要求融合、统一，形成法律，就是中国的良法，循此治国理政，就是中国的良法之治。党保证执法是指要发挥各级党委组织对同级政府中党组的领导、监督职能，督促代表我们党在政府中执政的领导干部忠实地执行具体体现着我们党的主张和人民意志相融合、统一的法律。要解决执法不规范、不严格、不透明、不文明以及不作为、乱作为等问题，没有各级党委通过党组体现的对政府的监督是不行的。各级党委、各级政府中的党组必须发挥和履行保证执法的职能，才能使党对全面依法治国的领导落在实处。党支持司法就是要求各级党组织和领导干部都旗帜鲜明地支持司法机关依法独立行使职权，绝不容许任何组织和个人利用职权干预司法。人民法院、人民检察院依法独立行使审判权、检察权是我们党领导人民制定的宪法规定的司法制度基本原则，是我国人民代表大会制度的重要内容。人民法院、人民检察院依照法律行使职权、处理案件，就体现了党对司法的领导。各级党组织和领导干部中任何以"党的领导"为由干预司法机关依法处理案件的行为，实际上都是破坏党对司法的领导的行为。所以，各级党组织和领导干部支持司法机关依法独立行使职权，杜绝各种干预司法的行为，是确保党对全面依法治国领导的重要环节。党带头守法就是党自身必须在宪法法律范围内活动。习近平总书记强调："法是党的主张和人民意愿的统一体现,党领导人民制定宪法法律,党领导人民实施宪法法律,党自身必须在宪法法律范围内活动,这就是党的领导力量的体现。"① 党带头守法的关键是各级领导干部必须牢固树立宪法法律至上、法律面前人人平等、权由法定、权依法使等基本法治观念。每个党政组织、每个领导干部必须正确理解"党的领导"的概念,必须强化在"党的领导"这一概念中包含着的"党自身必须在宪法法律范围内活动""权力行使必须受到法定的规范、制约、监督"等观念,杜绝以"党的领导"为名拒绝执行、遵守法律,将个人意志凌驾于法律之上,破坏党统一领导制定的法律的现象。习近平总书记强调,每个党政组织、每个领导干部必须服从和遵守宪法法律,不能把党的领导作为个人以言代法、以权压法、徇私枉法的挡箭牌。权力是一把双刃剑,在法治轨道上行使可以造福人民,在法律之外行使则必然祸害国家和人民。把权力关进制度的笼子里,就是要依法设定权力、规范权力、制约权力、监督权力。只有党的各级组织、领导干部尤其是主要领导干部成为尊法学法守法用法的模范,才能带动全党全国共同全面推进依法治国,才能使党领导推进全面依法治国体现实效。②

二、大学生法治教育的核心是掌握法律知识、涵育法治思维

法治是现代文明的基石,法治兴则国家兴。建设法治中国,离不开每个公民的参与和推动,离不开人民群众对法律知识的了解和掌握,更离不开"自觉守法、遇事找法、解决问题靠法"的思维的确立。在全面依法治国、建设法治中国的进程中,大学生肩负重要责任。大学生要

---

① 中共中央文献研究室编:《习近平关于社会主义政治建设论述摘编》,中央文献出版社 2017 年版,第 99 页。
② 张恒山:《在推进全面依法治国中坚持党的领导》,载《中国党政干部论坛》2019 年第 12 期,第 32—35 页。

担当民族复兴大任,不仅需要具有良好的思想道德品质,还需要具有良好的法治素养,这就需要进一步学习马克思主义法治理论,深刻理解中国特色社会主义法律体系和法治体系的内涵,培养法治思维,尊重和维护法律权威,努力成为尊法学法守法用法的模范。

(一) 了解中国特色社会主义法律体系

中国特色社会主义法律体系的概念在党的十五大报告中就已提出。十五大报告指出:加强立法工作,提高立法质量,到2010年形成中国特色社会主义法律体系。这是基于党的十一届三中全会提出的"有法可依、有法必依、执法必严、违法必究"的法制建设理念提出的概念。保证中国特色社会主义各项事业得到健康和顺利发展,必须有法制的有力保障。在改革开放之初,法制建设的首要任务是恢复被"文革"破坏了的法制传统,保证党和国家政治生活和社会生活各个方面都"有法可依"。通过加快立法工作的步伐,用法律来建立中国特色社会主义各项事业健康发展的秩序,是法制建设的重要任务。党的十五大提出到2010年形成中国特色社会主义法律体系,即有一整套科学和系统的法律规范以及建立在法律规范基础上的中国特色社会主义法律体系。抓住了中国特色社会主义法律体系,就抓住了中国特色社会主义制度建设的主要方面,可以为全面和系统地建设和完善中国特色社会主义各项制度提供科学的法律依据和合法性前提。在中国特色社会主义法律体系的概念提出之后,我国的立法工作得到了突飞猛进的发展。2000年,全国人大出台了规范立法活动和立法秩序的《中华人民共和国立法法》。在《立法法》的指导下,2011年3月10日,全国人民代表大会常务委员会委员长吴邦国同志在向十一届全国人民代表大会第四次会议作全国人大常委会工作报告时庄严宣布:一个立足中国国情和实际、适应改革开放和社会主义现代化建设需要、集中体现党和人民意志的,以宪法为统帅,以宪法相关法、民法商法等多个法律部门的法律为主干,由法律、行政法规、地方性法规三个层次的法律规范构成的中国特色社会主义法律体系已经形成。[①]

目前，我国已形成以宪法为统帅，宪法相关法、民商法、行政法、经济法等多个法律部门的法律为主干，由法律、行政法规、地方性法规与自治条例、单行条例等多层次法律规范构成的中国特色社会主义法律体系。在刑事立法方面，我国通过刑法修正案不断完善"九七刑法"，对一些新兴领域和前沿立法问题给予重点关注，注重立法修改与理论完善的相互协调。在民事立法方面，2000年以来，我国陆续制定了《中华人民共和国物权法》《中华人民共和国侵权责任法》等单行民事法律，2020年完成民法典总则和各个分编的编纂工作，实现了松散型的民事立法向统一的法典化的民事法律规范体系的转变。行政法、经济法、诉讼法以及非诉讼程序法等法律部门也在适应不断变化发展的社会实际情况和新时代新发展的要求，不断借鉴法治建设发展的优秀成果，对自身进行完善。纵观新中国成立以来法治建设的漫长历程，尽管经历过挫折，但在一代又一代人的坚持和努力下，法治建设逐渐朝着更加科学完备的方向发展。从过去到现在，从现在到未来，机遇与挑战始终并存。新中国成立后，在制度和实践中废除旧法、改造旧法，并在苏联模式影响下，初步形成了新的法制体系。此时的法制体系的政治性和阶级性特征突出，与国家制度和政治制度密切相关。改革开放以后，我国开始重建此前遭到严重破坏的法制体系，苏联模式的影响逐渐被消除，我们开始结合中国国情建设具有中国特色的社会主义法律体系。

中国特色社会主义法律体系，是由多个法律部门组成的有机统一整体，是中国特色社会主义永葆本色的法制根基，是中国特色社会主义创

[①] 赵晓耕：《70年法治变迁：为法治现代化提供历史依据和借鉴》，载《人民论坛》2019年第31期，第116—118页。

新实践的法制体现,是中国特色社会主义兴旺发达的保障。完善以宪法为核心的中国特色社会主义法律体系是全面依法治国的重要内容,是建设中国特色社会主义法治体系的前提和基础,大学生要理解我国宪法的地位和确立的基本原则,全面了解我国法律体系的构成,懂得各个部门及重要法律的基本功能,深化对法治中国的制度认知,增强推动法治中国建设的实践本领。[1]

中国特色社会主义法律体系是在中国共产党历代领导人对中国法治进行不断探讨、发展、实践而形成的一系列科学的具有中国特色的适合中国法治发展的社会主义法律,体现了国家对社会法治的重视,标志着中国正在落实全面依法治国的道路上稳步前进。如今,各行各业都在正规合法的道路上稳步前行,向世界展示正在全面发展社会主义法治的新中国。习近平总书记指出:"我们要以宪法为最高法律规范,继续完善以宪法为统帅的中国特色社会主义法律体系。"[2] 这充分强调了中国特色社会主义法律体系在建设中国法治社会当中的重要性,我们必须加快完善中国特色社会主义法律体系的步伐。法治宣传教育也将宣传中国特色社会主义法律体系摆在了重要位置。法治宣传教育坚持以中国特色社会主义法律体系为核心,面对广大人民群众开展普法工作,着重普及宪法及一般的法律法规,提高人民群众对中国特色社会主义法律体系的认识。法治宣传教育宣传民主政治的相关法律内容,提高人民群众参与法治生活的积极性和参与感,重点强调法律和人民群众权益的内在联系,帮助人民群众形成依法解决社会矛盾、邻里纠纷的法治意识,宣传立法、执法、司法部门依法行使职权的相关法律,提高国家法治部门工作

---

[1] 莫纪宏:《论中国特色社会主义法律体系、法治体系与制度体系的有机统一》,载《法学杂志》2020年第5期,第17—28页。
[2] 中共中央文献研究室编:《十八大以来重要文献选编》上,中央文献出版社2014年版,第89页。

人员依法执政的法律意识。法治宣传教育还要做许多工作：宣传市场经济相关的法律，形成良好的公平交易、诚实守信的市场经济氛围，推动市场经济和谐发展；宣传保障人权的相关法律，树立法律在人民群众心中的权威性；宣传保障社会合法权益的相关法律，保障人民群众的合法利益和物质生活需要，也为人民群众的幸福生活提供保障；宣传国家安全、社会安全的相关法律，提高人民群众预防风险的意识，预防非法分子的阴谋诡计；宣传民族、宗教的相关法律，促进全民族以及不同宗教的和谐相处；宣传保护环境的相关法律，使人民群众形成自觉爱护环境、保护环境的意识，不为社会发展肆意破坏自然环境；宣传网络相关法律，防止网络诈骗，规范人民群众在网络上的行为。可见，了解宣传中国特色社会主义法律体系是法治教育非常重要的一个环节。

（二）了解中国特色社会主义法治体系

党的十八届四中全会通过的《中共中央关于全面推进依法治国若干重大问题的决定》将中国特色社会主义法治体系定位为全面推进依法治国的总目标与总抓手。"中国特色社会主义法治体系"一词相对于"中国特色社会主义法律体系"来说具有更加符合中国法治建设实际的理论价值和实践内涵。中国特色社会主义法治体系必须以中国特色社会主义法律体系为自身存在的正当性的前提，且"中国特色社会主义法治体系"一词对全面推进依法治国以及当今中国法治实践问题而言具有更加突出的阐释力。中国特色社会主义法治体系作为全面推进依法治国的总目标和总抓手，其自身的逻辑更加完整，内涵更加丰富，规范整合和体系化的功能更加显著，可以为全面推进依法治国的法治实践提供符合中国实际的、更加有效的政策依据。具体而言，中国特色社会主义法治体系包含了形成完备的法律规范体系、高效的法治实施体系、严密的法治监督体系、有力的法治保障体系以及完善的党内法规体系五个方面的总体要求，其核心的价值要求是"保证法律实施"，也就是说，"法律的生命力在于实施,法律的权威也在于实施"①。

党的十九大报告肯定了党的十八届四中全会关于建设中国特色社会主义法治体系的主张和要求,把建设中国特色社会主义法治体系与建设社会主义法治国家并列为全面推进依法治国必须遵循的总目标,至此,建设中国特色社会主义法治体系成为中国特色社会主义制度建设的重点工程与风向标。②党的十九届四中全会审议通过的《中共中央关于坚持和完善中国特色社会主义制度、推进国家治理体系和治理能力现代化若干重大问题的决定》,将中国特色社会主义法治体系作为坚持和完善支撑中国特色社会主义制度的重要制度,明确了该制度体系坚持和巩固的根本点、完善和发展的方向,并作出相应的工作部署。习近平总书记在《关于〈中共中央关于坚持和完善中国特色社会主义制度、推进国家治理体系和治理能力现代化若干重大问题的决定〉的说明》中强调,要"聚焦坚持和完善支撑中国特色社会主义制度的根本制度、基本制度、重要制度",明确提出了"构建系统完备、科学规范、运行有效的制度体系,使各方面制度更加成熟更加定型"的要求。至此,与中国特色社会主义法律体系、中国特色社会主义法治体系并行的中国特色社会主义制度体系正式形成,构成了三个体系共存的体系化格局。中国特色社会主义制度体系、法律体系和法治体系都是围绕着中国特色社会主义这个根本价值目标展开的,在体系结构、体系功能、体系目标等方面相辅相成、互为一体。三个体系既有一定形式上的独立性,又在体系形态方面相互关联、有机统一,是对中国特色社会主义理论与实践的整体把握,是理解中国特色社会主义理论内涵的重要抓手,是坚定地走中国特色社

---

① 梁三利:《中国特色社会主义法治体系的逻辑机理》,载《哈尔滨市委党校学报》2020年第2期,第44—49页。

② 莫纪宏:《论中国特色社会主义法律体系、法治体系与制度体系的有机统一》,载《法学杂志》,2020年第5期,第17—28页。

会主义道路的行动指南。

全面依法治国是国家治理的一场深刻革命,全面依法治国的总目标就是建设中国特色社会主义法治体系,建设社会主义法治国家。建设中国特色社会主义法治体系,建设社会主义法治国家,明确了全面依法治国的性质和方向,也突出了全面依法治国的工作重点。全面推进依法治国,涉及立法、执法、司法、守法等各个方面,涉及中国特色社会主义事业"五位一体"总体布局的各个领域,必须加强顶层设计,统筹谋划。建设中国特色社会主义法治体系,是总揽全局、牵引各方的总抓手,必须从依法治国、依法执政、依法行政共同推进和法治国家、法治政府、法治社会一体建设方面,对法治中国建设作出战略部署和总体安排。

建设中国特色社会主义法治体系是全力推进法治中国建设的内容,是实现国家治理体系和治理能力现代化的重大战略部署,对全面依法治国具有纲举目张的意义。法治体系建设,需要全体成员共同参与。大学生应该深入学习中国特色社会主义法治理论,把握建设中国特色社会主义法治体系的核心要义。

(三) 涵育法治思维

具备法治思维是当代大学生法治素质提升,成为法治社会合格公民的重要体现。大学生的法治思维培育关乎社会主义法治国家建设。广泛开展大学生法治思维培育,是我国法治建设在新的历史时期的新要求。对于一个社会来讲,法治取得成功,直接依赖于社会的公共决策者和广大公民认可与法治理念相适应的思维方式。因此,提升当代大学生的法治思维,能够促进国家法治现代化建设的发展进程。明确大学生法治思维培育的目标与原则,既能够提升法治教育效果,还能更好地提升大学生的法治思维水平。

尊法学法守法用法,要落实到依法行使权利与履行义务的实处。什么是法律权利和法律义务，公民应该如何理解法律权利和法律义务的关系，如何依法行使法律权利和履行法律义务，滥用法律权利、不尽法律义务需承担什么法律责任，这是我们在日常生活中需要搞清的法律问题。大学生依法行使权利和履行义务，妥善处理学习生活中遇到的法律问题和各种矛盾，也是提高自己的法治素养的途径。尊法学法守法用法，必须养成良好的法治思维和行为方式，做到在法治之下而不是法治之外，更不是法治之上做事。大学生要准确把握法治思维的基本含义和特征，正确理解法治思维的内容，逐步培养法律思维，提高运用法治思维分析解决问题的能力。培养大学生的法治思维能力，要注意以下几个方面。

第一，培养法治思维能力的目标是培养人们自觉守法的意识，使其成为遵纪守法的合格公民。自觉守法以"知""情"为基础，要求人们知法懂法，具备法治情感。自觉守法是法治建设的理想状态，也是社会主义法治建设追求的目标。也就是说，法治如果不能为人所遵守，就失去了存在的意义。守法是人的一种精神活动，如果单靠强制力量来要求人们守法，并不符合法治的核心要义。对大学生进行法治思维培育，要充分发挥他们的主观能动性，使青年学生主动地学习并掌握一定的法律基础知识，形成对社会主义法治的认同和信任，积极地学习法律、自觉地遵守法律、坚定地维护法律的尊严，这样才能最终达到法治社会的理想境界。引导大学生树立法治思维，首先要引导大学生尊重宪法的权威。宪法是国家的根本大法，是一切组织和个人的根本活动准则。从法治思维的构成要素来看，"知"是前提，大学生要率先掌握宪法的基本知识，明确宪法在法律体系中的核心地位，明确宪法是其他法律制定的根本依据，具有最高的法律效力和权威性。大学生要尊重宪法的权威，在实际行动中要以宪法为指引。其次，大学生作为国家未来的栋梁，要积极主动地学习宪法和相关知识，明确公民的职责，依据宪法、法律行使权利并承担义务，用法律规范自己的行为。对社会主义法治价值观的情感认同，是大学生培养法治思维的心理基础。大学生的法治思维培育要"入心入脑"，培育大学生自觉遵法的意识，关键在于培养他们对社会主义法治价值观的认同之情。我们要通过法治思维培育，在大学生的内心构筑起对法治的忠诚和信任，且对法治的信仰和忠诚，不会因法律本身的好坏而改变，也不会因执法过程中出现的有法不依、执法不严等而动摇。在法治思维培育过程中，大学生对法治的情感要能够在实际生活中践行，才能促使其养成自觉守法的习惯。

第二，大学生法治思维教育要使大学生坚定地奉行法律至上的原则。对大学生的法治思维培育，就是要他们养成法律至上的习惯，形成对法律的敬畏。法治只有在被信仰时，才可能成为解决问题的优先选择方式。对法治的信仰是一种源自内心的情感，是对法治的神圣崇拜和情感依恋，大学生遇到问题时首先要想到求助于法律，将法律的准则和手段作为处理问题的首要和唯一的选择。习近平总书记强调："领导干部要把对法治的尊崇、对法律的敬畏转化成思维方式和行为方式，做到在法治之下，而不是法治之外，更不是法治之上想问题、作决策、办事情。"遇事要找法，办事要依法，不只是对领导干部的要求，更是法治社会对每一个社会成员的要求。社会主义法治观念要求大学生在处理实际问题时要树立法治优先原则，要有高度的法治自觉性，处理问题时要以法治原则为依据、遵守法治程序，也就是要有遇事找法的意识。因此，大学生要熟悉我国的法治理论、法治道路和法律制度，还要尊重并认同我国的法治体制。高校法治思维培育的任务就是帮助大学生增强社会主义法治观念，首要任务就是增强大学生走中国特色社会主义法治道路的自信与自觉，同时引导他们通过合法途径正确处理参与国家和社会法治生活时的各种问题。法治思维培育的目的在于应用，对大学生来说，法治思维不但是一种价值思维，还是一种导向思维，遇事找法的意识不但体现在对宪法和法律的应用与实施中,也体现在对社会法治生活的参与中。习近平总书记还强调:"谋划工作要运用法治思维,处理问题要运用法治方式,说话做事要先考虑一下是不是合法。"① 也就是说,要养成遇事找法的习惯,在做任何事情时,先考虑合不合法,运用法治思维指导实际工作。遇事找法要求大学生具备的法治思维既具有丰富性,又具有开放性。这种丰富与开放以法治自信为基础,来自丰厚的法治知识储备和对法治规范的认同。因此,法治思维培育进课堂,最终是为了进大学生头脑,大学生只有具备一定的法治知识,形成遇事找法的意识,才能真正具有法治思维。

第三,大学生法治思维教育要使大学生养成解决问题靠法的习惯。社会生活中时时有问题,处处有问题,社会也在分析问题和解决问题中不断前进。正确地看待问题存在的意义和价值,抓住主要矛盾,解决主要问题,社会发展才可能不断进步。法治是统治阶级为了维护自己的统治,有效地解决社会问题而制定的规则制度。法治存在不是为了消灭问题,而是要找到化解问题和矛盾的合理方法,因为社会问题如果不能及时有效地处理,有可能会阻碍社会的前进和发展。法治作为最有效地处理社会问题的方式,已经经过了历史的检验。在社会主义法治建设中,要运用法治思维和法治方式来处理问题和解决问题,使法治的权威性得到彰显。在处理社会问题的过程中,要遵循法治原则和法治程序,做到依法办事,这样才能维护社会的公平正义,构建和谐社会。法治体系的存在为解决社会问题提供了强大的制度保障。目前,我国的社会主义法治体系已经基本确立,但这并不意味着我们的国家已经达到高度法治化的水平。法治体系的形成只是依法治国的阶段性目标实现的表现,社会的制度化、法治化还有很长的路要走,因此不管是领导干部、政府普通

---

① 习近平:《习近平谈治国理政》第2卷,外文出版社2017年版,第127页。

工作人员，还是包括大学生在内的社会公民，在面对问题时都要养成解决问题靠法的习惯。党的十八届四中全会明确要求"健全依法维权和化解纠纷机制"，而解决当前社会中存在的问题，迫切需要加强法治思维培育，扩大法治方式的运用面，改变"有法不依""有法难依"的状况，使人们学会运用法治手段解决问题。因此，对大学生进行法治思维培育不仅是必要的而且是必须的。要让大学生树立法治思维，严格依法办事，使个人的权力在宪法和法律允许的范围内行使。解决问题也要以法律为准则，既维护自身的合法权益，又不损害他人利益，更不违背法律原则。

三、大学生法治教育的基本原则是系统推进

习近平总书记指出，全面推进依法治国是一个系统的工程，全面依法治国基本方略中体现着深刻的系统思维。从法治建设自身来看，推进科学立法、严格执法、公正司法和全民守法，坚持依法治国、依法执政、依法行政共同推进，坚持法治国家、法治政府、法治社会一体建设等都是全面推进依法治国系统性的表现。在全面依法治国背景下加强大学生法治教育，在"三全育人"视角下完成立德树人的根本任务离不开系统推进和系统思维。系统推进大学生法治教育有以下几个要点。

（一）道德教育与法治教育相结合

习近平总书记深刻揭示了依法治国与以德治国之间的辩证关系，强调："必须坚持依法治国和以德治国相结合，使法治和德治在国家治理中相互补充、相互促进、相得益彰，推进国家治理体系和治理能力现代化。"[1] 繁荣和发展中国特色社会主义法治文化，关键是坚持依法治国和以德治国相结合，以"法安天下、德润人心"。法治和德治是治国理

---

[1] 习近平：《习近平谈治国理政》第2卷，外文出版社2017年版，第133页。

政不可或缺的两种方式,忽视其中任何一个,都难以实现国家的长治久安。只有让法治和德治共同发挥作用,才能使法律与道德相辅相成、相得益彰。

在对大学生进行法治教育时,不能孤立地进行,而应系统推进,将思想政治理论课(简称思政课)中的道德观、法治观的相关内容充分融合,充分发挥道德观教育的教化作用,以道德滋养法治精神,强化道德对法治文化的支撑作用,推进社会公德、职业道德、家庭美德、个人品德建设,使这些道德信条渗透到人们日常生产生活中,积极推动社会自律机制的形成。同时,要坚持发挥法治的规范作用,善于运用法律解决道德领域的突出问题,加大对严重违法行为的处罚力度,增强新时代普法工作的普及性,提高全民族法治素养和道德素质,引导广大人民群众自觉守法、遇事找法、解决问题靠法,让依法办事蔚然成风。

(二)建立法治教育的社会支持网络

国家治理的法治化为大学生的法治教育提供了良好的宏观发展空间。社会上的法治风尚和法治舆论导向,可以将党和政府认可的法治理念、法治规范通过媒体及舆论进行宣传,在全社会营造法治氛围,并且能提高政府公职人员带头守法和严格执法的自觉性,向全社会传递法治信息,对法治教育起到引导和规范的作用。家庭是个人法治思维的启蒙地,良好的家风会对孩子优良品行的形成起到关键作用,对个人法治素养的形成也一样。我国早就有"忠厚传家远,诗书继世长"的家训,说明家庭教育对个人发展的重要影响。学校是对大学生进行系统的法治教育的关键场所,在这里,学生受到系统化、专业化的法治教育,专业老师、法学专家系统地讲授法治知识,这对学生法治素养的形成至关重要。法治素养已经成为当今大学生综合素质的重要组成部分,在进行法治教育的过程中,政府、社会、家庭、学校既要各司其职,又要协同用力,倾力打造法治育人环境,更好地促进学生的成长与发展。

大学生是建设法治社会的重要力量，也必将成为法治中国发展的主力军。无论是社会普法教育，还是公民法治素养教育，大学生都是重要对象。对于大学生法治素养提升而言，社会力量的影响和推动不可或缺。换言之，大学生法治素养的提升，并非只是学校与学生的责任，社会力量也应当积极为提升大学生法治素养提供支持，作出贡献。

党的十八届四中全会公报指出，要健全普法宣传教育机制，各级党委和政府要加强对普法工作的领导，宣传、文化、教育部门和人民团体要在普法教育中发挥职能作用。普法宣传教育机制中一个重要的内容就是要由政府主导，各执法机构（部门）承担，利用各种类型的舆论宣传平台，构建系统完备、分工明确的法治舆论环境。全民普法要取得成效，需要各级政府职能部门按照"谁执法谁普法"的要求，加大对普法工作的领导部署、改革创新，其中重要的一环，就是要加强对舆论环境的管理与监督，校正舆论方向，树立法治导向。大学生对新鲜事物感兴趣，善于运用新技术新媒体，热衷于表达自己的意见，展示自己的态度，是受舆论环境影响最广泛的人群之一。新型媒体、新的宣传方式不断涌现，微博、微信、直播平台等自媒体平台的普及与运用，在促进信息便捷、高效流通的同时，也为一些非法信息的出现与流传提供了空间，若不加以甄别和管控，势必对舆论环境造成污染，对大学生的法治素养形成造成负面影响，比如各种舆论介质中出现的涉及色情、赌博、毒品、暴力、欺诈等的信息，对大学生的影响就十分深远，有的学生甚至直接成为这些非法信息的受害者。构建法治舆论环境的首要任务，就是要给各类舆论平台扎紧法治的笼子，各级宣传文化主管部门、舆论监督部门、舆论从业部门，要不断完善监管机制，明确管理维护责任，既要加大对舆论环境中已发现的违法犯罪行为的查处惩治，又要加强对新出现的舆论信息的规范监督管理，严把信息入口，依法全面筛查，及时删除非法信息，同时，加大对各类网站、论坛、博客、微信、公众号、直播平台等的监督，及时取缔非法机构，制止违法失范行为，确保各舆论平台都在法治的规范下运行,各类舆论信息都在法治的框架内流传,营造干净清朗的舆论空间。

党的十九大报告指出,要坚持正确舆论导向,高度重视传播手段建设和创新,提高新闻舆论传播力、引导力、影响力、公信力,同时,加强互联网内容建设,建立网络综合治理体系,营造清朗的网络空间。首先,要制定统一的法治舆论标准,并在同一标准的规范和指导下,以传播法治理念、普及法律知识为目的,合理利用舆论媒介,借助合适的新闻事件,组织好系统的舆论宣传活动,宣传好先进的法治典型模范,发挥好舆论宣传在方向把控和工作指导上的作用。其次,要突出主流媒体的导向示范作用。由政府主导的主流媒体,包括报纸、广播、电视、期刊和官方网站等,有专门的管理机构,有规范的审核制度,有严格的信息准入机制,有规范的从业标准和工作流程,在学生中享有良好的声誉,在信息发布和传播上具有绝对的权威性和更高的可信度,合理借助这些宣传资源,促进其与高校宣传资源的整合,共同为大学生法治教育宣传造势,能够深化学生对法治教育作用、地位的认识,使其及时掌握国家政策、法规,正面认识热点、敏感问题,为大学生的法治素养提升起到积极的引导和推进作用。再次,要及时校正舆论偏差。法治舆论导向要与政治、道德、审美等内容相结合,及时敏锐地发现各类舆论消息在立场站位、价值观念等方面的偏差,并采取适当的形式对其予以纠正,避免谣言和不实信息滋长流传,防止不明真相的群众包括大学生盲信盲从,或借助谣言、敏感事件,进行情绪宣泄。

(三)融法治教育于高校教育全过程

习近平总书记强调:"要坚持把立德树人作为中心环节,把思想政治工作贯穿教育教学全过程,实现全程育人、全方位育人,努力开创我国高等教育事业发展新局面。"[①] 大学生法治教育肩负着培养人的重担,

---

① 习近平:《习近平谈治国理政》第 2 卷,外文出版社 2017 年版,第 376 页。

是高校思想政治工作中不可或缺的重要组成部分，要做到全过程育人和全方位育人。高校的法治教育也要弄清楚"培养什么样的人、如何培养人以及为谁培养人的根本问题"。法治教育要培养有社会主义法治信仰的合格公民，能够"运用法律原则、法律规则、法律方法思考和处理问题"的接班人，要用社会主义的法治理念引导学生，使他们成为遵纪守法的社会主义合格公民。法治教育要实现全过程育人，充分领会终身教育和全程教育的重要性。法治教育的目的是培养法治人格，提升人的法治观念，完善人的法治素养，把培养大学生"自觉守法，遇事找法，解决问题靠法的思维模式"作为大学生法治教育的目标。因此，法治教育要贯彻以学生为本的原则，无论是课堂教学还是课外的实践教学环节都要强调学生的主体地位，以学生的需求为核心。全过程育人，重在把法治教育融入大学生学习生活的全过程：首先，要渗透到整个教学环节中。要以思想政治理论课堂为主，逐步渗透到专业课以及职业生涯规划、创新创业、就业指导、心理辅导等课程中，使法治思维融入各个学科，达到全过程育人的浸润效果。同时，将第一课堂和第二课堂相结合，充分发挥第二课堂实践育人的作用，提高法治思维的育人效果。其次，要渗透到学生生活的整体环境氛围中。高校是一所大熔炉，大学生在校期间不仅要接受知识教育，还要进行日常生活，因此法治教育还需要渗入学生日常生活环境中。良好的法治文化环境是对大学生进行法治教育的有利因素，秩序井然的学习生活、规范标准的后勤保障、严格规范的管理服务、严明规范的校规校纪和优美整洁的校园环境，都会对大学生法治思维的形成产生良好的促进作用，法治教育融入大学生学习和生活中，可以让学生时时都被法治浸润，达到"润物细无声"的效果。

目前，我国的法治教育课程缺乏环环相扣、层层递进的体系设置，法治教育效果欠佳。在绝大多数高校里，"思想道德修养与法律基础"作为公共必修课，一般在大一上学期开设，对大学生的法治教育也集中在大一上学期,此后的三年半时间里,不再开设相关课程,法治教育存在时间短、静态化、效果差等问题。法治教育在进入高校以前,缺乏充足的教育铺垫,使从中小学的被动接受教育模式进入自主学习阶段的大学生可能还没弄清楚"思想道德修养与法律基础"课程教学目的,课程就已经结束。同时,由于课程设置缺乏系统性,法治教育课程显得孤立无援,前期知识铺垫不足,后续也没有实践验证,对非法学专业的学生来说,法治课程与其他专业课程没有任何关系。[①] 针对这种情况,法治教育必须从根本上提高对大学生法治课程的重视,改变目前课程设置状况,将法治教育贯穿于整个大学教育过程,形成一个完整的动态法治育人过程。

[①] 李红玲、刘忠孝、张子礼:《依法治国视域下法治思维的培育》,载《当代世界与社会主义》2018年第6期,第92—97页。

第八章　全面依法治国方略下大学生法治教育体系的建构

大学生法治教育是全面依法治国基本方略实施的重要方面，增强大学生法治教育的实效性与认同度已成为高等教育的重要任务。加强大学生法治教育既是全面贯彻依法治国的必然选择，也是提升高等教育水平，使大学生全面发展的现实要求。随着高等教育改革的不断深入，学校内部治理法治化、制度化、规范化的要求更为凸显，广大师生对民主、法治、公平、正义的诉求日益增长，我们要深刻认识新形势新变化提出的新任务新要求，切实把全面依法治国作为大学生法治教育的基本理念和基本方式，融入、贯穿大学生法治教育全过程和各方面。基于习近平全面依法治国重要论述和全面依法治国基本方略对于大学法治教育的重要指导意义，我们重点从理论武装体系、学科教学体系、日常教育体系、管理服务体系、安全稳定体系、队伍建设体系、评估保障体系等七个方面提出了建构大学生法治教育体系的具体方略和有效实施路径。大学生法治教育需要以社会主义核心价值观为主线，以宪法教育为核心，以贴近青年学生实际，以提高教育效果为目的，以构建系统完整的法治教育体系为途径，不断提高法治教育的系统化、科学化水平，切实增强法治教育的针对性与实效性，[①] 使青少年了解、掌握个人成长和参

---

① 姚建龙主编：《大学生法治教育论》，中国政法大学出版社2016年版，第216页。

与社会生活必需的法律常识和制度，明晰行为准则，培育法的观念，依法规范自身行为，维护自身权益，培养通过法律途径参与国家和社会生活的意识和能力，践行法治理念，树立法治信仰，成为社会主义法治的忠实崇尚者、自觉遵守者、坚定捍卫者。

一、理论武装体系

大学生法治素养和思想政治素养两者之间存在密切的关联，是担当民族复兴大任的新时代大学生必须具备的素养。社会主义中国下的大学培养的学生，无疑打上了深刻的时代烙印，需要用最新的科学理论体系来武装，法治教育亦是如此。

（一）强化思想政治引领

马克思主义是我们党立党立国的根本指导思想，是我国社会主义教育最鲜亮的底色，也是我国教育改革发展的旗帜和灵魂。社会主义教育必须坚持马克思主义指导，否则，我们的教育就会失去灵魂，迷失方向。

首先，社会主义教育要明确办学方向，把坚持以马克思主义为指导落实到法治教育教学各方面，旗帜鲜明地对各种错误观点和思潮予以抵制。在办学问题上，习近平总书记特别强调办学方向的特殊重要性，多次指出，我们的国家是中国共产党领导的社会主义国家，我们办的是社会主义教育，要坚持以马克思主义为指导，坚持社会主义办学方向。我们必须头脑清醒、立场坚定、态度鲜明，不能有丝毫含糊，要让马克思主义主旋律唱得更响，底色更加鲜亮，把社会主义核心价值观贯穿办学育人全过程。在新形势下，坚持社会主义办学方向面临着新挑战。世界正处于大发展大变革大调整时期，我国发展正处于从大国走向强国的关键时期，外部环境更加复杂，一些国家对我们的阻遏、忧惧和施压有所增大，这需要我们引导广大师生坚定信仰，以马克思主义为指导思想，积极传播、模范践行社会主义核心价值观，引领一切有益思想文化的涓涓细流汇入主流意识形态的浩瀚大海，营造良好的作风和学风，防止西方"新自由主义""普世价值""宪政"等错误思潮进入高校法治教育课堂。

其次，要坚持用习近平新时代中国特色社会主义思想铸魂育人。习近平新时代中国特色社会主义思想是科学性和价值性的高度统一。作为科学的理论，习近平新时代中国特色社会主义思想在哲学、政治经济学、科学社会主义等各个领域都创造性地运用和发展了马克思主义。作为价值体系，习近平新时代中国特色社会主义思想是新时代爱国主义和共产主义理想信念的集中体现和理论升华。[①] 以习近平同志为核心的党中央高度重视社会主义法治建设，将全面依法治国纳入"四个全面"战略布局，对法治教育工作作出了系统、深刻、根本性的论述。习近平新时代中国特色社会主义思想是一个具有高度系统性、完整性、继承性、创新性的思想体系，是我们党对治国理政各项规律认识的深化。推进法治教育工作，必须深刻领会习近平新时代中国特色社会主义思想的精神实质和丰富内涵，领悟蕴含其中的新理念新观点新论断新要求，形成系统的理性认识，在深层次上提高思想理论水平和政治政策水平。同时，必须始终坚持正确的政治方向，坚定政治意识、大局意识、核心意识、看齐意识，坚定道路自信、理论自信、制度自信、文化自信，自觉维护党中央权威和集中统一领导，自觉地在思想上政治上行动上同以习近平同志为核心的党中央保持高度一致。要始终坚持在中国特色社会主义伟大事业中推进法治宣传教育工作，自觉把法治教育工作放到"五位一体"的总体布局之中，放到"四个全面"的重大战略布局之中，放

---

① 任晓伟：《论新时代高校思想政治理论课的内生能力建设》，载《学术论坛》2020年第2期，第126—131页。

到正在进行的具有许多新的历史特点的伟大斗争之中,努力在全面依法治国进程中发挥积极作用。

(二) 坚定法治道路自信

全面推进依法治国不同于20世纪80年代的法制建设理论,不同于20世纪90年代至21世纪初的法治理论与实践,这是新时代我国法治理论与法治实践发展的新阶段和新布局。全面推进依法治国也不同于世界上其他国家的法治模式。从根本上看,全面推进依法治国与其他法治在社会属性上具有本质区别。我们推行的全面依法治国是在中国特色社会主义制度下进行的,它是马克思主义法治理论中国化的伟大创造,是中国特色社会主义法治理论的重要组成部分,是新中国成立以来党领导人民开创依法治国事业成功经验的最新总结和升华,是中国共产党人集体智慧的结晶,是新时代建设法治中国的行动指南,是世界范围内关于国家治理模式和治理体系的中国智慧与中国方案。

在全面依法治国的背景下开展大学生法治教育,需要从历史规律、政治属性和基本原则等方面揭示其深刻逻辑。

第一,要对法治道路演变的历史必然作出阐释。习近平总书记强调:"中国特色社会主义法治道路,是社会主义法治建设成就和经验的集中体现,是建设社会主义法治国家的唯一正确道路。"① 这是基于历史总结和规律把握的必然选择,具有实证性和逻辑自洽性,是对当代中国法治建设和实践发展的规律性指向,不仅体现历史演变的发展,更观照当前法治发展的现状和未来指向,在当前中国法治建设中具有科学的指导性和发展的前瞻性。我们对于法治道路的选择是确定的、唯一的,这是道路选择的基础和底线,不能摇摆不定,这条道路也不能被否定和

---

① 中共中央文献研究室编:《十八大以来重要文献选编》中,中央文献出版社2016年版,第147页。

改变。未来中国的法治理论研究和法治实践都必须以这一唯一正确的道路为路径和航向,才能形成推动法治建设持续发展的不竭动力。

第二,要对我国法治建设取得的伟大成绩作出阐明。在我国革命、建设、改革的各个历史时期,我们党都高度重视法治工作。在革命战争年代,我们党在中央苏区、陕甘宁边区等地区制定实施了涉及土地、婚姻、劳动、财经等方面的法律。新中国成立后,我国相继制定实施了婚姻法、土地改革法等重要法律和一批有关户籍、工商业、合作社、城市房屋、合同等方面的法律法规。改革开放以来,我国民事商事法制建设步伐不断加快,先后制定或修订了中外合资经营企业法、婚姻法、商标法、专利法、继承法、民法通则、土地管理法、企业破产法、外资企业法、中外合作经营企业法、著作权法、收养法、公司法、担保法、保险法、票据法、拍卖法、合伙企业法、证券法、合同法、农村土地承包法、物权法、侵权责任法等一大批民事商事法律。党的十八大以来,党顺应实践发展要求和人民群众期待,在立法、执法、司法和守法等领域全面提升法治质量,不断满足人民群众对法治的需要,并把编纂民法典提上了日程。党的十八届四中全会审议通过《中共中央关于全面推进依法治国若干重大问题的决定》,对编纂民法典作出了部署。经过5年多的工作,民法典终于颁布实施,完成了几代人的夙愿。

(三) 增强法治价值引导

价值关怀是思想理论的生命力所在,全面依法治国的强大生命力正体现在它深切的价值关怀上。对于法治价值的引导,可以从两个方面进行阐释,其一是从全面依法治国这一基本方略的本体出发,解释说明其自身的价值和作用;其二是从法治或者全面依法治国所追求实现的价值效能出发对其进行考量。在大学生中开展法治教育,无疑需要从这两个方面作出科学的阐释。

第一,全面依法治国这一基本方略的价值和作用发挥。全面依法治国与当前国际国内形势发生深刻变化紧密关联。国际国内环境发生深刻变化，各个领域改革加速，人民对美好生活的需求日益提高，党的执政能力建设和治国理政能力的提高成为迫切需求。同时，一系列国家重大外交战略出台，国际格局不确定性增加，不安定、不稳定因素增多等等党内、国内和国际的现实情况，使全面推进依法治国成为必然要求。改革开放40多年的探索，实践积累和理论研究结论都告诉我们，改革稳定发展、经济政治民生等各项工作的开展都离不开法治，脱离了法治的保障，改革将举步维艰，稳定将难以保障，发展更是无从谈起，可以说，改革开放程度越深，越要强调法治的重要性。党执政70多年来，几经挫折，但对法治的追求从未动摇。纵观我国宪法发展历程，从"五四宪法"到2018年宪法的新修订，从"社会主义法制"到"社会主义法治"，从"有法可依、有法必依、执法必严、违法必究"到"科学立法、严格执法、公正司法、全民守法"，我们越来越深刻地认识到，治国理政须臾离不开法治。同样，新时代的全面依法治国无论从治理体系、治理能力还是从发展要求、价值目标来说，都极为必要。

第二，全面依法治国追求的价值效能。社会主义法治能够更好地实现对公平正义的追求。社会公正的实现受多种因素的影响，其中最为重要的因素可以归纳为制度因素、主体因素、司法机制、客观限制以及社会意识等。① 在保障社会公众利益最大限度地实现的基础上，我们要围绕这些因素在立法、执法、司法等环节上更加注重对公平正义的保障。

二、学科教学体系

大学生法治教育课程作为大学思想政治理论课程中的重要内容，在全面依法治国背景下需要得到切实加强，使其无论是从课程设置、教学

---

① 卓泽渊：《法治国家论》，法律出版社2008年版，第373—374页。

方式，还是课程的内生动力建设上都具有实践意义。

（一）完善课程体系建设

大学生法治教育要按照"八个相统一"的要求，扎实推进思想政治理论课建设，尤其是其中的法治观教育课和宪法法律知识教育课理论的建设。目前，直接对大学生进行法治教育的课程主要有思想政治理论课中的"思想道德修养和法律基础"和法治类相关选修课。一些非法律专业的社会科学类专业也把法律类课程作为本专业基础课程，要求本专业学生修读。考察当前大学生法治教育课程安排，不难发现，各高校除"思想道德修养和法律基础"为必修课，有统一教材和教学要求外，其余选修课是由各校根据实际情况开设的，而开课依据常常是有没有授课教师，且各校在课程的开设数量和教学内容上都有较大不同。很多学校除了规定的"思想道德修养与法律基础"课程外，很少开设法治教育选修课。已开设的法治教育选修课也存在课程偏重于部门法律知识传授的问题，专业性较强，仍属于知识教育课程。大学生法治教育课程还没有形成体系。

单纯依靠"思想道德修养和法律基础"进行法治教育，显然是不够的，我们应鼓励有条件的学校开设法治类选修课，丰富课程类型和课程内容，吸引更多学生选修。而对于师资相对不足的学校来说，应加强对"思想道德修养和法律基础"课任课教师的培养培训，提高他们的教育教学能力，帮助他们开设一些法治类选修课程，从而形成以"思想道德修养与法律基础"为主干课程，以法治教育相关课程为延伸课程，有序衔接、互相补充的课程体系。延伸课程分为两个层次，第一层次是延伸课程中的必设课程，主要是法治价值和法治文化类选修课，课程内容主要包括法治的规范性、政治性、价值性。这类课程对教师掌握法律专业知识的要求并不高，侧重于对法治价值的讲授，没有法学院的学校也能够开设。第二层次是延伸课程中的选设课程，主要是实用型法律选修课，课程内容包括职业法律规范、常用法律规范，如公务员法、消费者权益保护法、劳动合同法等。职业法律规范教育可以与专业教育相结合，成为专业教育的组成部分。选设课程需要教师掌握一定的法律专业知识和实践经验，适合设有法律专业的学校开设。延伸课程应以小班教学为主，以便于开展讨论、实践等教学活动。[①]

大一期间，针对新生特点，法治教育应该以校规校纪和"思想道德修养与法律基础"课的基础教学为主。校规校纪是每所高校针对学生制定的行为准则，是大学生基本的日常行为规范。从目前一些学生和学校之间出现的纠纷或法律问题来看，学校与学生的矛盾主要集中在对学生违纪事件的处理上，如对考试作弊的处分、对学术造假的处理等。对新生做校规校纪的教育，能够让学生在大学期间少违纪甚至不违纪，这也是让学生养成良好行为习惯的开始，其思想道德水平的提高也能为后续的法治思维培育打下良好的基础。大二期间，法治教育可以通过丰富的法治实践让学生所学的法律知识得到应用和检验。法治实践包括法律志愿服务、普法宣传、参加模拟法庭、以案说法等形式，可以提高大学生的法律运用能力。法治实践能够增强法治思维课程的吸引力和效果，让学生在实践中感受和体验法治的魅力，了解我国的法治体系，激发学生对社会主义法治的认同感，使实践育人的作用得到充分的发挥。理论知识是间接经验，只有通过实践，知识才能转化为能力，应用到实际的工作、学习和生活中。大三期间，法治教育应该开设与专业相关的实体法选修课。与大学生的学习和生活相关的实体法有民法方面的《著作权法》、刑事方面的《刑法》、行政方面的《环境保护法》等等。学生可以根据自己的兴趣和专业有针对性地进行选择，以满足对法律课程的兴

[①] 陈洁：《高校宪法教育贯穿"法治入宪"内容的路径探析》，载《思想理论教育（上半月综合版）》2017年第5期，第66—69页。

趣和进一步学习的意愿。结合部分学生创新创业的要求，法治教育可以开设讲授公司法、合同法等的选修课程。结合部分学生在校期间就有一些发明创造的事实，法治教育也可以增加一些讲授知识产权法、著作权法等方面内容的课程。此外，还可以开设法学专业的辅修课程，设立法学双学位，以满足部分喜爱法学专业的非法学学生的需求，从而有效地扩展法治思维培育的空间。大四学生面临的最大问题就是就业，但法治教育不应成为空白，相反，大四学生面临就业，即将走上社会，遇到的问题更多，法治教育更应该以此为契机，紧跟学生的需求，开展学生急需的法治教育。学校可根据大四学生在择业、就业、创业时面临的问题，有针对性地邀请社会上知名的法学专家或者是有丰富从业经验的法律工作者做一些法律专题讲座、法治座谈会等，以灵活多样的形式向学生进行法律知识普及和教育。即将毕业的学生可能对劳动法、劳动合同法等法律知识有更多的实际需求，针对大四学生的法治教育就可以多开展一些相关内容的教学。总之，我们要将法治教育课堂进行有效的延伸，将法治教育与职业生涯规划、就业指导以及创新创业教育进行有效的衔接，以贴近大学生的实际需求。

（二）加强教学方式方法改革

大学生法治教育不仅是专业教育、知识教育，同时也是价值教育和思想教育。大学生法治教育不需要受教育者死读硬记，而需要用基于事实的知识来发展和增进每个学习者的思考力。单纯的知识教育并不能促进学生理解和认同法治价值，因而决不能把法治教育变成照本宣科式的讲解和让学生死记硬背一些法条，因为教条式的教学方式并不能得到良好的教学效果，讨论才是解决学生思想问题的最好的方法。

在进行课堂教育时，教师一要树立法治教育的理念，有传授具体法律知识的教学策略，注重法治精神的传递。二要多采用启发式、讨论式、参与式的教学方法，引导学生通过自己的思考发现相关的法律规范、事实材料，分析各因素之间的关系，得出最佳答案，巩固所学知识，深化对法治知识和价值的理解。实践表明，当学生积极参与教学时，要比仅仅作为被动的接受者更容易获得知识，产生信念、态度以及价值观的变化，也更容易习得技能。三要开展案例教学。案例教学是通过对一个具体的法治情境的描述，引导学生对这种典型、特殊的情景和境况中的法治问题进行讨论，以培养学生的批判性思维和创造性能力的一种教学方法。案例教学法是一种互动式的教学方法，它使教师和学生共同参与到对现实情境的讨论之中，教师的作用不是把答案告诉学生，而是通过提出问题引导学生深入思考，作出决策，从而掌握相关理论、分析技巧及运用方法。学生们在教师的指导下进行课堂讨论，分析案例中的法治要素和法治运用，最后得出结论。同时，教师还要引导学生思考案例的道德意蕴和价值意义，使学生学会从道德和法律结合的角度全面客观地看问题，以使案例教学更加贴近现实生活，贴近学生的关注点。

除此之外，学校还可以邀请名师参与法治教育课程的讲授，也可以把新媒体新技术，如虚拟仿真实验室等新技术，云上游历、自制案例、在线 Cosplay 等新形式引入高校思想政治理论课和法治教育课的教学当中。基于技术支持和思维革新，大学生法治教育可以在人工智能助力下摆脱传统思维惯性，探索新的教育教学规律，找寻教学方式与教学生态上的全新办法，将"数据围着处理器转"转变为"处理器围着数据转"的样态，提高思想政治理论课教学实效。

（三）强化高校思政课内生能力建设

马克思主义理论学科建设能力、马克思主义理论学科支撑思想政治理论课教学的能力和高校思政课教师自身发展的能力汇集在一起就是高校思政课建设的内生能力。[①] 这种内生能力建设的第一个方面表现在高

[①] 任晓伟：《论新时代高校思想政治理论课的内生能力建设》，载《学术论坛》2020 年第 2 期，第 126—131 页。

校思政课教师——承担法治教育课程的老师要有崇高的使命意识，站在为党育人、为国育才、为社会主义培养建设者和接班人的高度开展思政课等法治教育课程的教育教学。内生能力建设的第二个方面是提高教师的学科能力。要不断夯实任课教师自身的学科本领和学科涵养，将自身的知识价值体系外溢给接受教育的学生。内生能力建设的第三个方面是要积累适应现代大学教育变革的教学经验。目前虽然全国高校思政课教师仍存在着缺编情况，但总体上说，近十年来高校思政课教师在规模和数量上都实现了史无前例的扩展，并且正在经历结构性转变。年轻化、高学历已经成为新时代高校思政课教师显著的特点，高校思政课教师在达到一定规模后，必须做好教学经验积累和新老教师的传帮带工作。

三、日常教育体系

大学生法治教育要将大学生法治教育融入社会实践、志愿服务、实习实训等活动中，创办形式多样的"行走课堂"；要推动构建政府、社会、学校协同联动的"实践育人共同体"，挖掘和编制"资源图谱"，加强法治教育；要依托特定的法治宣传教育节点，持续开展校园法治宣传创建活动；要提升校园新媒体平台的服务力、吸引力和黏合度，向学生提供法律服务，重点建设一批法治教育普及类公众号，发挥新媒体平台对大学生法治教育的促进作用。

（一）在实践中深化法治教育

除了思想政治理论课能够具体实施提升大学生法治素养的相关教育外，校园文化中的法治元素影响等，也都将对大学生法治素养的提升起到重要的促进作用。

法律的生命力在于实施，法律的权威也在于实施。大学生生活环境相对封闭、人际关系相对简单，要使学生把绝大部分的法律知识进行实践，要让重要的法律知识得到验证，让重点的法律关系得以呈现，需要特定的展示或模拟场所。法治教育实践基地正是承担这一使命的专门场所，它通过突出法治教育的资源整合和方式方法创新，注重利用各种教育技术和手段，为学生提供有实践性、互动性的法治教育内容和平台，帮助学生开展法律知识的体验与运用活动，实现法律知识的内化。法治教育实践基地的建设得到了国家教育主管部门的高度重视，2016 年 9 月，教育部等七部门专门印发了《关于加强青少年法治教育实践基地建设的意见》。2017 年，教育部在年度工作要点中明确提出：深入开展青少年法治教育，完成全国青少年学生法治教育实践示范基地建设。高校建设和利用好法治教育实践基地，将为提升大学生法治素养起到重要的促进作用。在现有条件和政策支持下，高校法治教育实践基地的建设和利用主要有两种方式。一是依托学校资源自建法治教育实践基地，即高校结合自身法治教育课程改革创新成果，汇聚全校法治教育设施资源，为学生开展法治教育提供实践与交流的平台。高校自身具有场地和设备上的各种优势，学校独建的法治教育实践基地可以利用校内各类教学场所，设备资源也可以就地取材，重复利用，具有简单快捷、经济高效等特点，在满足本校师生教学与实践的基础上，还可以辐射其他院校，为其提供服务保障，实现资源共享。二是联合执法单位共建法治教育实践基地。按照中共中央办公厅、国务院办公厅印发的《关于实行国家机关"谁执法谁普法"普法责任制的意见》要求，各执法部门都承担着相应的普法责任。在该意见的指导下，各地的普法活动创新举措不断，其中非常有力的一条就是由执法单位建设法治教育实践基地，并面向社会和各级院校开展法治宣传。这些由执法单位承建的法治教育实践基地，具有丰富的教育资源、专业的教育力量，能够为提升大学生法治素养提供良好的实践平台。高校为了使法治教育基地的功能、作用更加贴近大学生法治教育实际，也可以与执法、普法单位联建共建，在双方达成合作意向的前提下，对基地的建设与运行进行必要的干预，使其更加符合大学生法治教育的实际。对这些工作，全国各地都已经有了一些先行探索，并取得了一些有益的成果。此外，进行大学生法治教育还要推动构建政府、社会、学校协同联动的"实践育人共同体"，挖掘和编制"资源图谱"，加强法治教育。

（二）将法治元素充分融入校园文化

习近平总书记指出："文化是一个国家、一个民族的灵魂。文化兴国运兴，文化强民族强。"① 物质环境是校园文化的静态表现，而校园文化活动则是校园文化的动态表现。大学生法治教育需要注重将法治元素和法治主题充分融入校园环境和校园文化。马克思认为："人创造环境，同样，环境也创造人。"② 环境是指人类主体的活动赖以进行的自然条件、社会条件和文化条件的总和。一方面，人是环境的主宰者，人们总是按照主观的认识水平、审美观念、价值标准来改造、利用环境；另一方面，环境又是人的哺育者，环境以其自身独特的形象潜移默化地感染人、熏陶人，使人在不知不觉中受到教育和影响。将法治元素植入校园环境中，构成浓厚的法治教育氛围，让学生长期生活在富含法治元素的学习环境中，时刻接受教育和熏陶，能在潜移默化中提升学生的法治素养。将法治元素融入校园，可以有以下方法。

一是建设法治文化长廊：利用学校特色文化建设、基础设施建设、校园环境治理等时机，开辟专门的场地，建设法治文化长廊，集中宣传法治理念和法律知识、宣扬法治文化人物、展示法治文化实物，提高学生对法治理念、法律知识的认知。二是嵌入法治宣传板块：在原有校园环境格局不变的情况下，在固定的区域、特定的时段嵌入法治宣传内容，如在校园宣传栏里加入法律知识专栏、法治新闻专栏等；在校园广

---

① 习近平：《习近平谈治国理政》第3卷，外文出版社2020年版，第32页。
② 中共中央马克思恩格斯列宁斯大林著作编译局编译：《马克思恩格斯选集》第1卷，人民出版社2012年版，第172—173页。

播中开辟法治时段，或制定法治宣传专题节目；在校园网站上增添法治教育模块，或在教育软件平台上开发法治教育功能；在电子屏幕上滚动播放法治宣传片；等；使法治教育的内容灵活机动地融合在校园环境之中。三是抓住重要时间点进行主题宣展：将法治宣传内容与重要的节日、纪念日以及党和国家的重大活动结合起来，如3月8日妇女节，可以宣传《妇女权益保障法》；3月15日消费者权益日，可以宣传《消费者权益保护法》；4月26日世界知识产权日，可以宣传《知识产权法》；5月1日劳动节，可以宣传《劳动法》《劳动合同法》；6月26日国际禁毒日，可以宣传《禁毒法》；9月10日教师节，可以宣传《教师法》；重阳节可以宣传《老年人权益保障法》；12月4日是国家宪法日，也是宪法宣传日，可以重点进行宪法精神和宪法知识的宣传。抓住这些重要时间点，借助节日氛围，在校园内利用各种宣传手段进行专门的宣传，能加深学生对相关法律法规的认识和理解。四是在各类校园文化活动中突出法治主题，在大型的校园文化活动中设立法治教育专场或专区，极大地丰富法治教育内容，强化学生对具体法律知识的认知。比如，可以通过讲座的方式进行法治教育。讲座既可以在课程内结合教学内容组织，又可以在校园文化活动中灵活组织。以校园文化活动形式举办的法治专题讲座，可以面向更加广泛的学生群体，其主题除了注重专业性和理论高度，也要注重与大学生的关联性，让大学生能真正学到如何保护自身权益，提高自身法治素养。

（三）打造网上法律服务平台

网上法律服务平台，是指学校利用信息技术手段，通过网络资源建立面向学生的交流渠道，收集学生法律服务需求信息，并向学生提供法律服务的一种服务平台。网上法律服务平台可以是电子信箱、专门面向学生的论坛、博客等，也可以是专设的手机App，或者一定范围内的QQ群、微信群，这些都能实现网上法律服务的功能。大学生法治教育要提升校园新媒体网络平台的服务力、吸引力和黏合度,发挥新媒体平台对高校法治教育和法律服务的促进作用。相比面对面的法律服务,网上法律服务有两大优势:一是能跨越空间提供实时服务;二是能更好地保护学生的隐私。因此,法律服务平台不仅可以帮助学生解决学习生活中的法律问题,还可以直接为学生法治教育服务。在提升学生法治素养服务的过程中,要充分利用网络的在线与互动特点,通过技术开发、就地利用,最大限度地将法治教育双向联通起来,既提供便捷的服务,又实施动态的教育辅导。首先,学生在网络世界身份隐匿,一般不以真名出现,可以为教学活动提供更加开放深入的调查摸底。比如,一些学生在现实生活中不愿意向别人透露与家庭、个人相关的法律问题,一些犯有错误或存在法律认识误区的学生,也不愿意将自己的秘密示人,但这些学生往往愿将压在心里的烦恼向素未谋面的网友倾诉,因而利用网络的隐匿属性,能够更加深入地了解学生的法治素养现状,为教学内容、方式的调整改革提供依据。其次,网络在线沟通既可以点对面,又可以点对点,这一特点有利于法治教育或服务机构在更大范围内向学生群体提供法律服务,同时又便于教师对学生进行点对点的指导帮带,实时、快速、隐蔽地为学生提供法律服务。[1] 再次,网络渠道作为法治教育的辅助手段,既可以直接为学生进行法治教育,提供法律咨询与服务,还可以用线上服务与线下服务相结合的形式,使虚拟的网络进入现实的生活,在法治教育过程中,能够让教师与学生的联系从课堂延伸到课外,使教师能随时随地为学生进行学习辅导,提供法律帮助。

四、管理服务体系

校园制度对育人氛围的营造至关重要,大学生法治教育应充分发挥

---

[1] 张晓敏、杨秀莲:《深化高校法治教育的路径研究》,载《黑龙江高教研究》2016年第2期,第58—61页。

群团组织深入学生、贴近学生，与学生的兴趣爱好黏合度高的特点，因人制宜，通过健全学校各项制度体系，丰富法治教育普及活动，以及提供便捷的法治服务来建构法治教育的管理服务体系。

(一) 形成制度育人的氛围

大学生法治教育应健全管理服务育人制度体系，提高管理服务水平，大力营造治理有方、管理到位、风清气正的制度育人环境。

第一，提高学校管理的依法治校意识。所谓依法治校，就是广大师生通过各种途径和形式管理学校事务，保证各项工作都依法行事。依法治校的主体是全体师生员工，新修订的《中国共产党普通高等学校基层组织工作条例》第十条规定的高校党委的主要职责第一项就是"宣传和执行党的路线方针政策，宣传和执行党中央、上级组织和本级组织的决议，坚持社会主义办学方向，依法治校，依靠全体师生员工推动学校科学发展，培养德智体美全面发展的中国特色社会主义事业合格建设者和可靠接班人"。在校长和校党委领导下，学校根据《教育法》《高等教育法》等有关法律的规定，制定学校的各项规章制度并开展工作，保证学校各项任务的完成。对于高校来讲，党和国家教育方针政策的落实情况、管理水平的高低、教学质量的提高、大学生思想政治教育的落实都和全体师生有着密切的关系。一方面，大学生法治教育要依靠学校的高度重视，加大投入和支持力度；另一方面，学校依法治校的意识也十分重要，这是影响学校法治教育环境的关键。依法治校要求民主治校、科学治校，防止法外特权、盲目决断的出现，同时要维护学校合法权益，尊重和保障教职员工和学生权利。如果一所高校的依法治校工作开展得好，让大学生在学校里感受到民主法治就在身边，那么法治教育就会事半功倍；反之，如果一所高校实际上是以权治校或以威治校，就会助长学生的特权意识，法治教育的效果就会削弱。

第二，提高全体教职员工法律素养和育人意识。大学生法治教育需要全体教职员工的共同努力。一方面，要对学校所有教职员工进行法治教育，使他们掌握法律知识，提高法律素质，避免出现大学生懂法而教师不懂法的现象。这是因为法治教育的对象绝不仅仅是大学生，教师也需要接受法治教育。当前，一些教师的法治观念还比较薄弱，高校教职员工也有违法犯罪的情况，这不仅造成了极为恶劣的社会影响，还对大学生形成法治品质有十分严重的负面作用，因此，学校需要大力加强教职员工法治教育。教师需要学习的法律知识，除了法律的基本理论、法治的价值、我国的基本法律制度和主要部门法律规定外，还有与教师职业相关的法律知识，比如教育法律法规的基本知识、教师的权利与义务、教师管理的法律制度、学校与教师的法律关系、教师与学生的关系、教师法律救济等等。另一方面，要制定完善有关规定和政策，明确教职员工职责任务和考核办法，用政策引导全体教职员工自觉承担起育人责任，形成良好的氛围和工作格局。学校管理工作要体现育人导向，把严格日常管理与引导大学生遵纪守法、养成良好行为习惯结合起来。后勤服务人员要努力搞好后勤保障，为大学生办实事办好事，使大学生在优质服务中受到感染和教育。

（二）发挥群团组织的生力军作用

大学生法治教育要发挥工会、共青团等的群团组织作用，依托其政治性、群众性和先进性，组织方式灵活，形式新颖别致，学生兴趣度高等特点，在各类校园文化活动中强化法治宣传和教育，强化学生对具体法律知识的认知。

第一，举办法治主题演讲比赛。组织法治主题演讲比赛，既可以推进比赛参与者对具体法治主题的深入思考，还可以促进学生之间的交流与沟通，也可以为学生提供展示与锻炼的平台，是深受学生欢迎的一项校园文化活动。为提高比赛的影响力和吸引力，法治主题演讲比赛除了由学校宣传部门或思想政治理论课教研部门承办，还可以由这些部门联合学生组织和基层党团组织共同举办。为保证比赛质量，可以要求各学院进行预赛，并以学院为单位推选优秀选手参加决赛。演讲主题既要紧贴法治，又要接近学生生活。这样的比赛可以带动学生学习法律知识、领会法治精神、提升法治素养的热情。

第二，举办法律知识竞赛。组织法律知识竞赛能够调动广大学生学习与竞赛主题相关的法律知识的热情，提高学生对相关法律知识的掌握、运用能力。对活动组织方来说，组织法律知识竞赛不仅是法治教育的一种配合活动和促进手段，同时也能够为掌握参赛对象的法治素养情况提供参考。由于法律知识自成体系，比一般的文化知识晦涩和枯燥，所以在举办法律知识竞赛时要选定范围，所涉及的法律知识也要尽量与大学生的生活相关，所出题目最好与大学生有直接或者间接联系。在法律知识竞赛举行之前，活动可利用校园网络平台进行预热，以此引起学生关注，并对学生法治能力作出初步评估，为竞赛出题难易程度作参考。

第三，组织法治主题艺术作品评比展示。大学生法治教育可以具体的法治内容为主题，以新媒体资源、新网络平台为基础，结合传统艺术手段和新型艺术形式，面向师生广泛开展书画、摄影、音乐、微电影、话剧、小品、相声等艺术作品的征集。一方面，可以通过学校文化广场、文化节、文艺演出等进行集中的展示或展演，在学生喜闻乐见的艺术作品和文化活动中展现法治主题；另一方面，可以将征集过来的作品集中进行数字化处理，上传到学校网络宣传平台，进行持续的展示与宣传；再一方面，还可以组织专家评审，对征集的法治主题艺术作品进行评比并进行适当的奖励，推荐其参加更高层次的比赛活动，扩大作品的影响力。艺术作品的评比展示，既可以让艺术作品为更多学生所熟悉，让作品中蕴含的法治观念、法律知识为广大学生所了解，还可以对从事法治主题艺术创作的学生形成激励与肯定，激发其更大的创作热情，用其艺术才华和聪明才智更好地为提升大学生法治素养服务。

(三) 建立学生社区法律服务工作室

大学生法治教育应依托书院、宿舍等学生生活园区，探索学生组织形式、管理模式、服务机制改革，将园区打造成为集学生思想教育、师生交流、文化交流、生活服务于一体的教育生活园地。大学生在社会交往和家庭生活中，遇到法律问题甚至陷入法律纠纷的情况越来越多，而很多学生并具备解决相关问题的能力，这就需要专业法律力量的干预和帮助。例如，大学生创业已成趋势，2018年1月6日由中国人民大学发布的《2017年中国大学生创业报告》显示，中国大学生的创业意愿持续高涨，26%的在校大学生有强烈或较强的创业意愿，同时，欲创业大学生呈现低龄化趋势。这些有着创业热情和创业实践的大学生除了需要有资金、政策帮扶，也需要一些法律咨询和帮助。另外，学生在课余兼职、假期勤工俭学中遇到劳务纠纷，在选择就业去向和签订就业合同时有法律疑虑时，都迫切需要得到相关的法律咨询与服务。学校法务部门（党政机关办公室）牵头，凝聚学校已有的法律工作力量，适当引进地方专业的法律服务力量，并合理借鉴社会公益组织、团体的法律服务模式，面向学生成立法律服务工作室，向学生提供免费的法律服务，可以为学生解决生活、工作中遇到的法律矛盾，宣示和维护学生合法权益。必要的时候，学生社区法律服务工作室还可以以学校组织的名义，直接参与到涉及学生的法律纠纷调解或法律诉讼中，最大限度地依法维护当事学生的权益，这也必将激发其他学生参与法治实践，提升法治素养的愿望和热情。

五、安全稳定体系

维护国家安全，是坚持和发展中国特色社会主义，实现"两个一百年"奋斗目标和中华民族伟大复兴中国梦的重要保障。维护国家安全，需要准确把握国家安全形势变化的新特点新趋势,坚持总体国家安全观,依靠法治途径实现国家安全的体系化、制度化发展。在大学生群体中进行国家安全法治教育是十分必要和迫切的事情。自《国家安全法》实施以来,国家安全法治建设也开启了新征程。大学生法治教育要持续推动国家安全教育进学校、进教材、进头脑,把集中教育活动与日常教育活动、课堂教育教学与社会实践相结合,建立健全国家安全教育长效机制,不断充实教育内容,完善教学体系。

(一)确立新时代国家安全法治教育观

国家安全是国家生存发展的前提,是人民幸福安康的基本要求,是安邦定国的重要基石,是中国特色社会主义事业发展的重要保障。传统国家安全教育观,是一种单一的国防观、军事观和政治观。中国特色社会主义进入新时代,中国改革开放和社会主义现代化建设的成就举世瞩目,综合国力和国际影响力不断提升,中国已经走到了世界舞台的中央,进入中华民族从站起来、富起来到强起来的阶段。与此同时,党和国家也面临着复杂多变的安全和发展形势。从国际来看,世界经济调整,全球治理体系和国际秩序变革加速推进,国际力量更趋均衡,保护主义、单边主义抬头,风险挑战更大。在国内外各种风险挑战下,境内外各种危害国家安全和稳定的势力对我国青少年的渗透影响也在加大。

新时代国家安全教育观应当是综合化、法治化、整体化国家安全教育观。新时代的国家安全教育观,可以从以下方面进行理解。从公民个体的视角看,树立新时代国家安全教育观,是培养新时代合格公民基本文化素养的需要;从社会层面的视角看,国家安全是全社会的共同期盼、共同义务,也是全社会的共同责任;从国家层面的视角看,国家安全教育是构造新时代国家文化的重要组成部分。树立新时代国家安全教育观,有三个方面的基本要求。一是坚持总体国家安全观,统筹发展和安全的关系,增强全民族的忧患意识,做到居安思危。二是树立综合国家安全观,把国家安全与经济、政治、文化、社会、科技等各项建设事业结合起来,综合考虑,统筹对待。三是要确立国家安全的法治保障观或者说法治国家安全观,进一步加大国家安全法治体系建设力度,使之与国家安全建设的整体需要相适应。

(二)加强对《国家安全法》等相关法律的学习

2015年7月1日颁布实施的新《国家安全法》,是在总体国家安全观的指导下制定的,是一部与总体国家安全观相适应的法律,其内容涉及范围大大超越了反间谍侦查和保密工作,包括了总体国家安全观涉及的方方面面的国家安全问题。《国家安全法》是基本法、综合法、一般法和专门法,它与我国已有的《反分裂国家法》《反间谍法》《反恐怖主义法》《国防法》《保守国家秘密法》《国防动员法》《国防教育法》等法律一起构成了我国国家安全方面的法律体系,体现了国家安全法律化的总体立法思路。

大学生法治教育要把《国家安全法》等法律法规作为法治教育的重要内容。《国家安全法》是一部与总体国家安全观相适应的总体国家安全法,与这部法律相应的国家安全法治必须是总体国家安全法治,而根据这部法律规定进行的国家安全教育,无论是全民国家安全教育,还是国民教育中的国家安全教育,以及公务员教育中的国家安全教育,和其他各种国家安全教育,其内容都必须是总体国家安全教育。在总体国家安全观指导下,国家安全教育需要理顺国家安全与军事国防的关系,依托高校和研究机构,以国家安全学科建设为支撑,进行深入的国家安全研究,编好各种国家安全教育教材,把爱国主义教育、军事国防教育等都整合到与国家安全相关的法治教育中。

(三)加强国家安全法治教育的制度建设

为了更好地加强国家安全法治教育工作,提高全民族国家安全法治意识，形成国家安全法治观念，立法机关需要适时起草国家安全教育法。国家安全教育法作为国家教育法律体系的重要组成部分，应当将国家安全教育与思想政治教育、文化道德教育、科学技术教育、体育美育教育一道列入国民教育系列，成为学校教育的有机组成部分，使之进学校、进课堂、进头脑。① 同时，国家安全教育法应当把国家教育作为社会教育的一部分来对待，鼓励社会主体在国家安全教育方面发挥更多的作用，形成社会教育文化氛围。此外，还要加强国家安全法治教育的机制建设，加大国家安全法治教育的各项投入，构建与新时代发展需要相适应的国家安全法治教育机制。

六、队伍建设体系

大学生法治教育是一项教育活动，因此构建一支理论水平高、实践能力强、专业基础好、职业使命感强的队伍对大学生法治教育而言具有重要的意义和价值。

（一）注重法治教育师资队伍培养

思想政治理论课教师，特别是"思想道德修养和法律基础"课教师，以及辅导员、班主任是直接开展大学生法治教育的主要力量。他们开展法治教育水平的高低，直接关系到法治教育的效果。因此，要加强对这部分教育者的培训，提高他们的法治教育水平：一是要让其树立正确的人才培养观念。教师的人才培养观念直接支配着教师的教育行为。教师要树立"重能力素质"的人才培养观念，以培养学生法治品质为目标，重视对学生的能力素质的培养。同时，要树立"以生为本"的人才培养观念，在法治教育中，既要坚持教师的主导地位，确保教育的

---

① 尹奎杰：《新时代加强国家安全法治教育的几个问题》，载《吉林日报》2018年4月15日，第4版。

正确方向，也要调动发挥学生的积极性，使学生由法治教育的被动接受者变为设计者、参与者和评估者，把教师的主导作用与学生的主体地位有机结合起来，增强大学生法治教育的活力与合力。二是要让其提高个人素质。要开展好大学生法治教育，教师必须具备一定的个人素质。要开展法治教育，教师必须系统掌握法律知识，具有较高法律水平。教师首先要增强法治观念、法治意识，要知法懂法，自觉维护法治尊严，要积极主动培养学生遵法守法的意识，构建良好的教育氛围。此外，教师还应当具备政治素质和道德素质。法治教育中有大量政治性教育内容，这就要求教师必须具有正确的政治立场、坚定的政治信仰、较高的政治水平和高度的政治敏锐性，这样才能保证我们的大学生法治教育按社会主义方向前进。良好的思想作风是联系教育对象的感情桥梁，是建立教育者崇高威信的基础，也是产生科学决策的重要条件，教师要坚持实事求是、严于律己、民主平等、是非分明、勤奋踏实、尊重规则的思想作风，为学生作出表率。教师的道德品质也是无声的育人力量。[1] 公正、诚信、自制等不仅是法治教育要培养的学生的法治品质，更是教师应当具备的基本道德素质。三是要培养其实施法治教育的能力。除了要具备正确的育人观念和良好的个人素质外，教师还必须具有三种能力：首先是较强的工作能力，教师要能够独立地设计、组织并实施各种法治教育活动，协调各方面的力量共同参与法治教育；其次是分析研究能力，教师要能够正确把握党和政府依法治国的路线方针政策，正确分析评价当前社会法治状况，及时了解学生思想动态，抓住学生思想问题实质，有针对性地开展教育；再次是语言表达能力，教师要能够根据不同的教育对象和教育环境充分发挥语言的魅力，把教育内容传播给学生，使学生

---

[1] 董泽芳：《高校人才培养模式的概念界定与要素解析》，载《大学教育科学》2012年第3期，第63—66页。

听得进、听得懂。

此外，大学生法治教育从根本上来说是一项教育活动，它通过一定的教育和引导行为，使人们具备相应的法律知识，理解社会主义法治理念，最终认同与践行这些法治理念，这也是法治教育的最终目的。大学生法治教育必须吸收更多的教育人才加入到大学生法治教育的工作中来，而如何使更多的法律专业人才投身法治教育工作，并进一步加强社会主义法治精神培育的专业化与权威化，是当前法治教育的重要课题。大学生法治教育要通过知识与技能的相关培训，使教育人才具备相应的法治素养，培育贯通教育业与法律行业的法治精神，培育人才引进渠道，打造法治教育人才库，实现法治教育人才的源源不断的输入，构建以培育为主、引进为辅的高水平教师队伍建设培育机制，以专业化的姿态优化法治教育的各个环节。

(二) 打造高素质思想政治工作队伍

高校思想政治工作和党务工作队伍是大学生法治素养教育的有效补充和生力军，也是对大学生开展法治教育的重要力量。持续提升思想政治工作和党务工作队伍的素质能力和专业水平，持续加强大学生思想政治教育工作队伍规范化，既要适应当前大学生法治教育的新形势新要求，又要结合实际探索新路径新方法。高校党委应加强领导，将统筹规划和重点推进相结合，注重从理念更新、培训研修、科研扶持、平台搭建、实践锻炼等方面入手，使大学生思想政治教育在学习中提升、在研究中增强、在交流中升华、在实践中锤炼。

第一，更新工作理念，构建思想政治教育和法治教育大格局，树立"大思政"工作理念，着力强化大学生思想政治教育工作队伍内部的优势互补、互相促进，着力构建和完善四大协同育人系统：一是专业课程与思想政治理论课同向同行，进一步强化专业知识课程教师的育人责任，实现主流意识形态教育向专业教育的拓展和延伸，达到思想政治理论教育与知识体系教育的有机统一。二是推进高校思想政治工作质量提升工程，着力解决相关工作脱节的问题，全面统筹高校各领域、教育教学各环节、人才培养各方面资源，实现十大育人体系的有机融合。三是建立理论与实践相结合的育人系统，将理论学习、科学研究与实践教学、实践锻炼相结合，着力解决理论与实践脱节的问题。同时着重整合资源，完善机制，创新实践内容和形式。四是推动线上与线下宣传教育的结合，全方位加强法治教育工作，尤其是要强化互联网思维，借助新媒体渠道弘扬主旋律。

第二，完善培训体系，在培训中加强工作制度的规范化。一方面，要打造线上线下相结合的培训格局；另一方面，要建立健全上岗培训、日常培训、专题培训、高级研修等的一体化培训体系。在线上线下结合方面，既要组织有效的线下集中培训，也要充分利用网络学习平台，设置法治工作培训专题，使大学生思想政治教育工作队伍在日常工作中接受持续的培训。在集中培训方面，应构建"目标分类、课程分层、内容分级"的课程体系。同时，要处理好理论与实践的关系，既要邀请法学理论研究方面的专家作有关报告，也要邀请宣传、保卫、国家安全、网络管理等相关领域的一线工作者进行实战经验和典型案例的分享。培训要有针对不同大学生群体的特殊问题的内容，有针对性、系统性地培养大学生思想政治教育工作队伍，使其增强法治教育的责任感和使命感，激发其内在的学习需求和开展法治教育工作的主体意识，在学习中不断提升工作能力。

第三，加强科学研究，在研究中提升法治教育工作理论水平。高校法治教育是一项极富规律性的工作，掌握规律并遵循规律开展工作，能提升工作的效率和效果。打造思想政治工作队伍要以实际问题为导向，加强工作研究，发现并遵循规律开展工作，增强工作实效。同时，打造思想政治工作队伍要注重"集体作战"的科研团队建设。国家、省市和高校要为大学生思想政治教育工作队伍设立有关大学生法治教育方面的专项科研课题或项目，鼓励大学生思想政治教育工作队伍结合工作实际积极申报相关课题，开展科学研究，促进大学生思想政治教育工作队伍在研究中不断提高工作能力。[1]

（三）优化法治人才培养模式

法治人才培养模式的优化要与法治工作队伍建设的现实需求充分对接，在法治教育的总体目标与统一规格基础上，实现法治教育培养模式的类型化。要以"卓越法律人才教育培养计划"三个类型的人才培养基地为依托，以法治工作队伍建设需求为导向，夯实基础、强化重点、突出特色。其中，应用型、复合型法治人才培养模式要进一步强化实践教学，重点突出与法治实务部门在联合培养人才过程中的常态化、规范化的体制机制建设。西部基层法律人才培养模式要切实符合中西部区域经济、社会发展情况与中西部基层法治工作的特点和要求。涉外法律人才培养模式要适应世界多极化、经济全球化的发展与中国和平崛起对于涉外法治人才的需要，借鉴国际先进理念和经验，充分利用国内、国际优质法学教育资源，着力为国家培养通晓国际法律规则、善于处理涉外法律事务的涉外法治人才。

七、评估保障体系

任何事物的发展都不仅依赖于其内在机制的构建和完善，也与其所处的发展环境密切相关。从内在机制角度来说，法治教育机制的构建需要着重解决其自身的主体定位问题及实践操作问题；从外在环境角度来说，法治教育机制也离不开与其相得益彰的评估保障体系，以确保社会

---

[1] 李晓娟：《新时代大学生思想政治教育工作队伍意识形态工作能力提升探析》，载《思想理论教育》2019年第6期，第96—100页。

主义法治教育有序进行。

（一）构建科学测评方法

大学生法治教育要建立多元多层、科学有效的高校思政工作测评指标体系，完善过程评价和结果评价相结合的实施机制，把高校党建和思想政治工作作为"双一流"建设成效评估、学科专业质量评价、人才项目评审、教学科研成果评比的重要指标，使其成为政治巡视、地方和高校领导班子考核、领导干部述职评议的重要内容。

目前，高校大学生法治教育评估方式主要表现为传统的课堂闭卷考试，而对第二课堂的效果评估体系尚未成形。按部就班的考试无疑会使相当一部分大学生重法律知识的学习而忽视法治素养的培育，为了应付考试而死记硬背，考试合格之后便将知识抛于脑后，而法治思维和法治方式得不到及时的践行，因而这种传统的评估方式无法衡量大学生法治素养的高低。针对现实问题，高校大学生法治教育的评估方式应作出合理的调整，巩固"知行合一"的法治教育目标和理念。传统的闭卷考核方式对于强化对法治基础知识的记忆有一定作用，但简单的卷面成绩无法检测出大学生是否能将所学法律知识付诸实践，针对这一局限性，学校可扩大考核的范围，增加实践、面试等必要的考核方式，如可以考查大学生日常参与法治实践的态度以及在活动当中运用所学知识的能力等两方面内容，强调学生的"知"与"行"统一，培养大学生的综合素质。有条件的高校可以建立法治教育实践基地，聘请专业人士通过配套的场景、独立的法治教研室、具体的案例，对大学生进行专业的培训和考核。总之，将闭卷考核的方式与大学生的法治实践活动表现相结合才能使大学生法治教育更严谨、更高效。[1]

---

[1] 张雁：《社会主义法治精神培育的本质意蕴及要素机理探析》，载《思想教育研究》2014年第12期，第14—18页。

（二）完善、推进落实举措

大学生法治教育要纳入学校整体发展规划和年度工作计划，明确路线图、时间表、责任人。社会主义法治教育应制定以弘扬法治精神为核心，以科学化、现代化、综合化发展为方向的目标。具体来说，社会主义法治教育应该有以下五个具体目标：一是实现依法治国，不但实现国家政治决议、经济文化事业、社会治理等方面的制度化和法律化，而且还通过鼓励人民群众参政议政，达到使人民群众的政治权利普遍实现的目标；二是实现执法为民，通过法律的制定和修订来保障人民群众在社会生活中的利益；三是实现公平正义，将逐渐消除物质上的贫富分化和精神上的两极差异作为政策制定的主要目标；四是服务于社会主义现代化建设大局，通过政策法规来提高社会主义法治精神培育在社会主义现代化建设中的地位，突出法治在社会主义核心价值观中的重要意义，进而以局部的完善来推动整体格局的发展；五是维护和坚持党的领导，树立党在社会主义法治精神培育中的主体性和权威性。不难发现，具体目标的制定是在社会主义法治目标的基础上实现的，因此我们必须明确社会主义法治目标。在明确以弘扬法治精神、营造法治氛围为主要目标之后，还应逐渐实现社会主义法治精神培育相关政策的科学化、现代化和体系化。

社会主义法治教育应制定、落实兼具时代性、创新性与易感性的举措，其核心就是将政策意图转变为管理行为，将政策理想转变为教育现实。大学生法治教育也是公共管理及社会事业中的一部分，正确而有效地利用政策工具，可以事半功倍地实现社会主义法治教育的目标与理想。政策工具虽然在一定程度上与政策本身相类似，但其所处的地位与功能同政策本身存在显著的区别，一般来说，政策工具是为了实现阶段性或整体性社会主义法治教育目标而制定或颁布的政策以及实现法治精神培育目的所运用的相关手段、途径和方式。政策工具必须紧密配合政策目标与政策主题，因地制宜、与时俱进地实施政策内容以达到最佳效果，是政策实施中的重要一环，因此能否科学化使用政策工具直接决定了政策的实效性与功能性。政策工具不是宏观的方法论，而是在面对具体工作时所采用的方法，例如在进行大学生法治教育时所采取的方式手段，在传播法治理念、法治精神时所应用的媒介工具。总体来说，大学生法治教育应通过政策工具实现两个转变，即由传统向现代的转变和由抽象向生动的转变。早期的法治教育更多地采用传统的方式来进行，如对青少年的法治教育常利用学校与课堂的平台，借助书本等传统媒介进行灌输性教育，不仅缺乏生动性与形象性，更容易使学生失去学习的主动性与积极性，所以我们必须将传统的灌输型教育方式转变为现代的互动型教育方式，而在转变的过程中，政策的引导和要求发挥着决定性的作用。与此同时，社会主义法治理论是马列思想中国化和法的理论与中国国情、社会主义现代化建设现状相结合的先进思想成果，是长时间以来社会主义民主与法治实践经验的升华总结，具有很高的理论深度，也存在一定的抽象性，因此，传统的社会主义法治精神培育方法已不适用于日新月异的社会形势，我们必须通过一定成体系、成规范的政策来对社会主义法治精神培育的方式方法提出新要求和新规定，这就要求社会主义法治精神培育的政策工具能够兼具时代性、创新性与易感性三个特征，紧紧把握时代的脉搏，使法治教育能够走在时代的前端，加快利用网络技术、新兴媒体等媒介展开法治教育，使法治教育内容从抽象的理论走向具象的实践，由枯燥的理论转变为生动的实例，由艰涩和抽象走向易感，不断实现大学生法治教育政策工具的创新。

（三）健全、保障投入机制

党的十八届四中全会后，中央宣传部、司法部《关于在公民中开展法治宣传教育的第七个五年规划》出台，各省、市、自治区的具体规划和配套措施也相继制定，各级党委和政府不断加强对普法工作的领导，各基层政府和人民团体还创造性地开展了法治宣传教育工作，并通过集中教育与经常性教育相结合的方式，尝试开展进机关、进乡村、进社区、进学校、进企业、进单位的"法律六进"主题活动，社会普法活动呈现出良好的发展势头，取得了一系列务实的教育成果。将这些现有的普法资源，以及结合实际开发的普法资源导入高校，将对提升大学生法治素养起到积极的促进作用。

第一，建立社会普法资源向高校导入的机制。社会普法资源有效导入高校，为高校法治教育服务，需要在制度机制上解决两个层面的问题。一是要有信息交互机制。社会普法与高校法治教育平行发展，导致社会普法对高校的需求不了解，高校法治教育对可利用的社会资源也不了解，双方在对接过程中存在盲区。因此，我们要建立双方的信息交互机制，动态统计，实时通报双方软硬件资源的数量、运行情况、主要功能、服务对象，了解双方普法教育的专业人才数据库，重要的普法政策、文件规定、活动组织等情况，使双方全面掌握彼此的教育资源底数，为开展相关活动提供参考。二是要有物质保障机制。不同的普法部门，存在着职能分工、行政隶属和经费保障上的不同，向高校导入普法资源时，可能会出现体制上的阻碍，因此，要进一步明确各级普法资源为高校服务的职能任务，并解决好国家、省、市、区四级的经费支持问题，将其纳入财政预算，同时广泛争取民间财力支持，为社会普法资源进入高校提供物质保障。三是要有双向协作机制。社会普法宣传，一般都是依托专业法学研究、执法机构和普法场馆、基地，如法院、检察院、律师协会、监狱、反腐倡廉基地等，结合自身工作和专业优势，开展普法宣传活动，在活动形式和内容上具有一定的局限性，在为学校提供法治资源的同时，也需要学校丰富教育资源的帮助，因此，要鼓励学校与具体的社会法治教育单位建立双向协作机制，双方互通有无，互利互惠，双向互动，共同提升法治教育资源的效能，促进双方教育和发展目标的实现。①

　　第二，完善社会普法资源向高校导入的途径。对于高校法治教育而言，社会资源尽管不为我所有，但可以为我所用。不同层次的普法资源，都可以为高校法治教育提供帮助，因而大学生法治资源可以充分利用这些资源：一是政府普法资源主导。这由相应级别的政府部门统一部署，在普法宣传的计划制订和活动安排中，将普法资源向高校输入，让社会普法活动依托高校开展，带动高校法治教育与社会普法宣传的对接，逐步实现现有普法资源的及时沟通与共享。二是公益普法资源配合。社会公益性力量在政府的倡导和支持下，出于自身的公益服务宗旨、建设发展需要等，会利用自身优势，进行某一领域或某时段的法治宣传教育，且具有参与程度较高、方法灵活机动、操作简便易行等特点，学校可以适当利用这些公益组织和公益平台，或者主动邀请这些公益组织和平台进校园，为学生提供就业、生活等方面的服务。同时，可以让其发挥自身优势，进行心理咨询和法律服务活动，为学校法治教育提供力所能及的帮助。三是其他普法资源的补充。其他社会力量，包括从事商业服务的广告行业，个人经营维护的自媒体平台，为学校提供餐饮、通信等业务的服务单位，这些力量均可以利用自身经营场地和资源优势，适当为高校法治教育提供支持与服务。

---

① 张晓敏、杨秀莲：《深化高校法治教育的路径研究》，载《黑龙江高教研究》2016年第2期，第58—61页。

主要参考文献

［1］中共中央马克思恩格斯列宁斯大林著作编译局.马克思恩格斯全集：第3，46卷［M］.北京：人民出版社，2002.

［2］中共中央马克思恩格斯列宁斯大林著作编译局.马克思恩格斯全集：第28卷［M］.北京：人民出版社，2018.

［3］中共中央马克思恩格斯列宁斯大林著作编译局.马克思恩格斯文集：第1，2，3，10卷［M］.北京：人民出版社，2009.

［4］中共中央马克思恩格斯列宁斯大林著作编译局.马克思恩格斯选集：第1，2，3，4卷［M］.北京：人民出版社，2012.

［5］中共中央马克思恩格斯列宁斯大林著作编译局.列宁全集：第10，17，33，34，39，41，42卷［M］.北京：人民出版社，2017.

［6］中共中央文献研究室.毛泽东文集：第6，7卷［M］.北京：人民出版社，1999.

［7］邓小平.邓小平文选：第2卷［M］.北京：人民出版社，1994.

［8］邓小平.邓小平文选：第3卷［M］.北京：人民出版社，1993.

［9］江泽民.江泽民文选：第3卷［M］.北京：人民出版社，2006.

［10］胡锦涛.胡锦涛文选：第3卷［M］.北京：人民出版社，2016.

［11］中国共产党中央委员会关于建国以来党的若干历史问题的决

议［M］.北京：人民出版社，1981.

［12］中共中央文献研究室.十四大以来重要文献选编［G］.北京：人民出版社，1999.

［13］十六大以来重要文献选编：中［G］.北京：中央文献出版社，2011.

［14］中共中央文献研究室.十七大以来重要文献选编：上［G］.北京：中央文献出版社，2009.

［15］中共中央文献研究室.十八大以来重要文献选编：上［G］.北京：中央文献出版社，2014.

［16］中共中央文献研究室.十八大以来重要文献选编：中［G］.北京：中央文献出版社，2016.

［17］中共中央文献研究室.十八大以来重要文献选编：下［G］.北京：中央文献出版社，2018.

［18］中国共产党第十九次全国代表大会文件汇编［G］.北京：人民出版社，2017.

［19］中共中央文献研究室.十九大以来重要文献选编：上［G］.北京：中央文献出版社，2019.

［20］习近平.习近平谈治国理政［M］.北京：外文出版社，2014.

［21］习近平.习近平谈治国理政：第2卷［M］.北京：外文出版社，2017.

［22］习近平.习近平谈治国理政：第3卷［M］.北京：外文出版社，2020.

［23］习近平.论党的宣传思想工作［M］.北京：中央文献出版社，2020.

［24］中共中央文献研究室.习近平关于全面依法治国论述摘编［G］.北京：中央文献出版社，2015.

［25］中共中央宣传部.习近平总书记系列重要讲话读本：2016年版［G］.北京：学习出版社，人民出版社，2016.

［26］习近平.干在实处走在前列——推进浙江新发展的思考与实践［M］.北京：中共中央党校出版社，2006.

［27］习近平.之江新语［M］.杭州：浙江人民出版社，2013.

［28］习近平.摆脱贫困［M］.福州：福建人民出版社，2014.

［29］习近平.加快建设社会主义法治国家［J］.理论学习，2015（02）：4－8.

［30］习近平.加强党对全面依法治国的领导［J］.求是，2019（1）：8.

［31］习近平.全面贯彻实施宪法促进社会主义政治文明建设［J］.浙江人大，2002（12）：8.

［32］习近平.发挥人大职能作用加强地方立法促进社会主义市场经济体制的建立和完善［J］.福建人大月刊，1994（1）：23.

［33］习近平.我是黄土地的儿子［J］.西部大开发，2002（9）：111.

［34］习近平.在党的十八届一中全会上的讲话［N］.人民日报，2012－11－16.

［35］习近平.在党的群众路线教育实践活动总结大会上的讲话［N］.人民日报，2014－10－09.

［36］国家主席习近平发表二〇一六年新年贺词［N］.人民日报，2016－01－01.

［37］习近平.广大青年人人都是一块美玉，要时常用真善美来雕琢自己［N］.中国之声，2017－05－03.

［38］习近平."有限"管理与"无限"服务［N］.人民日报，2001－06－14.

［39］习近平.领导干部要做尊法学法守法用法的模范，带动全党全国共同全面推进依法治国［N］.北京：人民日报，2015－02－03.

［40］论语［M］.北京：中信出版社，2013.

［41］商鞅.商君书·画策［M］.北京：中华书局，2009.

［42］韩非子·有度［M］.上海：上海古籍出版社，2007.

［43］本书编写组.《中共中央关于全面推进依法治国若干重大问题的决定》辅导读本［M］.北京：人民出版社，2014.

［44］习近平.知之深　爱之切［M］.石家庄：河北人民出版社，2015.

［45］中共中央宣传部.习近平新时代中国特色社会主义思想学习纲要［M］.北京：学习出版社，人民出版社，2019.

［46］中央党校采访实录编辑室.习近平的七年知青岁月［M］.北京：中共中央党校出版社，2017.

［47］冯玉军.全面依法治国新征程［M］.北京：中国人民大学出版社，2017.

［48］中国法学会.新时代深化全面依法治国的理论、方略和实践：第十二届中国法学家论坛讲演集［M］.北京：中国法制出版社，2018.

［49］最高人民法院中国特色社会主义法治理论研究中心.法治中国——学习习近平总书记关于法治的重要论述：第2版［M］.北京：人民法院出版社，2017.

［50］公丕祥.马克思主义法学中国化的进程［M］.北京：法律出版社，2012.

［51］公丕祥.当代中国的法治现代化［M］.北京：法律出版社，2017.

［52］卓泽渊.中国的法治之路［M］.北京：外文出版社，2018.

［53］王耀海.马克思主义法学的逻辑脉向［M］.北京：中国社会

科学出版社，2016.

［54］王俊拴.新时期政治理论新探索［M］.北京：中国社会科学出版社，2018.

［55］张振芝.依法治国理论和实现途径［M］.北京：社会科学文献出版社，2017.

［56］汪习根.发展、人权与法治研究——法治国家、法治政府与法治社会一体化建设研究［M］.武汉：武汉大学出版社，2014.

［57］李步云.法理学［M］.北京：经济科学出版社，2001.

［58］陈新民.公法学札记［M］.北京：法律出版社，2010.

［59］张文显.法理学［M］.北京：高等教育出版社，北京大学出版社，1999.

［60］张文显，等.全面依法治国：迈向国家治理新境界［M］.北京：党建读物出版社，2017.

［61］张国华.中国法律思想史［M］.北京：法律出版社，1982.

［62］付子堂.法理学初阶［M］.北京：法律出版社，2005.

［63］付子堂.马克思主义法律思想研究［M］.北京：高等教育出版社，2008.

［64］孙磊.法治中国进行时［M］.太原：山西人民出版社，2016.

［65］王利明.迈向法治——从法律体系到法治体系［M］.北京：中国人民大学出版社，2015.

［66］王人博，程燎原.法治论［M］.济南：山东人民出版社，1998.

［67］王人博.中国特色社会主义法治理论研究［M］.北京：中国政法大学出版社，2016.

［68］高鸿均，等.法治：理念与制度［M］.北京：中国政法大学出版社，2002.

［69］韩延龙，常兆儒.中国新民主主义革命时期根据地法制文献选编：第3卷［M］.北京：中国社会科学出版社，1981.

［70］颜晓峰.建设法治中国［M］.北京：社会科学文献出版社，2015.

［71］《习仲勋传》编委会.习仲勋传：上卷［M］.北京：中央文献出版社，2013.

［72］何载.红旗漫卷西北高原——缅怀习仲勋在西北［M］.北京：中共党史出版社，2017.

［73］马兆明，常桂祥，董文芳，等.法治精神与中国共产党执政能力建设研究［M］.济南：山东人民出版社，2016.

［74］郑永年.未来三十年——改革新常态下的关键问题［M］.北京：中信出版社，2016.

［75］郑永年.大趋势：中国下一步［M］.北京：东方出版社，2019.

［76］周望，刘哲昕.全面推进依法治国与法治中国建设［M］.北京：人民出版社，2018.

［77］王公龙，等.构建人类命运共同体思想研究［M］.北京：人民出版社，2019.

［78］吴海江.以人民为中心的发展思想研究［M］.北京：人民出版社，2019.

［79］王浩.全球经济与金融治理［M］.北京：中央编译出版社，2017.

［80］刘红凛.新时代党的建设理论和实践创新研究［M］.北京：人民出版社，2019.

［81］钱穆.国史新论［M］.北京：九州出版社，2011.

［82］何亚非.风云激荡的世界——从全球化发展看中国的机遇与

挑战［M］.北京：人民出版社，2017.

［83］柏拉图.理想国［M］.郭斌和，张竹明，译.北京：商务印书馆，2002.

［84］亚里士多德.政治学［M］.吴寿彭，译.北京：商务印书馆，1965.

［85］孟德斯鸠.论法的精神［M］.欧启明，译.南京：译林出版社，2016.

［86］马丁·洛克林.公法与政治理论［M］.郑戈，译.北京：商务印书馆，2002.

［87］洛克.政府论（上）［M］.叶启芳，瞿菊农，译.北京：商务印书馆，1982.

［88］洛克.政府论（下）［M］.叶启芳，瞿菊农，译.北京：商务印书馆，1964.

［89］弗朗西斯·培根.培根论说文集［M］.水天同，译.北京：商务印书馆，1983.

［90］阿克顿.自由与权力：阿克顿勋爵论说文集［M］.侯健，范亚峰，译.北京：商务印书馆，2001.

［91］戴雪.英宪精义：第2篇［M］.雷宾南，译.北京：中国法制出版社，2001.

［92］丹尼尔·汉南.自由的基因：我们现代世界的由来［M］.徐爽，译.桂林：广西师范大学出版社，2015.

［93］安德鲁·海伍德.政治学［M］.张立鹏，译.北京：中国人民大学出版社，2006.

［94］Б.Б.拉扎列夫主编.法与国家的一般理论［M］.王哲，等，译.北京：法律出版社，1999.

［95］约翰·罗尔斯.正义论［M］.谢延光，译.上海：上海译文出

版社，1991.

［96］魏斐德.大门口的陌生人——一八三九—一八六一年间华南的社会动乱［M］.王小荷，译.北京：中国社会科学出版社，1988.

［97］塞缪尔·P.亨廷顿.文明的冲突与世界秩序的重建［M］.周琪等，译.北京：新华出版社，2014.

［98］塞缪尔·P.亨廷顿.变化社会中的政治秩序［M］.王冠华，刘为，等，译.上海：生活·读书·新知三联书店，1989.

［99］加布里埃尔·A.阿尔蒙德，等.当今比较政治学：世界视角［M］.顾肃，吕建高，向青山，译.北京：中国人民大学出版社，2014.

［100］凯尔森.法与国家的一般理论［M］.沈宗灵，译.北京：中国大百科全书出版社，1996.

［101］西冈，久鞍·松本，昌悦，等.现代行政法概论［M］.康树华，译.兰州：甘肃人民出版社，1990.

［102］川岛武宜.现代化与法［M］.申政武，王志安，渠涛，等，译.北京：中国政法大学出版社，1994.